대물림되는 가족의 상처를 치유하다

굿바이
가족
트라우마

대물림되는 가족의 상처를 치유하다

굿 바 이
가 족
트라우마

잉그리트 알렉산더,
자비네 뤼크 지음
박지희 옮김

을유문화사

옮긴이 박지희

서강대학교에서 생물학과 독문학을 전공하고 국제특허법인에 들어갔으며, 글밥 아
카데미 수료 뒤 바른번역 소속 번역가로 활동하고 있다.
옮긴 책으로는 『데미안』, 『1517 종교개혁』, 『막스 빌 대 얀 치홀트: 타이포그래피 논쟁』,
『수레바퀴 아래서』, 『순간을 기록하다 for me』, 『순간을 기록하다 for love』가 있다.

대물림되는 가족의
상처를 치유하다

굿바이
가 족
트라우마

발행일
2018년 3월 20일 초판 1쇄
2021년 4월 10일 초판 3쇄

지은이 | 잉그리트 알렉산더·자비네 뤼크
옮긴이 | 박지희
펴낸이 | 정무영
펴낸곳 | (주)을유문화사

창립일 | 1945년 12월 1일
주소 | 서울시 마포구 서교동 469-48
전화 | 02-733-8153
팩스 | 02-732-9154
홈페이지 | www.eulyoo.co.kr

ISBN 978-89-324-7373-4 03180

모든 인간은 그 자신밖에 없고 아주 고유하고 특별한 존재인 데다 모든 인생은 우주에서 단 한 번 스치는 것으로, 다시는 되풀이되지 않는 중요하고 신비한 사건과 같다. 그렇기 때문에 모든 인생의 이야기는 중요하며 영원하고 신성하다. 모든 인간은, 그가 자연의 뜻대로 어떻게든 살아 숨 쉬는 한 경이로우며 어느 잣대를 대도 고귀하다. 모든 인간의 영혼이 육체를 얻었고, 이들 피조물은 저마다 고통받았으며, 이들 각자를 위해 구세주가 십자가에 못 박혔다.

모든 인생은 자기 자신에게 이르는 길이며, 그 길을 걷는 시도이자 걸어간 흔적이다. 이제껏 어떤 인간도 온전히 그 자신이 되진 못했다. 그럼에도 모두가, 어떤 이는 적당히, 어떤 이는 좀 더 온전한 자신이 되려고 저마다 있는 힘껏 애쓴다. 인간은 누구나 제 탄생의 잔해, 즉 태고의 점액과 알껍데기를 죽을 때까지 지니고 다닌다. 대부분은 끝내 인간이 되지 못하고 개구리나 도마뱀 혹은 개미에 머문다. 어떤 이들은 상반신만 인간이고 하반신은 물고기로 남기도 한다. 그러나 자연은 본래 인간을 만들기 위해 우리를 낳았다. 우리는 예외 없이 어머니 몸에서 태어났으며 어둠 속에서 나왔다. 우리는 그렇게 탄생한 작품으로서 각자 자신의 목표를 향해 나아간다. 우리는 서로를 이해하지만, 각자의 길을 알려 줄 수 있는 건 오로지 자기 자신뿐이다.

_ 헤르만 헤세

일러두기

1. 57쪽 원주는 *로, 미주는 굵은 숫자, 옮긴이 주는 •로 구분하였다.
2. 본문에서 소개되는 책 중 국내 미출간 도서는 영어 및 원어를 병기하였다.
3. 비영어권 인명 표기는 원문에 따랐다.

contents

·5부· 병든 뿌리 치료

조상이 없었다면 인간은 지금과는 다른 모습이었을지 모른다. 인간이 물려받은 것은 재산이나 빚, 외모와 신체적인 취약성이 전부가 아니다. 조상의 마음에 생긴 상처와 흔적까지 넘겨받았으며 많은 이가 모르는 사이에 그들과 충성 계약을 맺고 단단히 봉인했다. 모든 세대가 새로워지기 위해, 치유되기 위해, 그리고 진보하기 위해 노력한다. 인간은 자신의 부모들보다 더 많은 것을 성취하길 원하지만, 정해진 '행복의 틀'을 벗어나선 안 된다. 그렇게 하지 않을 경우 부모들이 가진 고통스러운 상처를 건드릴 수 있기 때문이다. 인간은 부모와 조상을 지키고 보호하는 일을 삶의 의미로 삼고 자기 자신의 가장 중요한 부분을 희생한다.

인간은 충족하지 못한 자신의 소망과 갈망을 느끼지 않으려고 자신이 넘겨받은 부모 세대의 치유의 책임을 다시 아이들과 손자들에게 대물림한다. 그러나 정작 우리는 자녀들을 잘 알지 못하며 자신과 자신의 부모를 그들과 비교하곤 한다. 관계를 망치고 배우자를 마음대로 움직이려 하며 자녀들에게 높은 성과를 강요하는 이유는 우리 스스로 정작 누구의 인생을 살고 있는지, 누구의 갈망을 충족하기 원하는지 구분하지 못하기 때문이다. 이런 충성 계약에서 벗어날 때 비로소 인간은 자기 자신으로의 연결점을 되찾고 상처를 치유할 수 있다. 그러면 더 이상 자녀와 배우자를 이상적이라 생각했던 방향으로 몰아붙이지 않아도 된다. 그리고 자신의 능력과 재능을 부모를 구원하기 위해 사용하는 대신 자신의 인생과 관계 형성에 쏟을 수 있으며 점점 더 자유롭고 진실한, 헌신적인 사랑을 할 수 있다. 본래 해야 했던, 주변 사람들과 자신을 보듬는 사랑 말이다.

이 책의 저자인 우리 잉그리트 알렉산더와 자비네 뤼크는 1993년에 처음 알게 되자마자 서로에게 깊은 동질감을 느끼고 진정한 존재에 관한 답을 구하기 위해 함께 열정적으로 연구를 지속해 왔다.

우리는 여러 사람들을 상담하는 과정에서 아이가 맞닥뜨리는 자기중심적 근본 갈등과 그로 인해 아이가 부모와 맺게 되는 충성 계약을 발견했다. 우리 역시 부모와 맺었던 충성 계약에서 벗어나 스스로 가능성을 마음껏 발휘하는 경험을 누렸다. 그리고 몇 년 동안 이런 내용을 집필하고자 품고 있던 열망이 이제 드디어 아름답게 꽃을 피웠다.

이 꽃의 씨앗이 비옥한 토양에 떨어지길, 그리고 우리의 방법이 해답을 찾으며 성숙하고자 하는 많은 사람들을 도울 수 있길 간절히 바란다.

들어가며

    이 책의 주제에 독자 여러분을 깊숙이 끌어들이기 위해 동화 한 편을 소개하고자 한다. 이 이야기는 어머니와의 세대 코드를 풀어낸 어느 딸의 이야기다. 치료를 돕기 위해 이 참가자에게 어머니와 관계를 회복하는 과정을 동화로 써 달라고 부탁했다. 그리고 동화를 이렇게 끝내 달라고 했다. "그래서 공주는 마침내 부모의 마음속에 있는 자신의 원래 자리로 돌아갈 수 있었다." 다른 사례도 마찬가지지만, 개인정보 보호 차원에서 주인공의 이름은 가명을 사용했다.

마라, 마음속 왕비 이야기
먼 옛날, 어느 작은 왕국에 마라라는 이름의 공주가 그녀의 부모인 왕과 왕비 그리고 그녀의 오빠인 왕자와 함께 살고 있었다.
    왕족 남매는 걱정 없고 행복한 어린 시절을 보냈다. 그들은 부모님을 전적으로 신뢰했다. 남매는 사이가 좋았고 많은 평민 출신 친구와도 함께 어울려 지냈다. 그들은 병으로 일찍 세상을 떠나야 했던 정 많은 할머니와도 좋은 추억을 지니고 있었다.

마라는 다정하고 호기심이 많으며 용기 있는 소녀였다. 야외에 나가 숲 속을 다니며 친구들과 뛰노는 것을 좋아했다. 성의 한쪽 성벽은 왕국의 큰 숲과 마주하고 있었고, 마라는 자전거를 타고 자주 이 숲에 들어가곤 했다. 숲에서는 조금도 지루할 틈이 없었지만, 지저분한 차림으로 성에 돌아가는 것은 그리 현명한 일이 아니었다. 왕비가 화를 냈기 때문이다.

성의 다른 쪽 성벽 밖에는 넓은 강이 흘렀으며 제방이 강물을 막고 있었다. 여름이면 제방을 따라 발목 높이의 물속을 걸어서 맞은편에 있는 선박용 갑문까지 갈 수 있었다. 흐르는 강물 때문에 강바닥이 보이지 않아 울퉁불퉁한 강바닥의 웅덩이에 발이 빠져 비틀거리기 일쑤였지만, 그 작은 모험은 매번 흥미로웠으며 맞은편에 도달했을 때는 모두가 기뻐했다. 더욱이 목표 지점 부근의 물 높이는 무릎까지 차올랐다. 아이들은 균형을 잡기 위해 서로 손을 붙잡아 주곤 했다.

마라 공주는 학교생활을 꽤 좋아했다. 하지만 공부에서만큼은 어려움을 겪었다. 공주의 엄마 왕비는 딸의 숙제를 참을성 있게 지켜보지 못했다. 공주가 혼이 나 눈물 흘리는 일은 일상이었다. 하루는 집에서 행한 받아쓰기 연습 결과가 너무 나빴던 나머지 왕비는 크게 화를 냈고, 가엾은 마라는 다음 날 학교 선생에게 붉은 가위표가 가득한 받아쓰기 연습장을 보여 주어야 했다. 마라는 선생에게 이런 부끄러운 쪽지를 함께 내밀었다. "엄마가 인사를 전하랬어요.

우리끼리 해결 방안을 찾아야 할 것 같아요. 엄마도 이제 나를 어찌해야 할지 모르겠대요."

착한 요정이 이 광경을 지켜보고는 마라 공주를 돕기로 마음먹었다. 요정은 마라가 알아채지 못하게 마라의 꿈에 나타났다. 자는 동안 요정은 다양한 꽃씨를 마라의 몸에 심어서 시간이 지나면 아름답고 알록달록한 꽃들이 자라나게 했다. 평범한 눈으로는 이 꽃밭을 볼 수 없었다. 각각의 꽃들은 마라의 몸과 정신에 특별한 강점들, 예를 들면 자신감, 에너지, 용기, 긍정적인 생각, 친절함, 대담함, 행동하는 즐거움, 사교능력, 공감능력 그리고 언제든 돕고자 하는 마음 등을 불어넣었다. 매일 밤마다 요정은 마라를 살피고 꽃에 물과 비옥한 토양을 더하여 꽃들이 강하게 뿌리내리고 훌륭한 꽃을 피우도록 보살폈다.

"꽃이 가진 특징들이 네가 너의 인생을 주도할 수 있도록 영원히 도와줄 거야." 요정은 매일 밤 번갈아 가며 마라의 왼쪽과 오른쪽 귀에 속삭였다. 그러자 효과가 나타났다.

10대가 되어 학교 공부에도 적응한 마라 공주는 우수한 학생이 되었다. 그녀는 계획적이고 목표를 향해 노력하는 학생이었고 자율적으로 공부했으며 우수한 성적을 거두었다. 평민 출신의 동급생들과도 잘 어울려 지냈다. 몇 명의 여학생들과는 유독 친해서 이 친구들에겐 어려운 이야기도 솔직히 말했다. 가령 왕비가 시름을 달래기 위해 자주 술을 마신다는 이야기도 했던 것이다.

공주가 자신의 인생길을 걸으며 꽃을 피우는 동안 엄마인 왕비는 점점 시들어 가고 있었다.

　왕비는 평생 두려움과 불안함, 불만족과 낮은 자존감으로 괴로 워했다. 그로 인해 자연스럽게 남편과의 관계도 원활하지 못했다. 하지만 안타깝게도 왕에겐 아내의 변덕스러움과 예민함에 도움을 줄 능력이 없었다. 결국 왕의 인생도 어딘가 기울어졌고, 균형을 되 찾으려는 수많은 노력은 슬프게도 실패하고 말았다.

　왕비는 마라 공주가 가진 긍정적인 면을 발견해 주고 기뻐하는 대신 그저 마지못해 애정을 줄 뿐이었다. 결국 미움이 점점 자라나 서 딸이 사랑받는 것도 참을 수 없게 되자 왕비는 자신이 강하지 못 하고 사랑받을 자격도 없다고 생각했다.

　마라는 그런 엄마를 돕고 엄마의 힘이 되고자 노력했다. 그러나 좋은 뜻에서 한 일이 더 나쁜 결과를 가져오고 말았다. 왕비는 강하 고 건강한 성품의 딸과 자신이 무척 대비된다는 사실만 더 선명하 게 깨달을 뿐이었다.

　이번에도 착한 요정이 상황을 지켜보고 있었고, 한 번 더 개입해 야겠다고 마음먹었다. 별이 유난히 밝은 밤에 요정은 절망에 빠진 왕비를 찾아가 그녀의 꿈에 나타났다.

　"저를 믿고 저와 함께 과거로 근사한 시간 여행을 떠나시죠." 요정이 그녀에게 속삭였다. "우리는 왕비님의 상처를 돌아보고 치료할 겁니 다. 과거에 있었던 중요한 사건들을 지우고 새로 쓰는 겁니다. 여기 당 신의 왕비로서의 인생사가 빼곡히 적힌 두꺼운 책에다 말이에요. 당신 을 제 날개에 태우고 모든 부담과 걱정에서 벗어나게 해드릴게요."

요정이 보여 준 커다란 친절에 왕비는 마법처럼 끌리는 느낌을 받았고 흔쾌히 요정에게 손을 내밀었다. 그녀는 이 상황이 꿈인지 현실인지 가늠할 수 없었다.

요정이 왕비에게 설명했다. "먼저 왕비님이 네 살이었을 무렵의 부모님을 찾아갈 거예요. 왕비님의 아버지는 당시 전쟁에 나갔다가 돌아왔고 당신은 이 거대하고 낯선 남자를 무척 두려워했었지요. 전쟁을 없던 일로 만들 수는 없지만, 지금의 왕비님께 영향을 끼치는 두 사람이 처음 만나는 광경을 바꿀 겁니다. 잘 보세요, 당신도 볼 수 있을 겁니다."

왕비는 그녀가 사랑하던 할머니에게 안겨 있는 어린 소녀가 아버지를 올려다보고 소심하게 인사하는 모습을 보았다. 집에 돌아온 남자는 귀여운 딸을 마침내 팔에 안게 되어 기쁨을 감추지 못했고 아이를 꼭 안고 조심스럽게 입을 맞추었다.

"우리가 드디어 만나게 되었구나"라고 그가 딸에게 말했다. "이제부터 내가 언제나 네 곁에 있을게, 사랑하는 딸아."

그렇게 두 사람 사이에는 영원한 강한 연대가 생겨났고 이것이 애정 가득한 부녀 관계의 토대가 되었다. 이어지는 시간 여행에서는 당시 딸에게 정이 없고 쌀쌀맞게 느껴졌던 왕비의 어머니가 등장해 훨씬 애정 가득하고 이해심이 많고 인내심이 많은 모습이 되었다. 왕비의 부모는 어린 딸의 인격을 탄탄하게 만들었으며 딸이 좋은 학창 시절을 보낼 수 있도록 애썼다. 그녀가 재단사 수습 과정을 훌륭한 성적으로 마쳤을 때는 성대한 잔치도 열었다. 모두가 그녀를 자랑스러워했다. 말로 설명할 수 없이 행복하고 따뜻한 느낌이었다!

왕비와 요정의 시간 여행은 그날 밤 내내 계속되었다. 빨리 뒤바꿔야 하는 상황이 너무 많았다. 무엇보다도 왕과의 결혼이 있었다. 시간 여행자들이 현재로 돌아온 시점엔 이미 새벽 동이 트고 있었다.

요정은 이렇게 말하며 왕비에게 작별을 고했다. "이제 왕비님께는 강한 뿌리가 있지요. 당신은 사랑받았고 인정받았던 딸입니다. 이 강점을 잘 이용해 당신의 딸도 사랑받을 수 있도록 해 주세요. 왜냐하면 당신도 그 느낌이 어떤지 알게 되었으니까요. 누군가를 사랑하고 사랑받을 수 있는 것은 진정한 생명의 영약입니다. 당신을 이루는 바탕은 당신 딸의 바탕과 똑같이 가치 있고 훌륭합니다. 당신이 그 아이보다 못한 것이 결코 아닙니다."

그날 밤 이후로 왕비는 완전히 다른 사람이 되었다. 공주에게는 둘도 없이 애정 가득한 엄마로 바뀌었다. 이제 강한 내면을 가지게 된 왕비는 더 이상 슬픔 때문에 술을 마시지 않았고 그녀의 남편과의 관계를 회복하기 위해 힘썼다.

이제 왕과 왕비는 서로를 향한 애정을 표현할 수 있게 되었고, 이러한 왕과 왕비의 품에서 마라는 마침내 부모의 마음속에 있는 자신의 원래 자리로 돌아갈 수 있었다. 왕국의 백성들은 크게 기뻐했고 마라 공주에게 진심 어린 환호를 보냈다. _끝

이 동화처럼 현실에서도 애정을 필요로 하는 엄마가 사나운 왕비로, 혹은 상처받은 아빠가 위협적인 왕으로 변한다. 이들은 자녀를 통해

자신들에게 없는 능력 혹은 기회를 발견한다. 그러면 상냥했던 왕비는 '죽고' 신경질적이거나 시기하거나 상처를 입은, 혹은 그저 약하고 무기력한 엄마로 '변한다.' 마라의 동화 이야기에서처럼 딸을 질투하는 왕비의 반응은 왕비 자신의 부모, 특히 아버지에게 자신이 중요하지 않았다는 상처를 잊기 위한 행동이었다. 그러나 왕비의 딸은 상냥한 왕비 혹은 선한 왕을 '살아 있게 하기 위해' 무슨 일이든 하고자 하며 급기야 충성 계약을 맺는다.

마라가 자신의 어머니와 맺은 충성 계약의 내용은 이렇다.

"내가 사랑하는 사람의 인생에서 중요한 자리를 차지하도록 허락받지 못했으니 너도 네가 사랑하는 사람의 인생에서 중요한 자리에 나서면 안 돼!"

어머니를 사랑하는 마음으로 마라는 부모의 인생에서 중요한 자리에 나서지 않고 또 요구하지 않기로 결심했다. 그때부터 마라는 언제나 다른 사람을 우선시하고, 자신과 자신의 욕구는 잊어버렸다. 그렇게 공주는 왕비와 마찬가지로 보살핌을 받지 못한 채 어머니에게 계속 충성했다. 마침내 특별한 치료약을 통해 상처 입은 왕비의 결핍이 채워지자 비극의 사슬이 끊어졌고 이는 자율성 회복과 자기 발전으로 이어졌다.

이제부터는 어떻게 해야 자신이 한때 부모와 맺은 충성 계약을 발견할 수 있는지, 그리고 어떻게 해야 이런 계약을 파기하고 자신의 인생을 위해 자유로워질 수 있는지 하나씩 살펴볼 것이다.

이렇듯 아주 개인적인 세대 코드를 풀어내면 새로운 차원이 열리게 된다. 그리고 이렇게 열린 세계는 되돌아가지 않고 계속 유지된다.

트라우마의 전이

가족 내력에 맞춰진 "뿌리 행동"

세대 코드란 무엇인가?

최근 몇 년간 독일에서는 '초세대적 전이'에 관한 서적이 무척 많이 출간되었다. 초세대적 전이란, 한 세대가 겪은 충격적인 경험이 다음 세대로 전달되어 시간이 지난 뒤에도 자식 세대가 부모와 그 윗세대의 상처로 빚어진 결과들을 잘 알지 못한 채 그대로 넘겨받는 것을 말한다. 이른바 트라우마로 겪는 고통이 한 세대에서 다음 세대로 전달되는 현상으로, 이미 임상적으로 널리 알려져 있다. 수많은 연구 결과가 전쟁을 겪은 세대의 자녀, 손자와 증손자 세대의 정서 발달에 끼친 영향들을 보여 준다. 이것이 개인의 애착 형성과 정체성 발달에 끼치는 영향은 오늘날 심리치료, 뇌과학, 후성유전학Epigenetics, 신경생물학의 발견들을 통해 새롭게 설명되고 있다. 인생에 끼치는 이런 분명한 영향은 많은 사람을 괴롭게 하지만, 이들 자신은 물론 전문가들도 감정과 신체에 이것이 미치는 영향을 줄이거나 없애는 방법을 모르고 있다. 인과 관계를 파악하는 것이 도움이 될 수는 있겠지만, 우리가 경험한 바로는, 그로 인해 발생하는 증상(취약한 자존감과 차단된 정체성 발달)의 해결에는 효과가 없었다.

문제는 성인이 되었어도, 또 부모가 이미 돌아가신 후라도 부모와 조상에 대한 자식들의 유전적 충성도가 너무도 크다는 사실이다.

우리는 이렇게 뿌리 깊은 자기중심적 근본 갈등을 토대로 세대 코드를 '발견했고', 이 문제를 해결할 수 있는 아주 특별하고 효과적인 단초를 마련했다. 나아가 이 책은 분석 모델과 연구 결과들을 소개하는 데 그치지 않고 더욱 심화된 내용을 다룬다. 독자들이 새롭고, 혁신적인 개념을 분명히 알게 되길 바라며, 특히 자기 존재의 실현에 포괄적이고 해방적인 영향을 주는 특별한 해결 방안을 제시하고 싶다. 그러므로 이 책은 심리치료 분야의 관계자뿐 아니라 자기 자신을 찾고 싶고, 항상 같은 장애물에 부딪히며, 스스로 결정한 미래로 가는 길을 어떻게 곧게 펼 수 있는지 알고 싶은 모든 독자를 대상으로 한다.•

• 이 책의 핵심 단어인 세대 코드Generation Code란 또래 집단 사이에서 통하는 코드가 아니라, 휴대 전화의 잠금 암호와 같이 한번 걸리면 휴대 전화를 제대로 사용할 수 없게 되는 코드를 말한다. 부모나 조상 세대에 걸린 코드가 풀리지 않고 다음 세대로 건네졌을 때, 자녀가 이 코드를 풀지 못하면 온전히 성장하지 못하고 자기 자신의 잠재력을 발휘하지 못한다.

우리 계보의 뿌리

가계 나무** 그리고 자신의 부모와 조상의 이름과 생애 날짜를 적어 보자(28쪽 삽화 참조). 이제까지 단 한 번도 돌아가신 어른들에 관해 물어보지 않았거나 조상에 대해 아무것도 모르더라도 사람에겐 인생과 성장 과정에 새겨진, 미처 자각하지 못했던 가족 정보가 존재한다. 모든 나무가 그렇듯 가계 나무에도 양분을 끌어올릴 수 있는 뿌리가 필요하다. 여기서 뿌리는 재능과 기회 그리고 한 사람의 인성이 건강하게 성장하는 데 필요한 영양분을 얻기 위해 존재한다. 그림의 뿌리에는 각각 성장에 필요한 기본 요소인 소속감, 음식, 지지, 안전, 경계선 등이 상징적으로 나타나 있다.[1] 이제 건강한 성장을 위한 전제 조건인 기본욕구와 이를 적절히 충족시키는 요인을 더 자세히 살펴보자.

나무가 안정적으로 성장하려면 좋은 종자와 양질의 토양이 필요하다. 거기다 영양분과 미네랄, 물을 적절히 공급해야 하고 환경이 온화해야 한다. 모든 종류의 진동과 결핍, 충격은 나무 조직에 흔적을 남긴다. 이런 외부의 영향이 뿌리를 손상시키기도 한다. 많은 다년생 식물이 그렇듯 나무의 뿌리가 아주 오래전에 이미 손상되었을 수 있고 이로 인해 지금은 제한적으로만 기능할지 모른다. 그런 나무는 전반적인 흡수와 섭취 능력이 크게 떨어진다.

개인의 인격 형성이 대물림된다는 것은 부모 세대가 살았던 삶의 여건이 자녀에게 무척 큰 영향을 끼친다는 이야기다. 종자에 담긴 가능

** 조상부터 이어지는 관계를 나무 모양으로 나타낸 그림

성, 즉 한 인간이 지닌 모든 잠재력은 아이의 모든 기초적인 필요가 충분히 채워질 때 활짝 피어날 수 있다.

이를 위해서는 사랑이 가득한 부모가 필요하다. 생리학적 욕구뿐만 아니라 아이의 스킨십과 애정 욕구를 채워 줄 수 있는 부모 말이다. 그래야 아이가 자신과 타인을 사랑하는 법을 배우고 친밀한 관계를 맺는 법을 알게 된다. 이를 개인의 관계 능력이라 부른다. 서로를 연결하는, 타인과 친밀하고 따뜻한 관계를 맺는 능력은 부모나 대리 보호자처럼 처음 관계 맺는 사람들과 지내는 경험을 통해 형성된다. 만약 이런 관계 능력이 부족하면 자기 스스로 먼저 타인과 진정으로 사귀지 못하는 어려움을 겪게 된다. 자신의 필요가 침해당할까 봐, 그리고 거절당할까 봐 두려운 마음에 자신과 자신의 필요를 가둬 버린다.

특히 이전 세대는 양차 세계대전과 같은 충격적인 경험으로 마음에 두꺼운 담을 쌓았다. 이로 인해 많은 이들이 지금도 배우자와 자녀에게 진정으로 사랑을 보내지 못한다. 부모와 조부모, 증조부모는 비극적인 사건을 겪으며 사랑하던 사람을 잃어 깊은 상처를 입었고 탈출, 공포, 폭력, 죽음, 굶주림 그리고 여러 차례의 국경 침범 등을 경험하는 동안 기본 신뢰감Basic trust•을 잃어버렸다. 이들은 매일같이 끔찍했던 기억과 죽음의 공포를 떠올리지 않기 위해, 견딜 수 없는 죄책감을 지우기 위해 트라우마를 그들의 마음 깊은 곳에 묻어 버렸다. 이렇게 파묻은 영

• 성격 발달 과정에서 평온히 자고, 충분한 영양을 섭취하며, 편하게 배설하는 일상 활동을 계속하는 동안 형성되는 신뢰감

혼의 상처는 결코 사라지지 않는다. 한평생 감추고 산다 해도 말이다. 게다가 공감 능력 상실이라는 대가를 치른다.

공감 능력은 다른 이의 감정을 공유하고 그의 입장을 이해할 수 있는 능력이다. 공감 능력의 상실은 상처 입은 사람이 자기 자신은 물론 스스로의 감정에서 가능한 멀리 떨어지려 하기 때문에 일어난다. 한편으로 어떤 이들은 고통을 경험하거나 관찰한 뒤에 자신과 세계 사이에 건강한 경계를 만드는 능력을 잃어버린다. 이들에겐 바깥 세계와의 경계가 없어서 타인의 감정을 강렬하게 느끼며 끊임없이 감정의 파도에 휩쓸리고 다른 사람이 괴로워할 때 자신도 괴로워한다.

이런 어른이 어디서 괴로워하기 시작하고 어디서 멈출지 어린아이는 알지 못한다. 그래서 부모에게 감정적인 곤란을 주지 않기 위해 차츰 자신의 감정에 다가가는 법을 잊어버린다. 두 경우 모두 아이는 엄마와 아빠에게 감정을 이입하고, 부모의 행동과 침묵 뒤에 숨은 상처를 알아차린다. 그리고 자신의 부모가 경험한 충격이나 감수해야 했던 결핍들, 또는 채우지 못한 소망을 보상해 주려 애쓰기 시작한다.[2]

부모를 치유하겠다는 깊은 소망은 아이로 하여금 무의식중에 충성 계약을 맺게 한다. 이를 위해 아이는 스스로의 성장을 멈추는 비싼 값을 치러야 한다. 부모를 성숙하고 회복된 인간이 되도록 돕는다면, 아이 자신의 건강한 성장에 필요한 부모를 만들 수 있지 않을까 하는 희망 때문에 자신의 인격 일부를 희생하고 감정과 소원을 내면에 가두어 버린다. 이렇게 아이의 정체성 형성은 중단되고 이른바 '표면 정체성 Scheinidentität'이 만들어지기 시작한다. 충성 계약은 이후에도 계속해서 아이의 인격 발달에 영향을 준다.

충성 계약을 맺을 수밖에 없는 이유는 인간이 기본욕구를 가능한 충분히 채우기 위해 부모에게 의존해야 하는 존재이기 때문이다. 인간은 젖먹이 때부터 부모의 요구에 부응하며 부모를 성숙한 부모로 만들기 위해 모든 수단을 동원한다. 한편으로는 자신을 활짝 펼치고 주도권을 얻고 싶은 강렬한 소망도 존재한다. 이때 생겨나는 깊은 갈등을 자기중심적 근본 갈등Egocentric basic conflict이라고 부른다. 이 갈등을 해결할 수 있는 해법이 부모와 충성 계약을 맺은 자녀에게 필요할 것이다.

초세대적 치유가 일어나기 위하여

부모와 선조들이 겪은 충격이나 결핍의 경험, 또는 성취하지 못한 소망을 보상하고 이들을 '치유'하고 싶은 아이의 열망은 앞서 이야기한 것처럼 자신도 모르는 사이에 아이로 하여금 충성 계약을 맺게 만든다. 그러한 충성 계약을 아이의 부모와 그 윗세대도 어린 시절에 맺은 바 있으며, 역시 스스로의 성장을 멈춰야 하는 대가를 지불했다.

사명과 임무, 위임된 권한 등은 세대를 넘어 계속 효력을 발휘한다. 모든 사람은 이런 방식으로 자신의 특별하고 개인적인 세대 코드를 받는다. 세대가 넘어가면 관계를 형성하는 기술에 관한 '인생 주제Life theme'도 함께 건네진다. 헝가리 의사이자 심리치료사 이반 보스조르메니 너지Ivan Boszormenyi Nagy 역시 과거에서 비롯된 알 수 없는 사명, 기대 혹은 빚이 존재하며 자식 세대는 이를 해결해야 하는 압박을 받는다고 이야기한다. 초세대적 치유가 일어나기 위해서는 부모 세대가 '보상' 받아야 한다. 깊은 무의식 속에 이를 알게 된 아이는 부모의 상처 치료를 전담하는 전문가를 자처하고 부모를 보살피며, 그러면서 부모나 윗세대가 필요로 하는 역할을 떠안는다. 충성 계약을 맺을 시점에 아이가 그 역할을 해낼 만큼 충분히 성숙하지 않더라도 말이다. 아이가 가진 에너지는 이제 자신을 위해서보다는 다른 이를 위한 것이 된다. 그렇게 '흡수할 수 있는' 아이의 능력이 계속해서 '막히게' 된다. 아이는 자라서 자신감이 없고, 자신과 친하지 못한 성인으로, 여전히 채워지길 바라는 자신의 충족되지 못한 필요를 채울 줄 모르는 사람이 된다. 그렇게 성인이 된 아이는 다시 애정이 가득한 엄마, 자상한 아빠를 향한 그리움을 배우자나 자녀에게서 찾는다.

자신의 진짜 정체성을 발견할 수 있으려면 충성 계약을 없애는 일이 필수적이다. 이 책이 제안하는 특별한 세대 코드 개념을 이해하면 자기 인생에 주목하고 충성 계약을 파기하는 일이 가능해질 것이다.

뿌리 치료는 자신만의 특별한 잠재력을 해방시킨다

뇌에 있는 신경과 기억 세포의 연결망은 가계 나무의 뿌리와 아주 유사하다. 정보를 전달하고 신호 전달 물질을 교환하는 것은 물론, 영양분을 충분히 공급받는 동안만 이런 중요한 과정을 유지할 수 있는 것도 똑같다. 그래서 충격적인 경험을 하면 뇌가 하는 일에 장애가 생기고, 감정과 체험들을 더 이상 적절히 처리할 수 없게 된다. 너무 일찍부터 부모가 채워 줘야 하는 필요들을 공급받지 못한 사람은 자아 형성마저 엉망이 된다. 즉 자아라는 피부의 경계가 허술하고 뚫려 있어서 자신과 다른 사람(가령 엄마)을 구분하지 못하는 것을 말한다. 그래서 부모의 감정이 아이의 감정이 되고, 아이는 이것을 자신이 느끼는 감정으로 여기며 살게 된다.[3]

2015년에 마라이케 디에츠Mareike Dietz는 자신의 석사 논문 주제이자 독일 브라운슈바이크 공대와의 공동 연구로 이 개념을 이용한 치료의 유효성을 연구했다. 이 연구에서 부조화(클라우스 그라베Klaus Grawe[4] 참조)를 현저히 줄이고 증상의 정도를 개선할 가능성이 처음으로 입증되었다(자세한 내용은 19장에서 설명하겠다.) 이 연구에서 세대 코드 기법의 효과를 조사한 결과, 그라베가 설명한 부조화, 즉 개인이 진정으로 원하는 목표가 실제 삶에서의 현실과 불일치하는 현상이 세대 코드를 풀어낸 뒤에 현저하게 줄어드는 것으로 나타났다. 이는 욕구를 충족할 수 있는 기회에 자신을 계속 개방하려는 의욕이 상승했음을 의미한다. 뒤늦게 조상의 욕구가 충족되는 과정을 경험한 자녀는 비로소 자신의 욕구도 채울 수 있으며, 더 이상 (자신을) 외면하지 않아도 된다는 것을 깨닫게 된다. 이렇게 포괄적인 '뿌리 치료'는 흡수 능력을 다시 소생시키며, 진정한 자신을 알지 못하게 막고 있던 충성 계약을 파기할 수 있게 해 준다. 그러면 우리가 그렸던 가계 나무와 뿌리 그림에서 뿌리는 다시 양분을 빨아올리고 나무의 건강한 성장을 뒷받침할 수 있게 된다.

자신의 필요를 더 이상 자녀를 통해 보상받을 필요가 없는 이상적인 부모와 조상을 감정적, 신체적으로 경험함으로써 얻는 치유 효과는 가상의 과거에 새롭게 '이식된 기억'으로 남으며 뇌 기억 시스템에 완벽히 자리 잡는다. 이러한 철저한 경험은 자신을 바라보는 새로운 시각을 갖게 해 주며 이제부터 자신의 인생과 관계 형성에 사용할 수 있는 자신의 진짜 잠재력도 다시 보게 한다. 그리고 기본 신뢰감과 자기애의 발달이 여전히 가능함을 깨닫게 된다.

"당신은 마침내 당신이 원래 되었어야 할 존재가 될 수 있다."

요약하면, 세대 코드는 부모와 자녀 사이의 자기중심적 근본 갈등과 그로 인해 탄생하는 충성 계약을 해결하는 것을 목적으로 하는, 신경생물학에 기반을 둔 초세대적인 가족 치료 개념이다. 이 개념을 중심으로 가장 본질적인 문제, 즉 왜곡된 정체성 형성 원인을 보다 집중적으로 연구할 수 있게 되었다. 세대 코드의 해독은 자신의 현재 모습에 영향을 끼친 초세대적인 연관 관계를 통합적인 시각으로 볼 수 있게 만들며 이제까지 존재하지 않았던 포괄적이며 효과적인 해결 방안도 제시한다.

진정한 정체성의 열쇠

우리는 1993년부터 공동으로 임상 연구를 하던 중 거의 우연히 남성과 여성의 정체성 형성에 있어서 자기중심적 근본 갈등의 중요성이라는 핵심 주제와 마주쳤다. 당시 우리는 독일 함부르크의 '디브뤼

케^{Die Brücke e.V.}' 치료센터에서 섭식 장애를 연구하고 있었다. 그룹 치료
와 개인 치료를 조합한 특별한 섭식 장애 치료를 시도하던 중이었다.
환자들의 치료 과정 도중 여러 치료법이 성공하긴 했지만, 우리가 원
하던 존재 의미의 성취라는 감정을 얻을 수 없을 것이 분명했다. 신경
성 거식증과 이로 비롯된 폭식증에서 벗어나 이제 불편하지 않은 이
른바 정상적인 삶을 살 수 있게 된 어느 여성 환자가 그동안의 섭식
장애 치료를 성공적으로 마친 뒤에 이런 말을 했다. "저는 이제껏 치
료만 받았는데 앞으로는 무엇을 해야 하죠?" 절망과 실망감이 느껴
지는 말이었다. 조심스럽게 상담을 해 보니 이 환자는 자신의 어머니
가 언젠가 자신을 자랑스러워하고 자기 딸이 젊고 확신에 찬 여성으
로 훌륭하게 성장했음을 알게 되기만을 바라고 있었다.

이로써 우리는 아무리 성공한 치료라도 때때로 환자가 바라던 자
유를 가져다주지 않는다는 사실을 깨달았다. 왜냐하면 환자가 새로
습득한 능력을 이후에도 계속 부모를 구원하기 위해서만 소비하고
자신의 정체성 발달에는 사용하지 않기 때문이다. 환자는 새로운 능
력을 자신의 것이나 진정한 것으로 이해하고 받아들이지 못한다. 이
것으로는 고대하던 '엄마 아빠의 관심의 눈빛'을 만들어 낼 수 없기
때문이다. 우리는 환자의 어머니를 향한 충성과 어머니를 치유하고
자 하는 소망을 통해 이 모녀가 맺은 알 수 없는 계약이 환자 자신의
정체성 형성을 막고 있음을 알게 되었다.

부모는 물론이고 더 윗세대의 조상들은 울타리를 만들었고 이 울타
리를 넘으면 안 되는 금기와 같은 매우 엄격한 규칙이 생겨 버렸다. 우

리는 이런 환자들의 부모가 '구원받지 못하는 한' 치료의 성공도, 그들이 진짜 자신이 되도록 도울 수도 없음을 깨달았다. 어머니나 아버지의 구원은 그들의 가장 상처받기 쉬운 부분, 가장 고통스러운 부분과 맞닿아 있다. 환자 자신의 인생 주제는 이러한 부모의 인생 주제와 묶여 있으며, 또 외가와 친가 조상의 인생 주제와도 연결되어 있다. 우리는 세대 코드를 발견함과 동시에 자신을 가둬 두었던 문을 열고 진정한 정체성을 만들게 해 주는 열쇠를 찾았다. 수년간 이 하나의 특별한 개념을 발전시키기 위해 매달렸다. 이것으로 부모와 조상을 위해 자신을 희생한 사람이 충성 계약을 풀고, 과거의 사명과 의무를 내려놓으며 자신의 인격을 다시 되찾는 것이 가능했기 때문이다. 섭식 장애 환자들을 치료하면서 우리의 이론을 반복하여 검증하고 임상 경험을 쌓을 수 있었다.

이제 이 개념은 널리 알려진 체계적이고 통합적인 가족 치료, 심층심리학과 정신역학에 기반을 둔 심리치료, 통합적인 신체 치료와 더불어 최면 요법 개념(NLP, EMDR, 밀턴 에릭슨Milton H. Erickson에 따른 최면 치료, PBSP 등) 분야의 지식을 바탕으로 저자의 이론이 더해져 거의 20년 이상 축적된 지식을 포함하고 있다. 13장에서는 이에 관해 더 자세히 알아볼 것이다. 모든 과정에서 우리는 사람 중심의 심리학적 관점을 유지하는 것을 원칙으로 삼았다.

충성 계약은 누가 풀어야 하는가?

◇◇◇◇◇

연구한 바에 따르면 다음 세대로 대물림되는 경험은 충격적인 경험 뿐 아니라 생활과 관련된 부족, 현실적 제약, 개인적인 불행 등 '일반적인' 인생 경험을 포함한다. 또한 건강한 성숙이라는 관점에서 자녀와 자녀의 자녀가 계속 성장하게 돕는 내적 자원Resource과 강인함(회복탄력성)도 다음 세대로 전달된다. 어쩌면 다음 세대로의 전이는 긍정적인 목적, 이를테면 해결하지 못한 주제를 기억하게 하여 가계 나무 전체를 치유하고 발전시킬 목적을 추구한다고 볼 수 있을지도 모르겠다. 초세대적 패턴의 반복 및 대물림되는 가족 주제의 반복이 가문의 개별 구성원에게 극단적인 부담을 안겨 주는 것은 어떤 사실이나 해결되지 않은 문제, 결손, 빚 또는 갈등을 해결하여 조상을 부양하고 보상하는 중요한 과제를 수행하도록 유도하는 것처럼 보인다.

문화나 사회 계층, 종교와 상관없이 모든 사람에게 이러한 자기중심적 근본 갈등이 있으며 부모와 맺은 충성 계약이 존재한다고 생각한다. 따라서 충성 계약의 해소는 누구에게나 지난 세대가 남긴 임무와 사명에서 벗어나 자신의 진짜 정체성을 형성할 수 있는 기회를 의미한다.

모든 치유 과정이 그렇듯 세대 코드 개념을 이용한 치료 과정도 치유되고 싶다는 소망이 전제되어야 한다. 스스로 아주 행복하다고 느끼는 사람은 굳이 맑고 잔잔한 호수 바닥의 진흙을 파헤치려 하지 않을 것이다. 상황이 본인에게 유익한지 해로운지와 관계없이 이런 사람에겐 지금 그럴 이유가 전혀 없다. 그러므로 사람의 대부분이 진정한 자신을 찾기 위해서는 먼저 이른바 '괴로운 압박'을 필요로 한다. 어떤 경우든 자신을 되찾는 일은 가치가 있지만 말이다.

여러 해 동안 교육을 진행하면서 끊임없이 예전으로 되돌아가는 생활 패턴과 자신의 심리 상태를 제대로 설명하지 못하는 사람들을 만났다. 이들 개개인의 성장기와 인생사에는 원인이 무엇인지 제대로 일관되게 설명할 수 있는 요인이 없었고, 그러한 심리 상태가 정당화될 만큼 충분히 이해 가능한 근거도 없었다. 이들은 자신의 행동, 불안함, 초조함 그리고 자신의 존재 이유를 찾지 못하는 것에서 오는 괴로운 느낌이 무엇인지 답과 설명을 찾고 있었다. 그들은 오랫동안 의존성과 자기 존재에 대한 회의감이 주는 고통에서 자유로워지는 방법을 찾고 있었다. 자녀에겐 자신보다 더 나은 기회를 물려줄 수 있기를 원했다.

몇 년 뒤 우리는 이들 중 일부를 다시 만났고, 세대 코드를 해독한 뒤로 이들의 삶이 어떻게 변했는지 물어보았다. 이들은 무엇보다도 현재 스스로 훨씬 자유롭고 독립된 느낌이라고 대답했고, 그들의 가족이나 다른 사람들과 편하게 거리를 둘 수 있으며 내면의 자신이 원하는 것을 즐겁게 하고 있다고 말했다. 이들 대부분은 교육을 마친 뒤에 그들이 진심으로 하고 싶은 것을 더 많이 찾아 실천했다. 그러자 만족스럽지 못하고 내면이 고갈된 듯한 괴로운 느낌이 멈추었다. 자신의 능력과 재능에 신뢰가 높아졌고 자존감은 안정되었으며 건강한 자기 인식이 가능해졌다. 그들 자신의 진정한 모습이 아니었음에도 스스로에게 강요했던 이미지나 목표는 벗어 던졌다.

한 차례 인생의 위기를 겪으면서 나(리케)는 많은 것이 내가 한때 꿈꾸던 대로 이뤄지지 않았다는 사실을 인정해야 했다.

나는 기쁨이 있으며 견고하고 행복하고 만족스러운 가정을 꾸리고 싶었다. 내 부모와 전혀 다른, 훨씬 더 나은 가족생활을 영유하길 원했다. 부모님과 마음의 거리가 멀었던 나는 부모님은 물론 나 자신과도 낯설어졌지만, 위기의 순간에 외로움을 경험하고 다시 내 가족의 뿌리로 되돌아가야 할 필요성을 느꼈다.

2년 전 세대 코드 개념 치료 과정에 등록하여 처음에는 크로스오버Crossover 치료, 이어서 어머니 '죽이기' 훈련에 참석했다.

제일 먼저 내게 가장 고통스러운 관계인 (아무런 행복도 느끼지 못했기 때문이다) 부모님과의 관계를 마주해야 했다. 그러면서 내가 견뎌야 했던 결핍, 과도한 기대, 부담 혹은 경계 침범과 같은 불만을 새롭게 알게 되었다. 그리고 이런 불만 때문에 내가 희생자 역할을 떠안고 유아기적 욕구에 매달려 있다는 사실도 알게 되었다.

신뢰와 사랑이 가득한 사려 깊은 분위기 속에 상냥한 안내와 지도를 받은 덕분에 나는 용기를 내 불안했던 어린 시절로 돌아가 그 시절을 애도하고 과거를 극복할 수 있었다. 창조의 질서가 다시 회복되는 과정이었다. 애정을 담아 조상을 바라보자 치유가 찾아왔다. 부모 세대의 권위를 존중하며 그들과의 관계와 속박을 정리했고, 가족 역사의 보살핌과 책임, 한계와 문제를 올바른 순서로 정리하자 불만도 해결되었다.

앞서 말한 과정을 통해 이상적으로 필요를 충족한 조상들과 나란히 있는 내 모습은 사랑받고 인정받는 것 같았다. 내 모습 그대로가 좋았다. 나는 보호와 사랑, 안전함을 경험했다. 나는 완전하고 온전했으며 선물 같은 존재였다. 온전해진 조상과 나를 경험한 일은 치유의 경험이었다. 나 자신을 받아들일 수 있게 되었고 내면에는 기본 신뢰감이 생겼다.

그 후로 인생의 많은 긍정적인 능력이 더 강해졌다. 감사를 느끼고 표현하는 능력, 나 자신과 다른 이를 더 깊이 사랑하는 능력 그리고 두려움을 극복하는 능력. 내 약점을 더 잘 알아채고 애정으로 받아들이는 능력. 겸손, 나와 다른 이들을 용서하는 능력. 어떤 힘든 일이 있더라도 살면서 기뻐하는 능력. 그리고 신념의 자유를 얻었다. 내 모습을 그대로 사랑하고 받아들이는, 나 스스로보다 더 큰 힘에 대한 신념 말이다.

어린 시절의 경험은 인격의 한 부분이지만, 그 자체로는 현재의 내 삶에서 더 이상 중요하지 않다. 이제 나는 나의 필요와 행복을 중요하게 생각한다. 비로소 나 자신이 되었고 진짜 성인이 되었다!

가족들은 이런 내 모습을 기뻐한다. 남편과 아이, 그리고 내 어머니까지도.

초세대적 치료 개념인 세대 코드를 통해 리케는 어렸을 때 자신의 부모와 맺었던 충성 계약을 없애는 데 성공했다. 지금은 자신의 가능성을 더 많이 펼치고 살면서 건강한 관계를 형성하는 능력을 더 키울 수 있게 되었다. 조상과의 화해는 리케가 자신의 자녀를 바라보는 시각도 자유롭게 해 주었고, 여러 세대가 연결되어 있다는 소중한 깨달음 그리고 자신이 일족의 계보에 소속되어 세대를 뛰어넘는 인생 주제를 공유한다는 깊은 경험이 그녀로 하여금 자신을 새롭게 평가하도록 만들었다. 어머니와 아버지를 위한 희생을 포기한 뒤 리케는 자신의 성격을 되찾았으며 지금은 이러한 심리적 작업의 열매를 즐기며 산다.

이 치유 과정은 누구에게나 열려 있다.

2장
조상의 상처

보이지 않는 연결고리, 조상의 유산과 상처

◇◇◇◇◇

왜 하필 지금의 가문에 태어났을까? 그저 우연일까, 아니면 더 깊은 뜻이 있는 것일까?

폭력적인 아버지나 출산하다 죽게 될 어머니를 일부러 찾아서 태어 났을 것이라 생각하긴 어렵다. 무엇이 진실인지 모르지만, 세대 코드에 관한 우리의 경험에 비추어 보면 이 세상에 우연은 존재하지 않는다. 모든 생명체, 자연, 지구, 우주가 그 자체로도 정교하게 다듬어진 놀라 운 작품인 것처럼 조상의 관계 그물도 그렇다. 복잡하게 연결된 운명, 아주 사소한 것까지 모두 반복되는 가족의 현실이 너무도 구체적이고 정확해서 거의 기적이라고 불러야 할 정도다.

물질세계에 속한 유한한 존재지만, 인간은 자신의 인생만 살고 있는 것은 아니다. 모든 사람은 두 세계에 살고 있다. 하나는 인간이 스스로 깨닫고 만들어 가는 세계, 스스로 목표를 세우고 성취하기 원하며 이를 위해 필요한 것들을 가졌다고 믿는 세계다. 다른 하나는 아직 해방되려고 하는 세계로, 부당함과 책임, 고통 때문에 조상들이 밖으로 나오지 못하는 세계다. 부모로부터의 영향, 조상의 메시지, 어린아이의 의존성이 두 세계를 연결하고 우리로 하여금 과거와 무조건 연결되어 있게 만든다.

이렇게 보이지 않는 줄이 한 사람의 결정과 인생길을 운명 같은 방식으로 좌지우지한다. 우리는 애정 관계의 대칭성을 보이는 가계 나무들을 관찰하고, 행동 방식뿐 아니라 관계의 운명까지도 여러 세대에 걸쳐 반복되는 현상에 매혹되었고 끊임없이 그 원인을 찾아 나섰다. 그러다 이런 현상이 결코 우연이 아니라는 결론을 내렸다. 스위스의 정신분석가이자 정신에너지론Psychoenergetics의 주창자이기도 한 페터 셸렌바움Peter Schellen-baum의 말에 동의하게 되었다. "의존성은 영원히 가족의 운명이다."

유전의 기억은 사랑도 물려준다

◇◇◇◇◇

세대 코드 치료 개념을 발전시키면서 통합적인 관점 외에도 유전적 기억에 관한 애착이론부터 정신분석학적 접근에 이르기까지 대물림 과정에 관한 다양한 해석 모델을 집중적으로 살펴보았다. 여기서 우리가 내린 결론은 트라우마뿐 아니라 사랑도 물려줄 수 있다는 것이다. 자신과 조상의 상처가 치유된다면 말이다.

애착과 정신

애착이론이 발표된 후 적절한 대인 애착 관계가 아이의 건강한 정서 발달에 얼마나 중요한지 알려졌다.

애착 연구를 주도하고 애착이론을 널리 퍼뜨린 인물은 영국 정신의학자이자 소아과의사였던 존 볼비John Bowlby와 캐나다 심리학자 메리 에인스워스Mary Ainsworth다. 이들은 인간이 유전적으로 애착욕구를 지니고 태어난다고 생각했으며 실제로 애착을 형성할 수 있는 능력 덕분에 인류가 생존을 유지했다고 보았다. 다른 사람과 관계를 형성하고, 서로 교류할 수 있는 능력이 인간을 진화 세계에서 가장 강력한 개체로 만들었다는 것이다. 독일 프라이부르크 의대 교수 요아힘 바우어 Joachim Bauer는 공격성과 애착 현상에 관해 자세히 조사했는데, 특히 애착 관계에 성공하면 관계의 두 대상 모두에게 보상 체계가 가동되기 때문에 인간에게 본능적으로 애착욕구가 있다는 주장을 펼쳤다.[5]

지식, 일, 경제력, 소비 등 인간이 매일같이 추구하는 모든 목표를 뇌의 관점으로 보면 편안한 삶을 즐기며 인간관계를 견고히 유지하고 폭을 넓히고자 하는 숨은 욕구를 발견할 수 있다. 긍정적인 애착 경험은 애착의 대상 및 그 과정에서 학습한 경험의 이미지와 함께 '원천 기억'

으로 저장되며 자동적으로 다른 사람 그리고 훗날 자신의 자녀와의 관계 형성에 영향을 주게 된다. 이런 현상을 우리가 상담한 사람들의 조상 계보를 따라 반복해서 보았다. 바람직하고 만족스러운 애착 경험은 여러 세대에 걸쳐 계속 작용하며 조상보다 훨씬 더 안 좋은 생활 조건에 있는 자손에게도 이 경험이 주는 회복탄력성이 긍정적인 영향을 미친다.

이런 체계는 특히 사회적 고립 증상이 지속될 경우 작용한다. 중요한 인간관계에서 심한 장애나 위협, 상실을 겪으면 분노, 고통, 공격성 그리고 생물학적인 스트레스 반응을 보이게 된다. 그래서 한 개인에게 발생하는 우울과 중독, 불안과 같은 정신 장애는 거의 대부분 자신이나 부모 혹은 조부모의 인생에서 중요한 애착 관계에 있는 사람을 잃고 난 이후 생겨난다. 애착의 대상이 가령 우울증을 앓는 어머니처럼 물리적으로는 존재하나 정서적으로 부재할 경우에도 똑같은 장애가 생겨난다.

안정된 자아를 가진 안정된 정신은 안정된 애착관계를 필요로 한다. 그러나 가장 중요한 존재이며 가장 처음 애착을 형성한 이들(주로 부모)의 애착 양상은 그들 자신의 좋고 나쁜 경험에 기인하기도 하지만 애당초 그들의 부모나 조상의 경험에서 비롯되며, 이것이 자녀와 자녀의 욕구에 유익한 쪽으로, 혹은 그렇지 못한 방향으로 영향을 끼칠 수 있다. 자존감이 낮고 충격적인 경험 또는 결핍을 겪은 부모는 그 자신도 안정적인 자아 성장을 할 수 없지만 자녀에게도 충분한 자신감을 심어 주지 못한다.

만일 부모가 어린 시절 방치되었거나 비슷한 충격을 경험했다면, 미처 치료되지 못한 트라우마가 신생아나 아동의 행동에 의해 '촉발'되는 일도 가능하다. 예를 들어 부모가 우는 아이를 위로하거나 안정을 찾아 주어야 하는 상황인데도 아이를 혼란스럽게 하는 행동을 하는 것이다. 오히려 자신이 트라우마 증상 특유의 불안에 떨거나 공격적으로 반응한다면 아이에게 그 부모는 전혀 신뢰할 만한 애착관계를 형성해 줄 수 없다. 그 결과 불완전한 애착 양상이 생겨나며 이것이 아이의 관계 능력에 평생 영향을 끼치게 된다.[6]

충격적 경험이 남긴 기억

사람이 사회적인 존재라는 것 그리고 사회 시스템 내에서 다른 가족 구성원과 상호작용한다는 사실도 중요하지만, 생물학적 과정과 후성유전학 역시 한 세대에서 경험이 다음 세대로 전이되는 과정을 설명하는 중요한 요소다. 후성유전학은 경험과 생활방식이 왜 우리 삶은 물론이고 자녀의 삶에 지속적으로 영향을 끼치는지 말해 준다. 독일의 신경생물학자 페터 슈포르크 Peter Spork 는 자신의 책 『인간은 유전자를 어떻게 조종할 수 있을까』에서 유전자를 조절하는 후성유전학의 영향에 관해 쓰고 있다.[7] 슈포르크는 제1의 암호인 유전자 서열이 모든 것을 결정하는 것은 아니라고 말한다. "제1의 암호가 신체에 어떤 생체분자를 만들어야 할지 알려 줄 수 있다면 제2의 암호, 즉 후성적 암호는 신체가 만들 수 있는 생체분자 중 어느 것이 언제, 어

디에 만들어져야 할지 알려 준다."⁸

메틸기methyl基는 유전자에 직접 결합해서 유전 정보가 읽히는 것을 방해한다. 특정하게 일어나는 것처럼 보이는 이러한 과정을 통해 에피게놈Epigenom•은 정체성을 결정한다. 또한 DNA를 돌돌 감는 히스톤 단백질은 DNA 일부를 아주 단단히 엮거나 응축하여 유전 정보를 읽을 수 없게 하는 방식으로 유전체의 정보 중 어느 것을 발현시켜야 할지 결정한다.

그러므로 유전자는 주변 환경과 끊임없이 정보를 교환하며 에피게놈의 도움으로 어느 정도는 환경의 영향을 받는다. 그래서 충격적인 사건과 같은 모든 극단적인 경험이 사람의 신경생물학을 변화시키고 후성유전학적 표시로 남아 다음 세대로 건네진다. 이것은 잘 알려진 극복 전략이다. 한편 외상후스트레스장애를 겪는 군인들에게서는 스트레스 극복 유전자가 응축된 끔찍한 상황이 자율신경계와 뇌의 유전자 조절 요소에서도 발견되는 것을 관찰할 수 있다. 이 또한 트라우마를 유발하는 경험이 한 세대에서 다음 세대로 전해지는 현상을 설명해 준다.

임신 여성을 조사한 연구는 부모의 경험이 자식에게 신경생물학적으로 전달되는 사례를 보여 준다. 태아는 모태에서 이미 자궁 밖의 세계를 대비하며 그 과정에서 태아를 도울 존재인 산모에 관한 중요한 정보들을 수집한다. 임신부가 경험하는 스트레스는 신체의 물질 대사 경

• 유전 정보를 지닌 유전체(게놈)가 아니면서도 유전될 수 있는 후성유전물질을 말한다.

로, 즉 태반과 탯줄을 통해 아이에게 전달된다. 오늘날의 과학 수준에 따르면 임신부의 뇌 역시 태아와 연결되어 있다고 한다. 특히 어머니의 스트레스가 너무 심해서 태반을 보호하는 생화학적 시스템이 가동되지 않을 경우 태아 주변의 코르티솔Cortisol 수치가 치솟아 아이의 뇌 세포가 하나하나 서로 연결되는 중요한 과정을 방해할 수 있다. 또한 어머니의 스트레스 수준은 태아의 유전자를 켜거나 끌 수 있으며, 마치 두 번째 기억처럼 작용한다. 스트레스가 오래되면 행동 문제, 우울증 경향, 섭식 장애, 불안, 중독 행동, 언어 발달 문제 및 집중 문제가 생긴다. 산부인과 전문의이며 생식의학자인 요하네스 후버Johannes Huber 교수도 그의 저서 『사랑은 유전된다Liebe lässt sich vererben』에서 이를 분명하게 강조했다.[9]

전쟁이 시작되었을 때 혹은 전쟁 도중에 태어난다는 것이 아이에게 무엇을 의미하는지는 너무도 분명하다. 우리의 부모와 조부모 세대가 바로 그렇게 태어나 전쟁을 겪었다. 그들 대부분은 충격을 겪은 어머니의 스트레스를 배 속에서부터 이미 함께 느껴야 했거나 태어난 직후의 민감한 애착 형성 시기를 위험이 존재하는 불안한 환경에서 보내야 했다. 사실 전쟁이 주는 정신적 외상은 이른바 '인공적 재앙'에 해당하며 기본 신뢰감의 발달에 유난히 해로운 영향을 끼친다.

트라우마 연구자들은 감당하기 어렵고 생명을 위협하는 일을 직접 겪은 환자들이 그 경험에 전형적으로 침묵하는 경향을 정신적 외상이 다음 세대로 이어지는 주요 원인으로 여긴다. 외상을 남긴 사건이 그대로 봉인되어 전혀 치유되지 못한 채 한 세대에서 다음 세대로 건네지는 것이다. 이렇게 조상의 트라우마가 봉인된 것을 아이의 내면 경험 세계에 안치된 영혼 캡슐이라 표현한다. 충격적 사건을 경험한 성인의 뇌는 그 사건의 전부 또는 일부를 생각나게 하는 것이라면 아주 사소한 것에도 예민하게 반응하며 매번 똑같이 회피하거나 공격적으로 변하거나 마비되는 반응을 보인다.

극도의 위협과 재앙에 버금가는 사건이 남긴 트라우마는 뇌의 기억 체계에 보관되는 기억이 아니라 반복되는 기억으로 저장된다. 더욱이 대뇌변연계 주요 부분의 기능까지 바꾸는 것으로 밝혀졌다. 영상화 방법을 이용한 연구가 이런 사실을 증명했으며, 편도체(인간의 뇌에서 가장 원시적인 뇌로 파충류 뇌라고도 불리는 부분)가 과도하게 반응하고 해마가 가진 일종의 여과 기능이 제한적으로 작용함을 보여 주었다. 충격적인 사건이 이른바 잘못 저장되면 당사자는 충격적인 상황에 대한 맥락을 잃어버린다. 시간적 감각도 상실하며 이제 트라우마 상황의 결말을 실감하지 못한다. 앞이 보이지 않는 철저한 절망감, 죽음의 공포와 함께 얼어붙고 마비된 것 같은 감각은 대뇌피질과는 별개로 피질하 Subcortex에 저장되는데, 이 감각은 이후에 비슷한 성격의 자극이나 경험을 만나면 언제든지 재현될 수 있다. 이는 심리외상학의 창시자로 알려진 심리학자 고트프리트 피셔Gottfried Fischer 박사의 설명이다.

마리안네 라우발트Marianne Rauwald의 『물려받은 상처Vererbte Wunden』에 따르면 상황이 부정확하거나 불충분하게 정리되고 시간적 감각이 없어져 과거와 현재가 불분명해지면 이제 부모나 조부모가 저장한 트라우마 양상과 이를 보상하려는 태도가 현실감을 띠게 된다. 예민하게 감정을 이입할 수 있는 어린아이는 애착 관계에 있는 사람의 아주 작은 행동의 변화도 알아차린다. 따라서 그러한 감정이 왜 생겼는지 정확히 파악하지 못하면서도 부모 뒤에 감춰진 은폐되거나 조각난 감정들을 그대로 받아들인다. 게다가 과거의 외상을 극복할 수 있다는 희망과 스스로 모든 것을 할 수 있다고 믿는 유아적인 망상이 더해져서 아이는 자신이 해법을 제시하려고 노력한다. 요약하면 실제로는 힘없이 방치된 아이가 이런 감당하지 못하는 감정들을 스스로의 '과대망상'으로 막아 내고 있는 것이다. 그래서 아이는 자신이 무엇인가 할 수 있다고 믿는다. 책임감이 있는 아이라면 정말 대처할 수도 있고 (겉보기에) 상황을 통제할 능력을 지니고 있을 것이다. 하지만 정신적 외상을 입은 부모는 아이를 과거의 사건에 등장한 인물 혹은 자기 자신과 혼동할 때가 많다. 그러면 곧 아이가 스크린 벽면처럼 자기 보호자의 좋고 싫은 경험과 감정을 그대로 받아 내야 하는 또 다른 극적인 상황이 나타날 수 있다.

트라우마를 담는 저장소

정신분석학에서 개발한 인상적인 해석 모델은 세대 간 전이 문제에 관해 한층 더 넓은 설명을 제시한다. 그중 많은 부분이 우리가 관찰한 내면 심리적 과정과 일치한다. 『물려받은 상처』의 저자는 어린아이가 어떻게 부모와 조부모의 정신적 상처를 넘겨받는지 설명한다. 이들은 갓난아기의 부모 중 어느 한 사람의 해결되지 않은 트라우마로 인해 아기와 애착 대상의 초기 상호작용이 방해받으며, 최악의 경우에는 부모 자신이 겪은 학대 혹은 방치를 아이가 다시금 경험하게 하는 상황을 인상적으로 보여 준다. 그 결과 갓난아기의 애착 관계의 '내적 작동 모델Internal Working Model'에 부정적인 효과가 미쳐 그 영향이 계속 남는다.

건강한 자아 형성에 어머니가 끼치는 영향이 크다는 것은 부정적인 경우에는 불완전한 어머니를 아이가 충분한 시간 동안 '나의 일부', 이른바 '보조 자아'로 여길 수 없음을 의미한다. 대상(어머니)을 향한 집중적인 리비도Libido•도 보이지 않는다.

너무 일찍 자신이 어머니에게 의존해야 한다는 현실을 깨달은 아기는 내면과 외부의 현실을 완벽하게 만들려는 성급하고도 버거운 작업을 할 수밖에 없다. 버려질 두려움 때문에 아이는 불완전한 어머니를 그대로 '삼키고' 어머니와의 공생 관계를 천천히 그리고 조심스럽게 끊는 대신 서둘러 '가짜' 독립을 택한다. 불안해진 갓난아기가 도리어 어머니를 돌보기 시작하는 것이다. 일라니 코간Ilany Kogan은 불완전한 부모와의 전반적인 동일시 현상에 관해 이야기한다.[10] 그러나 충족되지 못한 의존 욕구가 여전히 남아 있기 때문에 아이의 발달이 퇴행하며 친밀감을 경험하려는 열망은 커진다. 그 결과 서로에 대한 강렬한 의존이 생겨난다. 이런 식으로 어머니와 아이 사이의 경계는 희미해진다. 결국

• 프로이트가 제안한 개념으로, 성적인 욕구 혹은 생명이 생존하고 번식하기 위해 사용하는 에너지를 의미한다.

아이는 어디까지가 자신이고 어디부터 엄마인지 인지하지 못한다. 이런 사람들 중 타인의 도움 없이 이러한 일체화에서 스스로 벗어나는 이는 무척 드물다.

세대 간 전이에서 이렇게 경계가 희미해지는 현상이 아이와 어머니에게만 중요한 문제는 아니다. 정신적 외상을 입은 아버지 역시 마찬가지로 타인에 대한 경계가 발달되지 못했거나 결여되어 일체감을 느끼고 싶은 욕구로 인해 아이의 경계를 침해하거나 아예 파괴할 수 있다.

부모 자신의 감당하지 못한 감정을 아이에게 보관하면 아이는 부모의 트라우마 경험을 담는 저장소가 된다. 그래서 본래 아버지나 어머니에게 속하는 불안 증세가 아이에게서 나타날 수 있다. 말하자면 아이가 부모를 위해 대신 감당하는 셈이다. 아이는 스스로 부모의 필요를 채우는 해답이 됨으로써 애착의 대상을 잃지 않길 바라며, 관찰자들의 시각으로 보면 부모를 위해 부모가 필요로 하는 역할을 떠안는 것으로 보인다. 그리고 스스로의 (기본적) 욕구는 충족하길 포기한다.

그렇게 상처가 대물림된다

부모라면 누구나 정도의 차이는 있지만 그들의 자녀가 그들보다 더 나은 삶을 살기 바란다. 이는 대부분 부모 자신의 좋지 않은 어린 시절의 기억 때문이다. 그리고 자식에겐 동일한 일이 일어나지 않기를 바란다. 그러나 자신의 부모보다 더 나은 부모가 되길 바라는 결심 뒤에는 내면의 상처가 숨어 있다. 치유되지 못한 생각의 흐름은 이미 절망적이거나 고통스러웠던 부모 자식 관계 혹은 다른 끔찍했던 (트라우마를 남기는) 경험의 기억에 가 있을 것이다.

스스로 자기 자신이 되는 것은 부분적으로 혹은 가짜로 가능하므로 진정한 자아가 만들어질 수 없다. 그래서 부모는 자신의 자녀에게 무의식적인 치유 노력을 하게 만든다. 이런 식으로 이용된 아이에게는 대물림된 상처가 정신 속에 깊숙이 담겨 그곳에서 '곪기' 때문에, 비극을 해결하는 일은 오로지 아이가 받아들였지만, 이해하지 못한 부모의 현실을 제대로 이해할 수 있을 때만 가능하다. 운명적으로 뒤얽힌, 보이지 않는 사슬과 그에 따른 결과, 그러니까 두 세계(오래전에 지나간 부모와 조상의 세계 그리고 자신의 세계)를 동시에 살아가야 하는 일은 세대 간 경계를 흐릿하게 만든다. 할머니의 트라우마가 내 삶의 일부로 느껴지며 이를 이상하게 여기지 않는다. 그러면 조상의 트라우마는 손자와 증손자의 정신에도 외상을 남기며 이들이 스스로 잠재력을 펼치지 못하게 방해한다.

세대 코드 개념은 부모와 조부모, 증조부모의 정신적 상처를 또렷하게 느끼게 한다. 그리고 어린아이의 내면 저장소에 봉인된 상처를 조심스럽게 제거하고 상처가 생겨난 바로 그 자리에서 상처를 보듬는다. 감정적으로 또 육체적으로 체험할 수 있는 이 과정 동안 당사자는 각각의 부모와 조상 중에서 자신에게 중요한 인물에게 깊은 일체감과 연민을 느낄 수 있다. 동시에 (처음으로) 그 자신의 이해할 수 없었던 행동 방식이 부모와 조상의 경험, 갈망, 기대 때문이었다는 사실을 깨닫게 된다. 당사자는 부모에게 또 그보다 더 일찍이 조부모와 증조부모에게 어떻게 그러한 정신적 봉인이 자리 잡았는지 그리고 각각의 세대가 어떻게 차례로 세대 나름의 추가적인 경험을 다음 세대로 전달하는지 경험한다. 그 과정에서 보이지 않는 연결 고리의 의미를 이해하며 더 이상 자기 자신을 피해자가 아닌 거대한 질서의 일부라고 여기게 될 것이다. 상처의 회복을 함께 체험하고 과거의 경험에서 감정을 배제하는 능력을 얻어 이제 또 뇌의 기억 시스템에 저장될 진정한 경험을 하는 과정을 거치는 동안 치유가 일어난다. 한때 잠재력을 잃었던 아이가 해방되는 놀라운 결과가 생기는 것이다. 이것이 다음 세대에 미칠 긍정적인 영향은 충분히 예상할 수 있을 것이다.

3장

아이의 기본욕구 성취

아이에게 영향을 끼치는 부모의 유년 시절 경험은 반드시 병적인, 달리 말해 건강하지 못한 애착 경험만은 아니다. 좋든 나쁘든 모든 경험이 부모와 아이의 관계에 영향을 끼친다.*

안정된 자아와 조화로운 인격을 형성하기 위해 아이는 앞서 이야기한 것처럼 아이를 자기 몸처럼 사랑하는 부모 혹은 애착 인물을 통해

---

* 이후에 이 책에서 등장하는 부모라는 표현은 대개 어쩔 수 없는 상황으로 인해 부모의 역할과 의무를 넘겨받은 가까운 보호자까지 모두 포함한다. 따라서 부모 개념은 아이의 기본욕구 대부분을 꾸준히 채워 주어야 하는 가까운 관계의 인물을 의미한다. 만약 이러한 의무를 다른 사람, 이를테면 조부모나 입양부모 혹은 수양부모가 건네받아 아주 큰 애정으로 그 역할을 잘 감당한다고 하더라도 아이의 생물학적 부모는 아이에게 중요한 초세대적인 특징을 전달하는 핵심 역할을 수행한다. 아이가 이들을 전혀 모르더라도 말이다. 입양 및 수양 아동 그리고 의붓자식(이른바 패치워크 가족)의 세대 전이 치료에 관한 내용은 나중에 더 자세히 알아볼 것이다(296쪽 참조).

기본욕구를 충분히 채우는 경험을 해야 한다. 아이는 소속감, 음식, 지지와 인정, 안전 그리고 건강한 경계선을 필요로 한다. 그리고 모태에서부터 아이를 반갑게 맞이하고 기꺼이 젖을 먹이며 아이의 행동을 똑같이 따라해 주는 어머니, 아이의 기본욕구를 이해하고 충분히 채워 줄 능력과 의지가 있는 아버지를 필요로 한다. 현실에 이런 이상적인 상황은 생각보다 흔하지 않으며 특히 한부모 가정 또는 재혼 가정이 일반적인 모습이 되어 버린 시대에는 거의 나타나지 않는다.

그러나 사실 역사를 되돌아보면 어느 선조 시대에서도, 적어도 인류가 낙원에서 쫓겨난 이후로는 오로지 그렇게 이상적인 경험을 했던 적은 없었다. 모든 인간은 많든 적든 어떤 부분에 결핍을 느낀다. 만일 우리가 충분히 좋은 객체 경험을 할 수 있었다고 해도, 우리의 대부분은 어린 시절에 정신적 외상이나 상실감으로 고통받은 적이 있는 양육자를 경험했을 것이다. 많은 기본욕구들이 제한적으로만 충족되었고, 그 흔적은 기억 체계에 고스란히 남아 있다. 모든 부모에게는 이것이 그들 자신의 욕구를 채웠던, 혹은 무시받았던 그 방식으로 이제 자기 아이의 욕구를 다뤄야 하는 것을 의미한다. 아무리 부모 스스로 이런 사실을 모른다 하더라도 그 자신의 어린 시절의 경험이 아이와의 애착 및 관계 형성에 매우 큰 영향을 끼친다.

새롭고 낯선 상황에 대처하기 위해 뇌는 자동으로 과거를 떠올린다. 그리고 현재의 상황에 어떻게 처신해야 할지 참고할 수 있는 기억 흔적들을 추적한다. 그런데 뇌에는 어린 시절의 다양한 기억들을 불러일으키고 상황에 걸맞은 기억을 서로 연결하는 특정한 계기, 이른바 기억의 방아쇠가 존재한다. 그래서 우리가 자녀들을 대하는 동안 끊임없이 어머니와 아버지(또는 당시의 양육자)의 관계에서 경험한 수많은 다양한 기억이 상기되는 것이다. 이런 과정은 대개 무의식적으로 일어난다.

물론 다른 인물들도 중요한 역할을 수행한다. 여자 친구들, 양육 경험이 있는 어른들, 출산 의료진과 다른 전문가들이 이 시기의 젊은 부모에게 중요한 조언자가 되며 필요한 도움을 준다. 하지만 이들은 의식적인 행위에만 영향을 준다. '물려받은' 기억이 훨씬 더 강한 영향을 끼친다. 왜냐하면 우리 부모의 부모 또한 어린 시절 경험을 통해 자녀의 욕구 충족과 관련한 행동과 능력에 영향을 받았기 때문이다.

어머니가 좋은 역할 모델이었다면, 어머니를 기준으로 삼고 자녀와도 매우 비슷한 부모자녀 관계를 형성할 것이다. 하지만 만약 어머니와의 관계가 부정적이었다면, 자녀에게는 다른 관계를 맺겠다고 다짐한다. 여전히 어머니의 영향력이 매우 큰 것이다. 이는 우리와 아버지, 또는 다른 양육자의 관계에도 동일하게 적용된다.

기본욕구 충족이 지닌 중요성

가족 치료의 창시자이며 결손 가정을 위한 방법으로 가족 세우기 Family Constellation를 개발한 버지니아 사티어Virginia Satir는 일찍이 가족 구성원의 증상은 욕구가 충족되지 않은 결과이며 전체 가족 체계의 변화가 필요하다는 증거라고 생각했다. 사티어의 개입 방법인 가족 재구성Family Reconstruction과 가족 조각하기Family Sculpture는 당사자가 가족과 복잡하게 얽힌 자신의 인생을 이해하는 것을 통해 이를 바로잡을 새로운 가능성을 찾게 돕는 것을 목적으로 한다. 그녀는 가족 구성원들과 끊임없이 상담하면서 자존감을 키우고 가족 간 의사소통이 잘 이루어지도록 훈련하는 데 집중했다.[11]

대신 행복해야 하는 아이

아이의 기본욕구에 대한 수많은 이론 중에서 우리는 미국의 신체심리치료 전문가 알버트 페소Albert Pesso의 설명을 가장 인상적이라 생각했다. 이로써 아이의 욕구 충족을 이해하기 위한 배경 설명으로 페소의 이론을 선택했다.

레온하르트 슈렌커Leonhard Schrenker는 자신의 책을 통해 페소 치료를 설명하면서 개인의 기본욕구가 충족되지 못했을 때 어떤 문제가 생기는지, 그리고 더 성숙한 발달을 위해 기본욕구를 정확히 만족시키는 일이 얼마나 중요한지 이야기한다.[12] 이제 이러한 설명을 세대 코드를 적용하는 방식처럼 가족 주제의 대물림 현상과 통합시켜 보면 어째서 부모와 다른 양육자가 좋은 의도로 아이를 돌보는데도 상처가 대물림되는지 한 차원 더 깊이 이해할 수 있다. 이 내용은 나중에 상황 사례(4장 참조)에서 자세히 다룰 것이다.

아이들은 자신에게 허용된 행복만 요구할 수 있으며 전형적인, 공평해야 한다는 무척 자기중심적인 감각을 지니고 있기 때문에 가족의 행복 테두리를 벗어나지 못한다. 한편 아이는 부모와 조상의 고통을 보상하기 위해 대신 행복해야 하고 아이의 어머니와 아버지가 원하던 인생을 살아야 한다. 그래서 우리 사례(78쪽 참조)의 딸 리사는 거의 완벽한 환경을 갖춘 인생을 살고 있지만 부모 마음에 자기 자리가 있다는 만족감을 느끼지 못한다. 그것도 리사의 어머니가 자신은 느끼지 못한 감각을 자기 딸에게는 반드시 가지게 해 주고 싶어 하는데도 말이다. 마찬가지로 리사 어머니의 어머니 역시 원치 않는 아이였고 자신의 어머니의 마음속에 자신이 없다는 느낌을 받았다.

인간의 다섯 가지 기본욕구

소속감에 대한 욕구

정말 좋은 내 본연의 위치. 태아가 깃들기 원하는 자궁에서 일생을 시작하고, 보호와 보살핌을 받고, 자라고 성숙하고, 적당한 시점에 세상에 나가 환영받는 생명이 되는 것.

이러한 욕구가 충분히 채워지면 다른 사람들과 관계 맺고, 더 나아가 배우자 그리고 자녀와 관계 맺을 수 있는 능력을 얻게 된다. 내게 존재할 권리가 있다는 묵직한 감각이 안정감과 안전함을 선물한다. '나는 의미 있는 존재이고 가족과 세상에 내 자리가 있다. 그 자리를 차지할 권리가 내게 있다.'

음식 욕구

세상에 태어난 후 애정이 많고 호의적이며 기꺼이 젖을 먹이고 아이의 신호를 잘 알아채고 재빨리 반응하는 어머니와의 첫 경험은 아이로 하여금 음식을 의심 없이 받아들이게 하며, 배부르다는 것이 좋은 경험임을 알게 해 준다. 음식이 너무 많지도 적지도 않으며 먹는 상황이 고통스럽지도 않기 때문이다. 또한 사랑의 형태를 지닌, 아이의 중요한 애정관계(처음에는 어머니와 아버지)를 통해 쏟아지는, 집중적인 애정과 신체 접촉으로 표현되는 감정의 양식도 아이에게 행복을 의미하는 편안한 감각을 충분히 느끼게 한다.

이러한 좋은 경험들은 훗날 좋은 느낌으로 가득한 '만족'이라는 근본적인 감각으로 이어진다. 내면의 만족감, 높은 자존감 그리고 자기 자신을 잘 챙길 줄 아는 능력이 바로 기본욕구의 충족이 가져다주는 선물이다. 이런 과정을 거치며 만족감을 느껴 본 사람은 나중에 자기 자녀와의 관계에도 애정을 충분히 쏟을 수 있다.

지원과 지지 욕구

태어난 뒤 몇 달, 신생아가 혼자서는 움직일 수 없는 이 시기에 아이는 애착 인물의 지원을 필요로 한다. 어머니와 아버지가 아기를 다루는 방식은 아기가 안전함을 느낄지 불안함을 느낄지를 결정한다. 아기는 자라면서 계속해서 부모에게 새롭고 때에 맞는 지원을 요구한다. 부모는 더 많은 지원을 해야 하지만 너무 많이 지원할 필요는 없다.

풀을 잡아당긴다고 해서 더 빨리 자라지 않는다는 지혜의 말처럼 아이를 향한 지원은 언제나 아이의 속도에 맞아야 한다. 그렇게 아이는 신체적 안정감과 내면의 안전함을 얻어 자기 몸의 움직임을 신뢰하고 자신감을 얻는다.

이것이 아이에게 평생 동기를 부여하고 인생의 모든 영역에서 희망을 갖게 해 준다. 이 역시 훗날 다음 세대에 전달될 것이다.

안전 욕구

아무 능력이 없고 의존적인 아기는 부모의 보호를 필요로 하며, 부모의 보호가 없이는 살아남을 수 없다.

엄마의 자궁은 항상 편안한 온도를 유지하는 보호 공간이었기 때문에 아기가 다칠 가능성이 없었다. 출생한 아기는 (물론 최적의 환경에서) 태어난 후에도 부모가 모든 위험에서 아이를 구하고 보호하고 아이 편이 되어 준다는 사실을 경험한다. 어린 시절을 보내며 아이는 부모가 자신의 두려움을 달래 주고 자신의 권리를 보장해 주며 자신의 보호막이 되어 준다는 사실을 경험한다. 정서적으로도 보호자는 아이의 정서 발달을 해칠 수 있는 경험, 가령 폭력적인 방송을 보거나 그러한 상황을 목격하는 것에서 아이를 보호해야 한다.

충분히 보호받은 아이는 나중에 안전하다는 느낌을 지니고 느긋해할 줄 알며 또한 자기 자신을 지키는 법도 배우게 된다.

이러한 내면의 안전성 덕분에 아이는 긴장과 갈등을 견딜 수 있고 자신이 원하던 것을 위해 꾸준히 매진할 수 있게 된다.

여기서도 아이는 첫 경계선 경험을 자궁 속에서, 그리고 사랑이 많고 잘 돌보아 주는 어머니와 겪는다.

태아의 생활공간은 안전하다. 임신 기간 동안 태아는 이곳에서 좋은 경계선을 경험하며 자신의 잠재력을 시험할 수 있다. 아이는 팔다리를 모두 뻗을 수 있지만 경계선 밖으로 나가지 않는다는 사실을 경험한다. 그렇게 자신의 능력을 언제나 안전한 긍정적인 에너지로 인식한다. 나중에 부모가 자라나는 아이에게 제공해야 하는 경계선 역시 이런 특징을 가져야 한다. 아이의 힘을 펼칠 수 있으나 경계선을 침범하지 않을 정도로 '가까운' 거리여야 하는 것이다. 그렇게 아이는 자신의 에너지, 자신의 감정(특히 분노), 자신의 창의력과 창작 욕구를 스스로 조절하는 것을 경험한다. 성인이 되면 아이는 감정이 다시 가라앉으며 욕구 또한 영원하지 않다는 사실을 안다. 그는 자신과 타인을 구분하고, 거절할 줄 알며 자신에게도 '안 돼'라고 말할 수 있다. 자신의 능력을 정확히 파악하고 이를 잘 조절하는 법을 배웠기 때문이다. 이는 그의 성생활 태도에도 영향을 준다.

애착 관계와 경험의 대물림

양육자와의 단단한 애착 형성은 인생의 모든 관계는 물론이고 당연히 자녀와도 좋은 관계를 맺기 위한 전제 조건이다.

애착이 건강하게 발달하려면 어머니 혹은 사랑이 가득한 부모처럼 자녀를 깊이 사랑하는 인물이 아이 곁에 있어야 한다. 곁에 있다는 말은 물리적으로 옆에 있는 것은 물론 아이가 언제든지 감정적으로 접근할 수 있다는 뜻이다. 그래서 갓난아기는 생리 현상의 해결뿐 아니라 자신의 접촉과 애정 욕구를 채워 주는 부모를 필요로 한다. 오로지 이런 방식으로만 아이는 자신과 타인을 사랑하는 법과 친밀한 관계 맺는 법을 배울 수 있다. 오늘날 우리는 부모(혹은 애착 대상)에게서 얻은 애착 방식이 자녀에게 그대로 전달된다는 사실을 안다.

어머니나 아버지의 결핍을 알아채고 이 딜레마를 해결할 수 있는 이가 주변에 아무도 없다는 사실을 깨달은 아이는 스스로의 대단한 자아 경험을 통해 부모의 부족함을 채워 줄 '해답'이 자신밖에 없다고 믿고 무의식중에 이른바 충성 계약을 맺는다. 이런 상황은 무척 이른 시기에, 심지어는 어머니 배 속에서 일어나기도 한다.

아동 및 청소년 심리분석가이자 뛰어난 신생아 연구 전문가인 다니엘 슈테른Daniel Stern은 산모와 아기의 상호작용을 관찰하던 중 어머니만 아이를 '모방'하는 것이 아니라 아기도 어머니의 표정을 따라 한다는 것을 발견했다.[13]

신생아는 태어나자마자 의사소통할 수 있도록 다음과 같은 기초 능력을 지니고 태어난다.

- 얼굴 표정을 읽는 능력
- 감정의 신호를 알아채는 능력

- 감정적인 결과를 주변 정황과 연결 짓는 능력
- 시선으로 의사소통하기 위한 특유의 예민함

이와 같이 애착을 형성하는 데 필수적인 능력을 갖춘 아기는 자기의 애착 대상에게 감정을 이입하여 대상이 느끼는 것을 함께 느끼고 반응한다. 아기는 본질상 의존하는 존재라서 부모(애착 대상)에게 가능하면 더 많은 보살핌을 받아야 하는 처지다.

이렇게 중요한 과정은 주로 출생 후 3년간 일어나는데, 이 시기를 잘 보내면 아이와 부모 그리고 다른 중요한 양육자 사이에 단단한 애착 관계가 형성될 수 있다.

하지만 애착이란 대체 무엇이며 왜 중요한 것일까?

특별히 견고하고, 안정감을 주는 관계를 '안정된 애착'이라 표현한다. 불안감 혹은 위협적인 위험을 느꼈을 때 안정된 애착을 형성한 아동은 본능적으로 자신의 애착 대상에게로 피신하고 그 인물이 상황에 대응하는 모습을 보고 참고한다. 이는 생물학적으로 타고난 또 다른 생존 메커니즘으로, 기본 신뢰감의 형성에도 광범위한 영향을 미친다. 하지만 애착의 질에는 차이가 존재하며 몇 가지 애착 유형으로 구분할 수 있다. 존 볼비[14]와 그 이후에 등장한 발달심리학자 메리 에인스워스는 다양한 애착 유형을 연구하고 양육자의 관계에서 안정감을 경험했는지 여부를 기준으로 몇 가지 카테고리로 분류했다. 다양한 애착 유형은 아래와 같이 나타난다.

B형: 안정 애착 Secure Attachment

A형: 불안정 회피 애착 Insecure avoidant Attachment

C형: 불안한 양가적 애착 Anxious ambivalent Attachment

D형: 무질서·혼란 애착 Disorganized·disoriented Attachment

안정적인 애착을 형성한 아동(B형)은 부모의 재빠른 반응 덕분에 애착 인물에게 언제든지 접근할 수 있다는 커다란 신뢰를 쌓는다. 일관된 경험이 반복된 결과로 조화롭고 '가득한' 편안함을 느끼는 이러한 만족스러운 순간을 알버트 페소는 "연결 부위가 찰칵하며 들어맞는 순간 Click of Closure"이라고 표현했다. 예를 들어 어머니가 아이의 신호를 즉시 알아채고 상황을 파악한 뒤 정확히 반응했을 때, 이 경험은 아이 뇌의 기억 체계에 완벽하고 만족스러운 경험으로 저장된다. 이러한 찰칵 순간의 경험이 반복되면 아이는 스스로의 감정과 욕구에서 질서를 찾게 되고 세상을 자기 필요에 알맞은 해답을 얻을 수 있는 안전한 장소로 인식한다. 기본 신뢰감이 형성되고 이를 통해 안정되고 확실한 자아의 토대가 생겨난다.

불안정 회피 애착을 보이는 아동(A형)은 애착 인물에게 언제나 접근할 수 있다는 신뢰가 부족하다. 아이는 때때로 거절을 경험하고 자기의 욕구를 부모가 잘 인지하지 못하며 적절하지 못한, 심지어 잘못된 반응을 보이는 경험을 했을 것이다. 그러면 자신에게는 사랑과 지원을 받을 권리가 없다고 확신하고 욕구와 감정을 내면 깊은 곳에 묻어 버릴 수 있다. 욕구가 만족되는 즐거운 기억 대신 잊어야 하는 불쾌한 경험을 겪는 것이다. 또다시 반복될 거절에서 자신을 보호하기 위해 아이는 가짜 독립심을 키우고 관계를 외면한다.

불안한 양가적 애착 유형 아동(C형)은 양육자와 떨어질 때 극도로 불안해하며 매달리는 반응을 보인다. 아이는 양육자의 행동을 신뢰하지 못하고 이해하지 못하며 예측할 수 없다고 여긴다. 부모가 애정을 주다가 다음번엔 거절하는 행동을 계속 반복하면 아이는 부모의 필요에 끊임없이 적응해야 하는 상태가 된다. 그래서 새로운 상황을 만나면 불안해하고 변화에 거부하는 반응을 보인다. 아이의 호기심과 연구하는 기쁨이 극도로 줄어들며 언제나 다가갈 수 있고 자신을 돌볼 줄 아는 양육자에 대한 기대도 몹시 부정적이다.

무질서·혼란 애착 유형(D형)을 많은 경우 깊은 트라우마를 지닌 부모의 자녀에게서 볼 수 있다. 이 경우의 부모는 아이에게 위협적인 대상이 되거나 연속된 트라우마 장애로 인해 신뢰할 수 없고 이해할 수 없는 애착 양상을 보이는 대상이 된다. 인재人災, 즉 사람이나 심지어 애착 인물이 원인이 된 정신적 트라우마는 개인의 정서 발달과 가족 체계에 더욱 부정적인 영향을 끼치고 평생 지속되는 불편을 야기한다.

예를 들어 아이의 건강한 자율 추구 행동이 과거에 충격적인 경험을 했던 부모에게는 트라우마 특유의 두려움을 불러일으킨다. 아이는 부모가 트라우마 혹은 다른 문제로 인한 정신적 증상을 일으키는 것을 무조건 막아야 한다. 의존해야 하는 아이에겐 자신의 양육자가 극심한 불안과 혼란에 빠지는 것이 위험한 상황이기 때문이다. 그래서 아이는 스스로 뭔가 해 보려고 했던 자기 행동과 부모의 혼란스럽고 두려운 반응을 연관 짓고 그때부터 자율을 시도하지 않는다. 이런 현상은 정신분석학에서 부모의 일부분이 자녀에게 투영되는 현상이라 불리며 특별히 민감한 애착 형성 시기에는 아이의 발달에 심각한 장애를 가져온다. 이 같은 어린아이는 건강한 경계선이 있는 강한 자아를 형성하지 못하고 할 수도 없기 때문에 부모와 자신을 충분히 분리하지 못하며 그렇게 부모에게 묶여 있어야 한다.

이런 배경지식을 바탕으로 전쟁을 겪고 정신적 외상을 입은 모든 부모 세대를 생각하면 애착 유형이 대물림되는 문제가 얼마나 중요한지 이해할 수 있다. 한때 전쟁과 폭력에서 도망쳐야 했던 지금의 수많은 독일 사람을 볼 때도 이런 사실을 감안해야 한다. 이들의 상황에 충분히 공감하면서 힘든 가정을 치유하기 위한 방법을 찾아야 할 것이다.

사람의 뇌에서 애착 행동을 제어하는 부위는 대뇌 피질 영역의 안와전두피질Orbitofrontal Cortex이며 두개골의 눈구멍(안와) 윗부분(오른쪽 안구 바로 뒤)에 있다. 이 부위는 하부의 감정 영역과 상부의 사고 영역 사이에 있는 연결회로다. 여기서 인지 과정과 감정 과정이 통합되고 조정된다. 부모가 감정적인 보살핌에 소홀하면 아동의 안와전두피질에 시냅스*가 적게 만들어지는 것은 물론 감정적인 경험을 학습할 기회가 줄어든다. 그러면 아이는 자기 자신으로부터 소외된다. 애착 능력이 약해지고 안정된 애착 관계를 만들 수 없게 된다.

• 신경 세포 사이에 위치해서 신호를 전달하는 부위

그 자신이 보살핌을 받지 못했거나 정신적 외상을 경험한 부모는 일관되지 못한 반응을 보여 자녀의 경험과 학습 과정을 방해하고 자녀의 행동에 영향을 준다. 대뇌변연계의 기능적 성숙과 이를 통한 애착 능력의 발달은 가로막히고 제한된다. 더 나이가 든 뒤의 뇌의 기능적 성숙은 아주 특별한 치료 방법으로만 가능하기 때문에 당사자 가족의 지원이 반드시 필요하다. 성인의 어린 시절 경험을 수정하면 애착 인물의 애착 능력을 강화하고 부모와 아이의 상호작용에 새로운 가능성을 만들어 준다. 아동을 위한 세대 코드 치료는 바로 여기에서 시작하며 양육자에겐 자신의 반응은 물론 아이의 욕구를 더 잘 이해할 수 있게 해 주며 아이가 반응하는 행동과 자신의 과거 경험을 혼동하지 않도록 돕는다.

다른 애착 유형을 보이는 사람들도 자신의 세대 코드를 이해하고 조상과의 얽힘Enmeshment을 해결한다면, 이 개념의 도움을 받아 애착과 관계 형성 능력을 훨씬 더 개선할 수 있다.

인간의 내면에는 어느 때가 올바르고 적절한 시점인지 알게 해 주는 직감이 있다.

사랑하고 관계 맺을 줄 아는 어머니가 아기에게 미소 짓고 아이를 얼마나 사랑하는지 표현할 때면 어머니의 얼굴은 무척 특징적인 표정을 띤다. 눈이 빛나고 양 볼에 홍조를 띤 어머니는 따뜻함과 애정을 발산한다.[15] 아기가 어머니의 표정을 그대로 따라 하는 동안 아기는 어머니가 느끼는 감정을 그대로 느낀다. 게다가 어머니는 아기를 아주 바람직한 방식으로, 안전함이 느껴질 정도로 힘을 주어 답답하지 않게 안는다. 애착 인물이 편안함이 느껴지는 가까운 거리에 있고 신체를 쓰다듬는 느낌은 행복 호르몬을 퍼지게 하며 이는 다시 아기의 안정감에 영향을 준다. 이것이 아이의 욕구에 부합할 때 아이는 이를 분명히 느끼고 깊은 만족감을 얻게 된다. 이 감각은 또한 아기의 깊은 의식에 차곡차곡 쌓이며 내면화된다. 그 결과 아주 안정되고 확고한 자아가 만들어질 수 있다.

그러나 어머니가 자신의 경험 탓에 아이와 충분히 접촉하지 못하면 아이는 어머니의 관심을 받으려고 노력한다. 어머니에게 감정을 이입하여 최선을 다해 어머니의 기분 상태를 하나하나 전부 포착하고 어머니가 느끼는 감정을 자신도 느낀다. 이 아이는 어머니를 웃게 하고 격려하고 기분 좋게 만들면서 어머니에게 접근하기 위해 노력한다. 빈번하게 울고 소리 지르는 행동 또한 어머니의 관심을 끌기 위한 전략이다.

이런 방식으로 아이는 어머니를 보살피기 시작하고 무의식적으로 충성 계약을 맺는다. 그리고 방해되는 특정한 몇몇 인격 발달을 포기한다. 어머니가 해 주지 못하는 역할을 나중에 받으려고 말이다.

이렇게 제한적으로 발달된 아이의 정체성은 아이의 인생과 관계 형성을 결정하고 훗날 자기 자녀에게도 확고한 인격 형성을 필요로 하는 부모로서의 역할을 감당하지 못하게 한다. 부모 역할을 잘하려면 확고한 인격 형성이 필요하기 때문이다.

애착이 잘 형성되려면 사랑이 가장 중요하다. 그러나 사랑을 줄 수 있는 능력은 기본 신뢰감이 발달해야 생겨난다. 자기 자신을 사랑하는 사람만이 다른 사람의 사랑도 받을 수 있다. 자기 자신을 받아들인 사람만이 다른 사람에게 자신이 반드시 필요하다고 강요하지 않는다.

성숙한 사랑은 타인의 인정을 필요로 하지 않는 충만한 자신감에서 나온다. 사랑은 자율적인 자아와 인격을 필요로 한다. 자신감은 자아가 강해질 기회를 얻어야만 발전한다. 받은 사랑에 반응하고 자신의 욕구에 꼭 맞는 응답을 받으면 자아가 강해진다.

세대 코드의 해독 그리고 충성 계약의 해결은 오래된 사슬에서 해방시켜 주어 부모와 경험했던 것을 자녀와는 반복하지 않아도 되게 해 주는 필수 조건이다.

자녀의 기본욕구를 일관되게 충족시키려면 부모 자신의 어린 시절 경험을 되살려 보아야 한다. 그래야만 아이의 진짜 욕구가 무엇인지 알고 이해할 수 있기 때문이다. 사랑을 주려면 마음만 가지고는 부족하다. 사랑에 마음을 열고 사랑을 받아들일 능력이 필요하다.

특히 아기가 태어난 첫해에 부모가 이런 인식을 가지는 것이 더없이 중요하므로 젊은 부모를 위한 출산 정보에도 반드시 이에 대한 설명이 들어가야 한다고 생각한다.

2부

트라우마 속으로

4장

천사 같은 영웅

이어지는 상세한 세대 코드 사례는 트라우마 경험으로 인해 증조 외할머니의 소속감의 기본욕구가 충족되지 않아 생겨난 상황이다. 이 사례는 이런 현상이 증손녀에 이르러서도 해결되지 않고 어째서 계속해서 인생 주제로 남게 되었는지 잘 보여 줄 것이다.

여러 재능을 타고난 **헌신적인 아이**가 헌신이 자기의 유일한 재능인 것처럼 행동한다.

다음의 사례 연구는 F 가족의 명시적인 동의하에 공개하는 것이다. 가족 구성원인 어머니와 아버지, 딸은 각각 자기 부모와의 코드를 풀었다. 이들은 각자 따로따로 교육에 참석했고 딸이 아버지와의 세대 코드를 해결하는 교육에는 다른 상담사 한 명이 참여했다. 교육이 모두 끝난 뒤에 가족의 요청을 받아 우리는 얼마나 다양한 충성 계약이 서로 연관되어 있었는지 한눈에 보기 위해 내용을 종합했다. 그중에서 관심을 끈 것은 배우자 선택에서 나타난 대칭성 그리고 어머니와 아버지 대에서 맺어진 충성 계약이 다음 세대에 드러난 형태, 딸에게 대물림된 인생 주제였다.

물론 크게 놀라진 않았지만, 상담 자료의 유의미한 일관성과 정확성에 깊은 인상을 받았고 우리 연구의 타당성을 재차 확인했다. 개인 정보 보호를 위해 가족 구성원의 이름은 가명을 사용했다.

충성 계약 풀기

부모와 맺은 충성 계약 풀기

열세 살 리사는 어머니와 맺은 충성 계약을 풀기로 결심했다. 그녀는 병원에서 분석상담 치료를 받던 중 정신 작용으로 인한 심인성 두통과 복통으로 상담을 거의 중지해야 했고, 결국 우리 방식을 적용해 증상이 완화되길 원했다. 이 작업을 통해 나오는 결과와 인식이 기존 치료 과정에도 도움이 될 수 있도록 리사의 상담사가 교육에 동참했다. 기존 치료에서 확인된 사실은 리사가 겁 많은 아동이며 불안정한 양가 애착 유형을 주로 보인다는 점이었다. 어렸을 때 부모와 떨어지는 것을 매우 어려워하고 부모에게 의존하고 매달리는 행동을 많이 보였기 때문이다. 나중에 더 보겠지만 리사는 유아기 때 어머니로부터 다양한 그리고 다소 모순되는 신호를 경험했고, 이 신호의 기원은 리사 어머니의 애착 경험으로 거슬러 올라간다. 이에 관해서는 나중에 더 자세히 알아보자. 10대가 된 리사는 소심한 성격 외에도 특히 학교와 성적에 관한 일이 있으면 앞서 이야기한 심인성 복통과 두통 같은 심각한 심리·신체적 통증을 겪었다.

리사와 어머니 사이의 충성 계약

세대 코드를 풀고자 하는 모든 참가자에게 각자가 해결하고자 하는 부모와의 관계를 스스로 어떻게 느끼는지 잘 설명해 주는 그림 카드를 즉흥적으로 선택하라고 요청했다. 이 방식을 통하면 당사자의 무의식 속 지식을 깨우고 의식에도 접근할 수 있다. 모든 과정을 마치고 새로운 시각으로 다시 그림을 바라보는 순간은 매번 흥미롭다. 많은 이가 이미 처음부터 본질적인 측면을 볼 수 있다는 사실을 발견하기 때문이다.

❶ 리사와 어머니의 관계를 상징적으로 나타낸 그림 카드

모녀 관계에 대해 리사는 '내면 아이'의 타로 카드 중에서 네 명의 요정 같은 형상(아이들)이 화단에서 부지런히 흙을 고르고 씨 뿌리고 물을 주는 카드를 선택했다. 화단 주변에는 나무 울타리가 쳐져 있다. 이 그림에서는 리사가 자신과 어머니의 관계를 묘사한 것처럼 평화로운 분위기가 난다. 그러나 한동안 그림을 바라보던 리사는 그림 속에 어머니가 없고 자신과 세 명의 형제들만 있다고 이야기했다. 리사는 맏이였고 그 아래로 쌍둥이 형제와 막내 여동생이 있었다.

❷ 핵심 질문으로 충성 계약을 해결하기 위해 긴장을 풀고 상상력 동원하기

리사에게 짧은 명상을 통해 다음 질문이 연상시키는 장면을 내면의 눈으로 떠올려 보라고 했다. "어머니와의 관계 속 어느 부분에서 어머니를 능가하면 안 되는가?" 이 장면을 더 살펴보면 이 관계에 이른바 추월 금지 명령이 있었는지 확인할 수 있다. 이러한 추월 금지 명령은 리사에게 어머니의 아픈 부분을 건드리지 않게 해 주지만, 명령을 받은 사람의 인생에는 정말 해로운 영향을 끼친다. 어째서 이런 질문이 충성 명령의 성격을 이해하기 위한 핵심 질문인지에 관해서는 나중에 더 자세히 설명하겠다.

❸ 리사가 어머니와 맺은 충성 계약을 알아보기 위한 핵심 질문과 장면:

"어머니와의 관계 속 어느 부분에서 어머니를 능가하면 안 되는가?"

충성 계약을 알아보기 위한 핵심 질문이 연상시킨 장면은 리사에게 친근감을 주는 장면인 것 같았다. 온 가족이 휴가를 보내는 모습이었다. 아이들이 해변에서 뛰노는 동안 부모는 천천히 산책을 했다. 모두가 즐거워했고 또다시 다 같이 해변에 나오기로 했다.

❹ 핵심 질문의 윤곽을 드러내는 조각 작업

이제 이렇게 내면에 떠오른 장면을 대사가 있는 역할극으로 재구성해 보았다. 재구성한 장면에서 자신의 역할을 맡은 순간 리사는 기대했던 즐거움 대신 커다란 불안감에 사로잡혔다. 어머니에게 이런 질문을 하고 있었다. "절 좀 보세요. 즐거워요! 그래도 되나요?" 가족이 모두 함께 있었는데도 리사는 갑자기 이상한 외로움을 느꼈다. 무엇인가가 해변에서 즐겁게 놀 수 없도록 방해하고 있었다. 리사가 어머니에게 보낸 메시지는 이랬다. "내가 즐거움을 느껴도 정말 괜찮다고 허락해 주세요."

어머니의 역할을 맡은 리사는 이번에는 긍정적이고 강렬한 느낌을 받았지만 한편으로 고통이나 슬픔과 비슷한 알 수 없는 감정을 느꼈다. 딸에게 보내는 메시지는 이랬다. "내가 느낄 수 없었던 것을 나 대신 느껴 주렴." 여기서는 어머니의 충돌하는(것으로 추측되는) 두 가지 감정이 느껴진다. 하나는 어릴 때 안정감과 친밀감을 느낄 수 없었기에 생긴 오랜 상처와 고통이고, 다른 하나는 자신의 결핍을 딸이 대신 채워 주었으면 하는 소원이다.

우리는 부모 자신이 어릴 때 원했던 이상적인 보살핌을 자녀에게 해 주려고 하는 현상을 자주 관찰한다. 그러면 부모는 보살핌을 받지 못했던 '내면의 아이'에게 보상하기 위해 자신의 진짜 자녀를 돌보게 된다. 그 방법이 어른이 된 부모의 마음을 안심시키고 만족시킬지 모르나, 부모 내면에 있는 어린아이의 결핍을 채워 주지 못한다. 오히려 내면의 아이는 종종 진짜 아이와 경쟁하려 들거나 어릴 적에 해결책으로 선택했던 방법, 즉 소극적으로 단념하며 도망치는 행동을 반복하기도 한다.

어머니가 표현한 모든 생각과 감정을 이 메시지에 담아 보면 딸이 받았을 추월 금지 명령을 다음처럼 작성해 볼 수 있다.

"너는 조건 없이 걱정이 없어서는 안 되고 행복을 느껴서도 안 된다. 다른 이는 물론 너 자신에게도 친밀감을 느껴서는 안 된다. 내가 조건 없이 행복하지 못했고 친밀감을 느끼지 못했기 때문이야."

여기서 어린 리사가 품었을 딜레마가 분명히 보인다. 아이는 어머니의 '이상적인 보살핌을 받은 내면의 아이'로서 화목한 가정의 행복을 누려야 했다. 하지만 한편으로 절대로 스스로는 화목한 가정을 가지지 못했던 어머니의 고통스러운 기억을 상기시켜서는 안 되었다. 리사의 어머니는 딸과 함께 요정 그림을 관찰하면서, 리사가 아주 어렸을 때 자신이 좋아하던 모습과 그 그림이 유사하다고 말했다. 부엌 창문을 통해 정원에서 네 아이들이 평화롭게 앉아 모래 상자를 가지고 노는 모습을 바라보고 있으면 언제나 마음이 편안했다고 했다.

리사의 어머니 리케가 어머니와 맺은 충성 계약

리케는 리사를 맡았던 아동상담사가 그녀에게도 부모와의 문제를 치료해 보라고 권유한 것을 받아들여 교육에 찾아왔다. 그녀는 사랑하는 남편과 네 명의 귀한 아이들, 그리고 좋은 직업에도 불구하고 삶에서 아무런 만족도 느낄 수 없음을 깨닫고 자기 인생에 위기가 왔다고 생각하고 있었다. 어머니와 맺은 충성 계약을 풀기 위해 세대 코드 교육에 참가하면서 리케는 이후에는 자기 어머니의 희망과 기대에서 스스로 조금은 벗어나길 원했다. 리케의 어머니는 무척 애정을 갈구하는 여자였고, 리케는 어머니와 함께 있으면 언제나 자신이 원하는 것을 드러내선 안 된다고 생각했다. 게다가 훨씬 어린 두 형제가 있는 집안의 큰 딸이었기에 언제나 자신의 욕구를 감춰야 했다.

❶ 리케와 어머니의 관계를 상징적으로 나타낸 그림 카드

꿈 상징 카드 중에서 리케는 불안해 보이는 배경을 바탕으로 아이를 팔에 안은 어머니가 나온 그림을 골랐다. 그 어머니는 무언가로부터 도망쳐야 하는 것 같아 보이며, 그림에선 절벽 위로 뛰는 듯한 모습이었다. 어린 아기는 벌거벗었고 어머니는 맨발이었다.

그림의 어머니 역할이 마치 자신 같았기 때문에 리케는 카드가 자기를 부르는 것 같았다고 말했다. 팔에 안긴 아기는 그녀의 어머니였다. 리케는 마음속으로 언제나 어머니의 보호자가 된 듯한 느낌을 받았다. 그림의 배경에 보이는 새끼를 배주머니에 품은 어미 캥거루 역시 어머니를 향한 리케의 느낌과 똑같았다.

"나는 어머니를 캥거루 주머니에 품은 것처럼 언제나 그녀를 보살피고 안전한 장소를 마련해 주어야 했어요."

❷ 리케가 어머니와 맺은 충성 계약을 알아보기 위한 핵심 질문과 장면:
"어머니와의 관계 속 어느 부분에서 어머니를 능가하면 안 되는가?"

핵심 문장을 통해 상상한 장면에서 그녀는 실제로 어느 기억을 떠올렸다. 가족 모임이었던 것 같은데 어머니(당시 젊은 나이의 리사의 할머니)가 다른 손님들과 모닥불 주변에 앉아 있었다. 어머니는 대화에 심취해 있었고, 무척 편안해 보였다. 여덟 살 정도였던 어린 리케는 어머니에게 다가가 그녀의 무릎에 앉으려 했다. 어머니가 리케를 내친 것은 아니었지만, 어린 딸은 어머니가 싫어하는 것을 느꼈다.

❸ 핵심 질문의 윤곽을 드러내는 조각 작업

떠올린 장면을 처음으로 외부의 시각에서 바라본 리케는 여기에 '사랑 없는 단절'이란 이름을 붙였다. 이제 자신의 역할을 맡은 리케는 어머니를 만지고 가까이 하고 싶은 자신의 소원이 충족되지 않았음을 분명히 느꼈으며 거절감과 모욕감을 느꼈다. 리케가 어머니에게 보낸 메시지는 이랬다. "나를 봐 줘, 날 물리치지 마, 나는 엄마가 필요해." 어머니의 역할을 맡은 리케는 어머니로서 딸을 보살피는 것보다 대화하면서 인정받고 자기 이야기를 하고 싶은 열망이 훨씬 크다는 것을 느낄 수 있었다. 또 실제로 딸이 거슬린다고 느꼈고 가능하면 다른 사람에게 맡기고 싶었다. 딸에게 보내는 메시지는 이랬다. "지금은 안 돼, 방해하지 마, 저리 가."

여기서 우리는 추월 금지 명령, 그러니까 충성 명령을 다음처럼 작성해 보았다.

"나보다 앞서지 마라. 내가 여기 있는 것보다 네 '존재'가 당연하다고 여기지 마라. 너는 내게 주어진 자리보다 더 많은 자리를 차지해선 안 된다."

리케의 어머니는 그녀의 어머니에게 원치 않는 늦둥이였고 거의 가정부의 손에서 자랐다. 어머니의 어머니, 그러니까 리사의 증조 외할머니는 항상 마리 퀴리Marie Curie 같은 존재가 되고 싶어 했으나 꿈을 이루지 못했다. 그래서 뒤늦게 얻은 딸 때문에 자신이 성공하지 못했다고 생각했다. 이런 깊은 상심이 어머니는 물론이고 딸까지 평생 다른 사람의 인정을 구하게 만들었다. 시간이 지나자 딸인 리케도 어머니를 인정해 주어야 했다. 그녀는 한편으로는 어머니 자신이 그토록 되고 싶었던 원하던 아이가 되어야 했지만, 어머니가 자기에게 허락한 만큼의 공간만을 차지해야 했다. 그러니까 리케는 어머니의 공주였고 가장 소중한 존재였으나 바로 그 역할을 잘 수행해서 어머니가 '좋은 어머니'라는 것을 인정해 주어야 했다. 그리고 어머니가 자신을 자랑스러워할 수 있게 자신의 가치를 높이면서도 원치 않는 아이라는 어머니의 상처를 건드리지 않도록 노력해야 했다.

나중에 더 자세히 살펴보겠지만, 스스로 어머니가 된 후에 리케의 어머니가 보란 듯이 자기 어머니에게 아이를 사랑하는 엄마도 충분히 자기 재능을 발휘하고 성공한다는 것을 증명하기 위해 애썼다는 사실을 분명히 알 수 있었다. 그녀는 꽤 어린 나이에 직업을 구했고 어린 딸의 양육은 그 당시 학생이던 남편에게 맡겼다.

'어머니 보상'과 '어머니 보호'라는 이중 의무에 묶여 리케는 정작 자신의 인생에서 자기 자리를 찾지 못했고, 무엇보다도 자기 자신과 자기 욕구에 접근할 수 없었다. 충성 계약을 완전히 풀어낸 뒤에 리케는 자기 어머니와 그녀의 결핍을 이해하고 받아들였다. 그랬음에도 어머니와 솔직한 대화를 나눌 수 있었다. 이제는 어머니와 거리를 두고 자신의 욕구에 응답하는 것이 더 쉬워졌다.

이 교육을 통해 리사 또한 결핍된 존재가 아닌 어머니를 '기대'할 수 있게 되어 힘을 얻었다. 리사의 다음 치료 단계는 조상의 과거와 이를 이상적으로 다루는 법, 그리고 희생자의 회복에 관한 다음 장에 이어질 것이다.

리사의 아버지가 자기 어머니와 맺은 충성 계약

리케의 남편 안드레아스는 부인과 딸의 변화에 감명받아 세대 코드 치료가 자신을 도와줄 수 있는지 알고 싶어 했다. 그는 '크로스오버' 치료(성별이 다른 부모와의 세대 코드 치료)를 신청했다. 여기서 그는 자신이 이성적인 편이며 평화를 가장 중요시한다고 소개했다. 그는 자신이 행복한 남자이며 부인을 사랑하고 네 명의 아이들 덕분에 행복지만 너무 자주 그의 행복이 깨질 것 같은 두려움을 느낀다고 했다.

최근에 그는 점점 의욕이 없어지는 문제로 괴로워했다. 신체적으로는 위장을 억누르는 압박감 때문에 걱정하고 있었다. 그의 아버지와 삼촌이 위암으로 세상을 떠났기 때문이다. "제 생각에 저는 모든 것을 삼키는 것 같습니다. 무엇보다도 제 분노를요." 안드레아스 역시 딸 리사처럼 자주 목과 머리에 통증을 느낀다고 했다.

❶ 안드레아스와 어머니의 관계를 상징적으로 나타낸 그림 카드

처음에 안드레아스는 어머니와 아들의 관계에 관한 카드를 뒤적이다가 갑자기 사랑에 대한 타로 카드 중에서 '상실'이란 글자가 적힌 그림을 선택했다. 그림에는 고독해 보이는 남자가 불모지로 이어지는 먼 길을 걷고 있는 모습이 나타나 있었다. 그 남자의 가슴에는 원래 심장이 있어야 할 자리에 심장 모양의 구멍이 뚫려 있었다.

안드레아스는 어머니와의 관계가 어렵다고 설명했다. 아버지가 돌아가신 뒤(당시 안드레아스는 24세였다) 어머니는 슬픔 속으로 들어가 버렸다. "저는 그때 어머니도 잃었습니다."

여전히 그는 어머니와의 관계가 멀다고 느꼈다. "어머니의 마음은 우리와 함께 있지 않아요."

❷ 안드레아스가 어머니와 맺은 충성 계약을 알아보기 위한 핵심 질문과 장면:

"어머니와의 관계 속 어느 시점에서 어머니를 홀로 내버려 두면 안 되는가?"

성숙한 남성 혹은 여성으로 성장하기 위해서는 성별과 정체성, 자아와 타자 인식이 골고루 조화되어야 한다. 소녀가 어머니를 자신과 동일시하고 소년이 아버지를 자신과 동일시하는 것과 같은 맥락으로 부모 중 같은 성별을 지닌 인물과의 관계가 정체성 발달에 영향을 준다. 반면에 다른 성별을 지닌 인물과의 관계는 성 역할을 인식하게 해 주는 성숙 과정인 오이디푸스 측면의 갈등을 잘 해결하는 데 영향을 미친다.

딸은 아버지의 작은 '아내'로 인정받기 원하지만, 금세 구애 과정에서 애정 어린 실망을 겪어야 한다. 아이에겐 아이를 인정해 주지만 경계선을 지키는 아버지와, 아이의 구애를 허용하지만 역시 아버지처럼 경계선을 정확히 그으며 아이의 정체성을 확실히 하는 어머니가 둘 다 필요하다.

마찬가지로 어린 소년은 어머니를 '남자'로서 차지하려고 아버지와 경쟁한다. 하지만 역시 아버지를 능가하지 못하고 애정 어린 실망을 겪어야 한다. 이러한 과정이 잘 이루어지려면 부모에게 자신감이 있어야 하며 바람직한 경우에 안정적인 부부 관계를 유지해야 한다. 아이가 자신과 다른 성별을 가진 부모와 맺은 충성 계약을 확인하기 위한 우리의 핵심 문장은 이러한 성숙 단계를 고려한 질문이다. 또한 아이가 서로 다른 성 역할 중에서 어떤 중요한 역할을 넘겨받았는지를 포함한다. 딸은 아버지를 실망시켜서는 안 되며 아버지의 명성을 높여야 한다. 아들은 기사이며 보호자이므로 결코 어머니를 홀로 내버려 두면 안 된다. 이 내용은 핵심 문장에 관한 단락에서 더 자세히 다룰 것이다.

어머니와 맺은 충성 계약을 알아보기 위해 안드레아스가 핵심 문장을 통해 떠올린 장면을 보자. 안드레아스는 자신이 자라난 집에서 가족 네 명이 모두 함께 점심 식탁에 둘러앉은 모습을 보았다. 그리고 그가 스무 살이던 무렵 그의 아버지는 이미 위암을 앓고 있었다.

식탁에서는 상투적인 대화가 오갔지만, 안드레아스가 질병에 관한 이야기를 꺼내려고 하자 식사 분위기가 험악해졌다. 어머니가 하지 말라는 손짓을 했고 손을 입에 갖다 대었다.

❸ 핵심 질문의 윤곽을 드러내는 조각 작업

안드레아스는 그 장면에 '침묵'이라는 제목을 붙였다. 안드레아스는 당시 이미 성인이었고 충성 계약은 아주 어릴 때 맺은 것이 분명했지만 우리는 바로 이 장면을 재구성하기로 결정했다.

아들 역할을 맡은 안드레아스는 아픈 아버지를 향한 커다란 걱정을 느꼈고 어머니에게 이런 메시지를 보냈다. "내가 얼마나 아버지를 걱정하는지 좀 알아주세요." 아무것도 할 수 없다는 감정이 그를 침묵하게 만들었다.

어머니의 메시지는 분명했다. "논쟁거리는 꺼내지 마라. 가족을 분열시키지 않도록 조심해라." 그리고 "지금의 평화를 깨지 마라."

이 명령의 문장을 이렇게 작성해 보았다. "나를 위험에 노출시키지 마라. 불화를 일으키는 모든 것, 특히 싸움은 피하려고 애써라. 얼마를 치르더라도 평화를 만들어 내라."

안드레아스는 먼저 위장의 압박감을 통해 자신의 두려움을 느꼈다. 마치 묵직한 덩어리가 배 속에 있어 전혀 소화시킬 수 없는 느낌이었다.

나중에 조상과의 관계 치료에서 안드레아스의 증조할머니에게 있던 내면의 공허함이 무거운 베일처럼 이 장면에 드리워져 있었다는 것을 알게 되었다. 그녀는 다섯 살에 아버지를, 그리고 여덟 살에 어머니를 잃었고 농장을 운영하는 친척의 손에 맡겨졌다. 이렇게 정신적으로 깊은 충격을 받고 고립된 어린 여자아이가 더 이상 새로운 상실을 경험하지 않기 위해 던져진 환경에 무조건 순응하고 독립 욕구를 억눌렀을 것임은 힘들지 않게 상상할 수 있다. 증조할머니의 상처를 건드리지 않기 위해 안드레아스의 가족은 상실을 떠올리거나 불화를 일으킬 만한 주제를 철저히 금기시했다. 그의 가족에게 아버지의 생명을 위협하는 질병에 관한 이야기는 꺼내선 안 되는 주제였다. 젊은 안드레아스에게 말로 표현하지 못한 감정이 문자 그대로 목구멍 안쪽까지 차올랐지만, 그는 어머니의 (아직은) '안전한 세계'를 위험에 빠트리지 않기 위해 그 감정을 '삼켜야' 했다. 조상 치료에 관한 장에서 이런 연관성을 더 자세히 살펴보겠다.

딸과의 관계에서도 바로 이 '안전한 세계', 즉 모든 불화를 일으키는 상실의 위험, 공격성, 분노, 생각의 차이 그리고 독립성이 금지된 세계를 지켜야 한다는 대물림된 명령의 중요성이 보인다. 원래 이 고통은 짧은 간격을 두고 젊은 부모를 모두 잃고 집도 잃고 농장에서 자라야 했던 증조할머니 세대에서 시작된 것인데도 말이다.

이제 리사와 리사 아버지 사이의 충성 계약을 살펴보자.

❶ 리사와 아버지의 관계를 상징적으로 나타낸 그림 카드

리사는 부녀 관계를 잘 설명한다고 생각되는 그림으로 꿈상징 카드 중에서 한 장을 선택했다. 목자가 젊은 여성에게 어린 양 한 마리를 건네주는 그림이었다. 리사는 아버지와 자신의 관계가 매우 끈끈하다고 설명했다. 그녀는 아버지를 깊이 신뢰하며 아버지 곁에 있으면 안전하고 보호받는 느낌이라고 했다. 리사는 아버지를 무척 존경했다. 안드레아스는 한 가지 문제를 제외하면 거의 완벽한 아버지였다. 그와는 다투는 일이 불가능했기 때문이다.

❷ 리사가 아버지와 맺은 충성 계약을 알아보기 위한 핵심 질문과 장면:

"아버지와의 관계 속 어느 부분에서 아버지를 실망시키면 안 되는가?"

아버지와 맺은 충성 계약을 살펴보고 있었지만 리사는 어머니에 대한 핵심 질문에서 떠올렸던 가족 휴가 장면을 다시 떠올렸다. 리사가 아버지와 함께 산책하는 동안 다른 형제들은 어머니와 해변에 있었다. 리사는 그 장면을 떠올리며 자신이 아버지와 대화를 나누었고, 아버지는 즐거워 보였다고 설명했다. 두 사람은 이 둘만의 시간을 즐겁게 보낸 것 같았다. 당시 리사의 나이는 여덟 살이었다.

❸ 핵심 질문의 윤곽을 드러내는 조각 작업

역할극을 바탕으로 리사가 깨달은 메시지는 이랬다. 딸의 입장이 된 리사는 그날 아버지가 너무 많은 이야기를 해서 정작 자신이 별로 말을 할 수 없었고 그 부분이 불편했다. 아버지의 메시지는 "내 말을 잘 들어라!"였고 그 속에 이런 메시지가 들어 있었다. "네게 세상을 보여 주고 널 지켜줄 테니 너는 내게 충성하고 너의 영웅인 나를 존경해라!"

딸의 입장에서 리사는 아버지에게 그를 무척 존경하며 그의 보호를 받고 싶다는 메시지를 보냈다. 그러자 서로에게 단단히 소속되어 있다는 느낌이 유독 강렬하게 느껴졌다.

아버지가 리사에게 내린 충성 명령은 아버지의 가장 아픈 부분을 지키라는 것이었다.

"나를 실망시키지 말고 나를 네 인생의 유일한 영웅으로 삼아라! 내가 무력감을 느끼지 못하게 해라. 내가 좋은 아빠로서 너를 보호할 수 있게 너는 나를 의지하고 늘 연약한 상태로 머물러라!"

좋은 목자인 아버지는 그러나 '아버지를 잃은' 자신의 상처를 딸에게 건네주었다. 그의 내면 아이(그림의 어린 양)는 딸의 간접적인 보살핌을 받음으로써 부녀 관계가 그의 마음속 이상적인 모습에 가까워진다.

장면 속 리사의 나이가 안드레아스의 증조할머니가 고아가 된 나이라는 점이 인상적이다. 그녀는 그렇게 이상적인 부녀 관계를 얼마나 절실하게 원했을까, 그리고 당시에 그렇게 보호받고 안심하게 되길 얼마나 바랐을까.

앞으로 더 알게 되겠지만 안드레아스의 아버지 역시 그러한 아버지를 필요로 했다. 그렇게 안드레아스는 겉보기에는 조상 세대까지 만족할 만큼 '좋은 아버지가 되고' 잘 돌보는 것에 성공한 것 같다. 하지만 리사에겐 모든 것이 보이는 것만큼 이상적이지 않았다. 리사는 아버지들을 향한 안드레아스의 그리움을 느꼈고 안드레아스를 기분 좋게 함으로써 이들 모두에게 '봉사'해야 했다.

그리고 아버지의 부족함을 드러낼 수 있는 필요나 부족함, 불만을 표현하는 일도 금지되었다. 안드레아스가 영웅의 자리에 서 있을 때만 자신의 고통에서 자유로웠기 때문에 리사는 모든 비판과 거부, 이의를 드러내지 못하고 삼켜야 했다. 그녀 아버지가 그랬던 것처럼 말이다.

안드레아스가 아버지와 맺은 충성 계약

아버지 '죽이기' 훈련에서 안드레아스는 아버지와 맺은 충성 계약을 풀었다. 여기서 죽이기는 진짜 살인을 의미하는 것이 아니라 아버지(혹은 어머니)를 홀로 내버려 두는 금기를 행함으로써 자녀가 계약을 파기하고 이제껏 희생했던 부분을 회복하는 과정을 상징한다. 자녀는 부모의 상처가 얼마나 고통스러운지 느낀다. 본래 의존해야 하는 존재인 아이는 부모의 불안정함을 '참지' 못한다. 그래서 부모의 가장 고통스러운 부분을 건드리지 않으려고 노력한다. 코드가 풀리는 순간에 아들 혹은 딸은 처음으로 부모의 아픈 부분을 가지고 부모와 마주해야 한다. 이제껏 개인적으로 다뤄 왔던 치료약으로 부모와 조상을 치료해야만 이들의 '가슴에 비수를 꽂는 행위'와 마음 아픈 '배신'을 해낼 수 있으며 이를 통해 마침내 나 자신의 필요를 돌볼 수 있게 된다.

❶ 안드레아스와 아버지의 관계를 상징적으로 나타낸 그림 카드

안드레아스가 선택한 그림 카드에는 거의 사람 머리만 한 주사위 두 개를 던지는 소년이 있었다. 소년은 바위 위에서 무릎을 꿇고 있었다.

안드레아스는 아버지와 자신의 관계에 아무런 감정이 없었다고 설명했다. 자신이 지금 자녀들과 나누는 것 같은 친밀한 관계는 결코 없었지만 종종 아버지와 공통의 흥미로운 주제를 놓고 '학문적인' 대화를 나누며 함께 시간을 보냈다. 아버지는 그에게 자신이 불 조절과 유리제작 과정을 얼마나 중요하게 생각하는지 들려주었다. 하지만 누구와도 아버지와 감정에 관해 이야기한 적은 없었다.

❷ 안드레아스가 아버지와 맺은 충성 계약을 알아보기 위한 핵심 질문과 장면:

"아버지와의 관계 속 어느 부분에서 아버지를 능가하면 안 되는가?"

그가 떠올린 장면에서 어린 안드레아스는 아버지와 식탁에 앉아 있었다. 두 사람은 모노폴리 보드게임을 하고 있었지만, 즐거움과 홍겨움 대신 무겁고 긴장된 분위기가 감돌았다. 안드레아스에게 거의 위협적으로 다가온 아버지의 신호는 어떤 실수도 용납할 수 없으며 규칙을 반드시 지켜야 한다는 내용이었다.

❸ 핵심 질문의 윤곽을 드러내는 조각 작업

안드레아스가 이 장면에 붙인 제목은 "규칙을 지켜라!"였다. 아들의 역할에서 안드레아스는 또다시 아버지를 끝없이 만족시켜야 하는 불안한 아이가 되었다. 아버지의 신호는 분명했다. "내가 이겨야 한다." 그리고 아들은 이렇게 질문했다. "내가 무엇을 잘못했을까?" 자기가 원하는 이상적인 아버지의 모습을 상상하기 시작하자 안드레아스는 몸의 긴장이 사라지는 것을 느꼈다.

그러한 아버지라면 아들을 격려하며 '지금 잘하고 있다'는 느낌을 심어 주었을 것이고, 자기 능력을 최대한 활용하여 공정한 게임을 마친 아버지와 아들은 서로에게 손을 내밀어 악수했을 것이다.

아버지의 추월 금지 명령은 이렇게 해석된다.

"나를 능가하지 마라, 너는 내가 그럴 수 있었던 것보다 더 자유롭고 편하게 지내서는 안 된다. 너의 실망이나 불만을 내비쳐서 내가 화를 터트리지 않도록 항상 조심해라."

아버지 쪽 조상을 치료하는 과정에서 '아버지가 없다'라는 주제가 안드레아스 가족에게 몇 세대 동안 지속되었음을 알게 되었다.

증조할아버지는 전쟁 중에 심각한 머리 부상을 입었고 중증 트라우마 증상을 보였다고 한다. 그래서 그는 더 이상 아버지 역할을 하지 못하고 가족을 부양하지 못했다. 그래서 당시 여덟 살이었던 어린 할아버지가 가장이 되어야 했고 성인이 된 뒤에는 제2차 세계대전을 겪어야 했다. 힘든 시대는 큰 고통을 가져왔다. 할아버지 부부는 갑작스러운 사고로 아이 하나를 잃었고, 나중에는 피난 중에 다시 한 아들을 영양실조로 잃었다. 그는 사고가 일어날지 모르니 계속 경계해야 한다는 마음으로 살았다. 이런 부담감, 그리고 전쟁의 트라우마와 고통으로 그늘진 할아버지의 인생은 그를 자식이 의지할 수 없는 아버지로 만들었다.

안드레아스의 아버지는 보호하는 아버지를 원하는 아버지의 갈망을 건드리지 않음으로써 아버지를 특히 감정적으로 보호하려 노력했다. 그렇게 심각한 트라우마 증상을 보이는 부모의 아이들은 순순히 자신을 '부모의 고통을 담는 그릇'으로 제공한다. 아버지의 고통은 이제 아버지를 위로하고 지지하기 위해 자기 욕구는 신경 쓰지 않게 된 아들의 영혼에 흡수된다. 죽은 형제와 달리 살아남았다는 깊은 죄책감은 또한 내 존재가 정당하다고 하는 지극히 당연한 감정에도 부담을 느끼게 만들었다. 그래서 그는 아들인 안드레아스를 통해 자신에게 절실히 필요한 '버팀목'을 얻으려 했다.

리사는 아버지를 영웅으로 만들어서 안드레아스가 과거의 조상들을 보상하는 아버지상을 연출하게 했다. 물론 그 과정에서 리사도 얻은 것이 있었으나 영웅적인 아버지를 비판하거나 지적하면 안 된다는 명령이 리사의 건강한 해방을 방해했다.

안드레아스가 그의 아버지에게 그랬던 것처럼 리사 또한 그의 가장 아픈 상처, 정말 의지할 수 있는 아버지를 향한 충족되지 못한 갈망에서 아버지를 보호했던 것이다. 안드레아스를 이상적인 아버지로 만들면서 리사는 한편으로 '아버지가 없는' 아이였고 자아 발달이 정체되어 있었다. 숨겨둔 고통과 억압된 삶의 충동이 복통과 두통의 형태로 나타나며 리사 자신을 공격하고 있었다.

리케가 아버지와 맺은 충성 계약

치료를 진행하면서 리케는 아버지의 때 이른 죽음이 자신을 얼마나 괴롭게 했는지 분명하게 깨달았다. 리케의 아버지는 리케가 스물다섯 살 때 자살했다. 죄책감이 그녀 내면에 깊이 자리 잡았고 그 당시 마음 한편에 느꼈던 후련함이 그녀를 자책하게 만들었다. 리케의 아버지는 조울증 진단을 받았으며 평생 이 질병으로 괴로워했다.

❶ 리케와 아버지의 관계를 상징적으로 나타낸 그림 카드

리케는 사랑의 타로 카드 중에서 한 장을 골랐다. 두 개의 낭떠러지 사이에 얇은 줄이 걸쳐져 있었다. 오른쪽 낭떠러지에 한 젊은 여성이 반대편 낭떠러지에서 아슬아슬하게 줄을 타고 그녀 쪽으로 다가가는 남성을 향해 두 팔을 벌리고 서 있었다. 골짜기 아래로는 파란 하늘에 태양이 떠 있고 초원에 나무들이 있는 풍경이 보였다.

리케는 자신이 낭떠러지에 서 있는 여성이며 줄을 타는 남성을 얼마나 걱정하며 잘 건너오길 바랐는지 설명했다. 또한 그녀는 '반대편에서' 아버지를 기다리면서 그를 구하려 하고 그에게 확신과 희망을 전해 주려 했던 자신의 익숙한 역할을 느꼈다.

❷ 리케가 아버지와 맺은 충성 계약을 알아보기 위한 핵심 질문과 장면:

"아버지와의 관계 속 어느 부분에서 아버지를 실망시키면 안 되는가?"

명상 도중 리케는 두 가지 장면을 떠올렸다. 첫 번째 장면의 배경은 리케 부모님 집의 부엌이었다. 어린 리케는 오렌지색 꽃무늬 벽지 앞에 앉아 있었는데 그 모습이 마치 꽃무늬 중 하나 같았다. 갑자기 아버지가 어디선가 얼굴을 내밀었고 몹시 놀라 거의 충격받은 듯한 표정을 지었다.

두 번째 장면은 아침에 아버지가 리케를 어린이집에 데려다주는 장면이었다. 어린 리케는 몸이 아팠고 곧바로 조용한 방에 누웠다. 그녀는 아버지가 보육교사에게 아픈 아이를 맡기게 되어 미안하다고 사과하는 소리를 들었다. 아버지는 힘들어 보였고 자책하는 것 같았다.

리케의 아버지는 학생이었기 때문에 어머니는 리케를 낳자마자 일하러 나가야 했다고 이야기했다. 리케의 아버지는 당시 무척 어렸던 여자 친구(리케 어머니)를 감동시키기 위해 창문을 기어오르다가 떨어져 팔을 심하게 다치는 바람에 원하던 외과의사가 될 수 없었다. 이것이 아버지를 우울하게 만들었고 몇 년 후에는 사고의 여파로 정신질환이 생겼다. "이런 과정을 거치며 제 부모님은 서로에게 숙명 같은 존재가 되었습니다."

어린 딸을 키우는 일이 아버지에겐 힘들게 느껴졌던 것으로 보인다.

❸ 핵심 질문의 윤곽을 드러내는 조각 작업

아버지 입장이 된 리케는 두 장면에서 아버지의 부담을 분명히 느꼈다. 또 어린 딸을 보살펴야 하는 책임에서 벗어나고 싶은 소망도 느꼈다. 딸에게 아버지가 보내는 메시지는 이랬다. "내게 행복이 되어 줘. 내게 의지하지 말고 아버지라는 굴레에서 벗어나게 해 줘." 딸이 된 리케는 첫 번째 장면에서 벽지와 하나가 된 것 같았고, 벽에 기댄 느낌이 무척이나 편안했다.

딸이 아버지에게 보내는 메시지는 이랬다. "그냥 아버지로 있어 주세요." 그리고 "내가 굴레를 벗겨 줄게요 그리고 다른 의지할 것을 찾을게요!"

충성 명령은 이렇다. "너는 나를 실망시키지 말고 스스로 만족하고 보살피는 딸이 되라. 내가 아버지로서 능력 있다고 느낄 수 있도록 나를 안심시켜야 한다."

핵심 문장과 조각하기를 통해 수면 위로 드러난 충성 계약은 세대를 넘어 대물림되는 고통을 보여 준다. 더 중요한 것은 이런 계약을 풀고 치료할 수 있는 방법이 있다는 사실을 아는 것이다. 누구든 이 문제를 해결하면 오래된 속박에서 해방되어 자유롭게 자기 인생을 살 수 있다. 이 과정에서 조상의 치유도 중요한 역할을 한다.

조상이 치유되는 과정

다음으로 리사는 두 번째 교육을 시작했다. 더 많은 인물이 등장하는 역할극을 이용하여 여러 세대를 바로 세우는 과정이다. 이러한 바로 세우기 과정은 반드시 경험이 많은 상담사와 함께 진행하는 것이 좋다. 각 조상에게 깊이 느꼈던 연민과 무의식적인 애착을 한꺼번에 폭발적으로 경험할 수 있으므로 전문적인 대응이 필요하기 때문이다. 하지만 이 과정이 궁금한 독자라면 자신의 가계 나무를 그리고, 부모와 조부모 그리고 부모의 남녀 형제들과 다른 친척들에 관한 정보를 모아 보길 바란다. 이 방식으로 하나 또는 여러 개의 가족 주제를 발견할 수 있을 것이다.

다시 훈련으로 돌아가자. 여러 세대의 같은 성별의 조상을 다루는 경우는 의자 몇 개를 한 줄로 두고 앞에서부터 자녀, 부모, 조부모, 증조부모 순서로 대역이 설 자리를 정한다. 성별이 다른 부모를 다룰 때는 메시지들을 명상하여 떠올린 장면에 등장하는 인물만 다룬다. 대역은 개별 조상에 관한 자세한 소개를 듣고 그 역할에 몰입한다. 이제 후손에게 전달된 메시지와 임무, 명령을 재현한 뒤에 이 조상 세대에 어떤 가족 주제가 있는지 빠르게 설명한다. 당사자는 결핍과 실수, 충격적인 사건은 물론 긍정적인 내적 자원까지 감정적으로 느껴 본 후 이런 문제가 얼마나 정확하게 자기까지 대물림되었는지 인식한다. 조상의 문제를 특별히 고안된 치료약으로 다루는 동안 당사자는 만약 이 조상이 자신의 욕구를 온전히 충족했더라면 거기에 있었어야 할 인물, 환경 또는 해당하는 상황을 통해 조상이 치유되는 과정을 보고 듣는 증인이 된다. 자녀의 깨달음 그리고 온전히 충족된 증조부모와 조부모, 부모를 통해 대물림된 치료약은 이 자녀에게 자신의 현재 모습을 새롭게 바라보게 해 준다. 당사자 내면의 '아이'는 이제 가상의 과거에서 역할극으로 재현된, 온전히 충족된 부모가 주는 양식과 특별하고 정확한 보살핌을 드디어 충분히 먹고 즐길 수 있다.

세대 간 전이의 거대한 복잡성을 이해하고 세대 코드가 얼마나 철저하게 다음 세대로 건네지는지 분명히 알기 위해서 제일 먼저 리사 어머니의 조상 바로 세우기 작업을 시작했다. 그다음으로는 리사가 그녀 어머니와 관계를 바로 세우는 것을 살펴보고 이어서 리사 아버지와 그의 어머니, 리사와 리사 아버지 그리고 그의 조상들의 바로 세우기 치료를 차례대로 살펴볼 것이다. 이렇게 함으로써 메시지와 계약이 어떻게 서로를 묶고 있으며 의존하게 만드는지, 그리고 어떻게 가족 주제가 한 세대에 영향을 미치는지 더 잘 추적할 수 있을 것이다. 상황 사례의 마지막에는 각각의 작업으로 얻은 깨달음을 한데 모아 분석해 보았다.

어머니와 이어지는 리케의 대물림 메시지

리케의 바로 세우기 치료는 증조 외할머니(리사의 고조 외할머니)에서 시작한다. 그녀는 무척 강하고 엄격한 여성이었지만 진지하고 열정적이었다.

그녀의 남편, 즉 리케 외할머니의 아버지는 태어나는 동시에 어머니를 잃었고 철도 일을 배우기 위해 어린 나이에 집을 떠났다. 그곳에서 그는 경력을 쌓았고 꽤 성공했으며 몇몇 발명품으로 특허도 받았다. 이 부부에게는 사회에서 좋은 평판을 얻는 것이 제일 중요했으며 딸들을 포함한 다섯 명의 자녀에게 모두 고등교육을 받게 했다. 그중 장녀인 리케의 외할머니는 둘째가 태어나자 두 살의 나이에 부모에게서 떨어져서 여섯 살이 될 때까지 할머니 손에서 자랐다. 다시 가족에게 돌아왔을 때 그녀에게는 가족이란 존재가 무척 낯설었다. 그녀의 아버지, 즉 리케의 증조 외할아버지는 몹시 엄한 아버지로, 솔직히 말해 폭력적인 남자였다. 그는 무엇이든 자신이 원하는 대로 되지 않으면 아이들을 때렸다. 맏딸이었던 리케의 외할머니는 아버지의 폭력을 가장 많이 경험했고, 가끔은 아버지가 너무 심하게 때려서 옷으로 가려도 사람들이 모두 눈치챌 정도로 맞은 적도 있었다. 마침내 성인이 된 그녀는 마리 퀴리 같은 대단한 여성이 되고 싶었으나 남편 사업의 회계 관리와 아이를 키우는 일밖에 할 수 없어서 무척 괴로워했다. 혼자 힘으로 자기만의 무언가를 이루고 싶었기 때문이다. 그러다가 늦둥이 딸, 리케의 어머니가 태어나자 그녀는 아이를 거부하고 거의 가정부에게 맡겨서 키웠다.

증조 외할머니로부터 여성 계보를 따라 계속 이어져 온 메시지는 이랬다. "방해하지 마, 저리 가!" 어린 소녀였던 증조 외할머니가 얼마나 상처받고 충격받았을지, 그리고 그녀의 상처와 행동이 어린 딸에게 어떤 영향을 주었을지는 금세 알 수 있다. 친어머니에게 버림받고 할머니 손에서 커야 했다는 사실이 무척 깊은 상심으로 남았을 것이다.

리케가 어머니와의 충성 계약을 풀기 위해서는 먼저 외할머니의 상처가 회복되어야 한다. 외할머니를 향한 깊은 연민이 리케가 자신을 받아들이지 못하게 막기 때문이다. 리케의 삶은 말하자면 조상을 구원하기 위한 삶이었다. 그러므로 외할머니에게도 사랑이 가득한 어머니가 있었으며 딸을 인정해 주었고, 또한 딸의 욕구와 소원을 알고 돌보았으며 딸이 재능을 펼치는 것을 지지했음을 리케가 알아야 했다. 비록 이것이 과거로 돌아가 보는 상상 여행의 방식이며 가상으로 일어나는 일이었지만, 리케는 마음이 편안해지는 것을 느꼈고 자기 자신의 욕구를 충족해도 좋다는 허락을 얻었다. (어떻게 그런 치료약이 만들어지는지는 치료약 관련 장에서 자세히 설명할 것이다.) 그렇게 우리의 바로 세우기 과정에서 두 살배기 외할머니는 딸을 결코 버리지 않을 이상적인 어머니를 얻는다. 리케는 또한 외할아버지에게 태어나면서 어머니를 잃지 않은 이상적인 아버지가 생기는 과정을 직접 목격한다. 또한 리케는 자신의 외할머니에게 아이를 때리지도 않고 아이들에게 성과와 완벽을 강요하지 않는 다정한 아버지가 있었다고 생각해 보았다. 그 아버지는 딸에게 사회적 지위를 주고 스스로 직업을 선택할 수 있도록 지원했을 것이다. 리케는 외할머니가 이상적인 보살핌을 받는다는 사실에 큰 위안을 얻었고, 외할머니의 상처를 치료하는 일은 자기 책임이 아님을 깨달았다.

이렇게 생겨난 치유력 있는 가상 세계는 이제 리케에게 대안적인 새로운 기억처럼 작용하여 리케가 완전히 새로운 시선으로 자신과 조상을 바라볼 수 있게 해 주었다. 다음 세대에서 리케는 자신의 어머니가 어린아이일 때 이상적인 어머니와 함께 있는 모습을 보았다. 늦둥이였던 어머니는 스스로 만족할 줄 알았던 외할머니가 무척 원하던 자식이고 자존감이 높고 사랑받던 외할머니의 딸이며 무엇보다도 외할머니의 마음을 차지했던 딸이었을 것이라는 것을 금세 상상할 수 있었다.

이제 온전히 충족된 자기 어머니를 보고 리케는 자신이 어릴 때 무척 원하던 그런 어머니를 볼 수 있었다. 치료약을 이용한 당사자 자신의 치유는 특별히 더 세밀하게 진행된다. 여기서부터는 어린 시절의 리케, 리케의 상처와 갈망, 결핍을 중점적으로 다루게 된다. 리케는 처음으로 (가상의 과거에서) 온전히 충족된 어머니와의 진정한 공생을 경험하고 이제 정말 함께할 수 있다. 인정받기 위해 아이를 필요로 하는 것이 아닌, 사랑의 표현인 어머니의 애정 가득한 눈빛이 아이에게 쏟아진다. 이 순간이 이제부터 리케의 기억 체계에 새로운 기억으로 저장될 것이다. 진짜 과거가 어떠했는지 물론 알고 있겠지만, 리케는 앞으로 이 대안적인 기억에 의지할 수 있으며, 이 기억을 통해 자신의 현재 모습을 새롭게 바라볼 수 있을 것이다.

지나간 시간은 되돌릴 수 없고 리사가 벌써 열네 살이 되었지만, 리사는 온전히 충족된 어머니 리케에게서 가상으로뿐만 아니라 실제로 혜택을 입게 된다. 리케는 지금 자신과 딸의 관계를 그 어느 때보다도 잘 알고 있으며, 여전히 자신의 상태를 더 교정할 수 있는 상태다. 또한 리사와의 관계에서 많은 부분을 새롭게 만들어 나가고자 한다(이미 그렇게 하고 있다.) 리케 자신이 자기 존재의 정당성을 새롭게 깨달았기 때문에 딸 리사가 자기 자신과 스스로의 욕구에 관심을 가지는 것이 아무렇지 않았다. 리사는 어머니가 존재감을 포기하는 데 두려움을 느끼지 않는다는 것을 알게 되었다. 그 사실은 딸에게 확실한 자유를 주고 자신에게 집중하며 자기의 길을 걷게 해 주었다. 이것은 청소년기(사춘기)를 잘 보내기 위한 중요한 전제 조건이다. 이에 관해서는 뒤에서 더 이야기하겠다.

어머니와 이어지는 리사의 대물림 메시지

청소년을 상담할 때는 여자아이(또는 남자아이)가 부모와 조상들의 충격적인 경험에 너무 깊이 시달리지 않도록 조심해야 한다. 그래서 사전에 각 참가자를 위해 안전한 장소를 마련하고 공간적으로 또 신체적으로 익숙해지게 한다. 그래야 실제 상담 과정에서 참가자가 자신의 내적 자원과 만날 수 있고 모든 트라우마 치료에 대비하여 준비하고 끊임없이 개입할 수 있다. 또한 끔찍한 주제는 짧게 다루고 재빨리 이를 치료하는 가상 세계를 제시해야 한다.

그러므로 역할극에서 특정 인물을 재현할 때는 매우 주의해야 한다. 만일 참가자가 역할 자체나 역할에서 느끼는 감정에 압도되면 즉시 중지하고 역할을 바꿔야 한다. 특히 강간이나 학대, 중요한 관계였던 인물의 죽음과 같은 충격적인 경험이 이런 경우에 해당한다. 당연한 이야기지만, 바로 세우기 치료의 압박을 견딜 수 없는 성인도 마찬가지다. 그럼에도 참가자에게 조상의 인생에서 일어난 사건의 중요성과 그것이 그 사람의 인생에 끼치는 엄청난 의미를 깨닫게 해 주기 위해서는 역할극의 대역이 감정을 잘 표현하는 것이 굉장히 중요하다.

리사는 증조 외할머니와 외할머니, 어머니와 자신을 연기할 배우를 직접 선택하고 의자에 순서대로 앉힌 뒤 각각의 인물을 소개하고 이들의 인생에 관해 중요한 사항들을 설명했다.

동생을 임신하고 부담을 느낀 어머니로 인해 겨우 두 살 때 몇 년간 남의 손에 맡겨졌던 증조 외할머니는 이 작업을 통하여 지치지도 않고 절대 아이를 내맡기지 않을 이상적인 어머니를 만나게 된다. 다음으로 증조 외할머니는 결코 원칙과 성과를 강요하며 자녀를 때리지 않는 이상적인 아버지를 얻는다. 이런 상황을 믿기 위해 리사는 인간적인 필요가 성과와 순종, 규칙보다 우선시되는 이상적인 사회를 상상해야 했다.

리사는 실제로 만나 본 적은 없지만, 정서적으로 충족된 증조 외할머니를 보고 기뻐했다. 리사가 본 것은 스스로에게 확신이 있으며 가족과 단단히 결속된 느낌을 지닌 여성이었다. 증조 외할머니는 의식 있고 자신감 있는 여성으로 성장했고, 리사는 이제 이 여성이 훗날 자기 재능을 활짝 펼치고 어머니로서는 온정과 사랑을 베풀게 될 것임을 쉽게 상상할 수 있었다. 그밖에도 리사는 증조 외할머니가 부모에게 충분히 인정받고 받아들여졌으며 따라서 자신의 딸인 리사의 외할머니도 받아들였을 것이라는 사실을 안다. 여기서 리사에게는 증조 외할머니가 여성을 어머니의 존재로 국한하지 않고 가정과 직장에 똑같이 헌신할 수 있는 사회를 꿈꾸는 긍정적인 여성 롤 모델이었다는 점이 중요하다. 그래야 리사가 어머니가 되는 것이 속박과 좌절을 의미한다고 생각하지 않을 것이다. 폭력적이지도 않고 생명을 위협할 정도로 원칙을 요구하지도 않는 이상적인 아버지가 있었다면 증조 외할머니가 정말 만족스러운 인생을 살았을 것이라고 상상할 수 있다.

이제 리사는 금세 외할머니도 어릴 때 어머니로부터 많은 관심을 받으며 필요한 욕구를 모두 충족했을 것이라고 상상했다. 온전히 충족된 어머니가 사랑과 인정에 대한 절실한 필요를 채워 준 결과 아이는 어머니가 자신을 그대로 인정하고 원한다고 느끼며 자신이 어머니의 딸이 되어도 괜찮다고 (원치 않는 아이가 아니라고) 믿는, 안정감 있고 만족하는 딸로 성장한다.

이러한 '치료약'은 이제 리사도 영향받는 다음 세대로 전달된다. 이로써 어린 소녀였던 리케는 어머니를 인정해 주어야 하는 의무를 버리고 스스로 '세상의 중심'이 될 수 있다. 리케의 다양한 욕구가 되살아나고 정확한 대응을 받게 된다. 이 작업을 하다 보면 점점 더 많은 치유의 에너지가 생겨나서 상담실의 모든 대역들과 상담 공간에 신뢰와 사랑의 감정이 가득 차게 된다. 우리는 이것을 한 세대에서 다음 세대로 전달되는 '치료약'이라 부르고 있다. 이제 당사자는 부모와 조상의 잠재력을 볼 수 있고, 다음 세대에게 이것이 새로우며 진정한 양분이 되어줄 것임을 기대하게 된다.

자신의 어머니가 사랑받은 아이였다는 사실을 경험하고 믿게 된 리사는 이제 자기 내면에 있는 자신의 소원을 돌아볼 수 있으며 더 이상 어머니의 고통을 챙기지 않아도 된다. 교육 과정의 막바지에 이르면 리사는 온전히 충족된 어머니를 의지하게 된다. 어머니가 행복하다는 것을 알기 때문에 그녀와 별개로 자신의 행복에 집중하게 된다. 리사의 치유적인 가상 세계에서 그녀는 온전히 충족된 부모의 지지와 인정을 충분히 받으며 부모에게 자신의 모습이 그대로 받아들여지고 사랑받고 있음을 느끼게 된다.

리사는 육체적으로도 내면의 밝은 빛이 뿜어져 나오는 것을 느꼈다. 그래서 자신을 상징하는 대상으로 태양을 선택했다. 이후에 대가성 희생을 치료하면서 리사는 어머니 배 속에서부터 포기(희생)했던 어머니와의 친밀감을 다시 회복했다. 외할머니가 경험했을 원치 않는 아이라는 고통스러운 상처 그리고 자신을 출산하다가 죽은 어머니에 대한 죄의식에 시달렸을 고조할아버지의 존재 덕분에 더 심각해진 가족 주제는 이제 해결된 것으로 보인다. 충성 계약은 풀리기 시작했고, 이제 치유된 어머니의 고통을 건드릴 염려가 없는 리사는 점점 더 자신의 존재를 개방하고 이를 즐길 수 있게 될 것이다.

안드레아스 어머니 쪽 조상의 메시지 치료(크로스오버)

크로스오버 교육은 성별이 다른 부모 쪽 조상의 계보를 다룬다. 이 관계는 훗날 배우자 관계에 많은 영향을 끼치기 때문에, 이 교육에선 종종 배우자(대역)가 등장한다. 이 교육은 명상 도중에 떠올린 장면과 함께 작은 꾸러미를 건네주는 설정(173쪽 8장의 조상 계보에 대한 명상 단락 참조)을 사용한다.

이번에도 당사자가 각각의 역할에 대역을 배정한다. 안드레아스는 증조 외할머니가 다섯 살에 아버지를 잃고 여덟 살에 또 어머니를 잃었다고 설명했다. 고아가 된 그녀는 어린 소녀에게 무척 엄격했던 친척의 농장에서 자랐다.

안드레아스 기억에 따르면 증조 외할머니의 부모는 콜레라에 걸려 세상을 떠났다. 여기서 건네지는 꾸러미는 이 증조 외할머니의 돌아가신 아버지의 유품이다. 잘 밀봉된 상자 안에 반짝이는 정말 아름다운 물건이 들어 있다. 바로 '행복'이다. 하지만 어떤 끔찍한 것이 들어 있을지 몰라서 조상 중 아무도 이 꾸러미를 열어 보지 않았다. 논리적인 접근법 혹은 인생 전략을 의미하는 체스 말 모양이 그려진 작은 상자는 그냥 그렇게 다음 세대로 전해졌다. 증조 외할머니를 다루는 과정에서는 진보되고 이상적인 의료적 처치가 이루어져 그녀의 부모가 계속 생존했다면 얼마나 좋았을지 안드레아스가 보는 것이 가장 중요하다. 어린 소녀는 그 덕분에 멀리 보내지지 않고 걱정 없이 부모 곁에서 자랐을 것이다.

이어지는 세대에서 외할아버지의 가상 치유를 '체험'하기 위해서는 다른 치료약이 필요하다. 증조 외할머니의 아들은 전쟁이라는 충격적인 경험을 했으며 심한 트라우마에 시달렸다. 그는 러시아에서 통신병으로 근무했고 미국에서 포로 생활을 했다. 그는 1947년이 되어서야 고국으로 돌아왔다. 완전히 다른 사람이 된 그는 어느 누구의 눈도 똑바로 쳐다보지 못했고, 분노 발작이 일어나면 자신이 전쟁에서 겪었던 참상을 정신 나간 듯 외치곤 했다. 그의 딸, 안드레아스의 어머니는 이 '낯선' 남자가 집에 있지 않길 바랐다. 그녀는 자신이 여덟 살 때 처음 만난 예측할 수 없고 감정적으로 취약한 아버지를 두려워했고 함께 사는 것을 괴로워했다.

만일 애정이 가득하고 자신감 있는 어머니가 있었고 상상 속 이상적인 나라처럼 독일에 전쟁이 일어나지 않아 외할아버지가 충격적인 경험을 하지 않았더라면, 안드레아스는 외할아버지가 원래 되었어야 할 모습을 보았을 것이다. 증조 외할머니의 치료약에 더하여 외할아버지는 사랑을 표현할 줄 알고 '행복의 상자'를 열 수 있었을 것이다. 안드레아스는 이제 아버지와 좋은 관계를 유지했던 자기 어머니를 사랑받은 딸로 볼 수 있게 되자 매우 감동했다. 분노 발작을 일으키지 않는 아버지 밑에서는 자신의 분노를 다루는 방법을 찾았을 것이며, 스스로 안전하다고 느끼기 위해서 '얼마를 치르더라도 평화를 유지'할 필요도 없었을 것이다. 사랑을 베풀 줄 아는 어머니의 능력이 다음 세대로 이어질 수 있었을 것이다.

이런 새로운 모습을 지켜보던 안드레아스는 문득 자기 가족에게 있는 긍정적인 성품을 보게 되었다. "폭풍우가 지나가면 언제나 아름다운 무지개가 뜨고, 아무도 무지개를 어찌할 수 없다!" 이 새로운 문장을 통해 안드레아스는 서로 다툴 수 있는 부모, 자녀에게 다툼이란 공기를 깨끗이 씻는 강한 폭풍우 같아서 폭풍이 지나간 뒤에는 모든 것이 다시 좋아진다고 알려 주는 부모를 상상할 수 있었다. 다툼과 공격성은 원만한 결속과 관계를 파괴할 수 없다. 진정한 사랑에는 거절도 포함된다. 여기서도 가상의 과거 속에서 소년 안드레아스는 한 번 더 '진짜 경험'을 하게 된다. 부모(대역)가 실제로 다투는 모습을 보고 '어린 안드레아스'는 다툼이 나쁜 것이 아니라 도움 되는 것이며 누구나 자신의 의견을 제시할 수 있다는 좋은 교훈을 얻는다. 게다가 아이는 가족 내에 다툼이 벌어지더라도 위협적인 상황이 아니라는 것을 충분히 파악할 만한 통찰력도 얻게 된다.

안드레아스는 이제 가족에게 받아들여진 느낌을 경험했다. 가족의 평화를 유지하려고 애쓰지 않아도 말이다. 마지막 장면에서 안드레아스는 이제 서로 화해한 부모에게 의지하고 안정감을 느낄 수 있다는 것도 경험했다. 치료약의 상징이며 안정된 결속과 다툼 문화의 새로운 특징인 무지개는 안드레아스의 조종사(주도하는 자아) 덕분에 신체에도 각인되었으며, 이제 행복의 상자를 열어 사랑을 쏟아 낼 수 있게 되었다.

교육이 끝나고 안드레아스는 신체적으로 명치 부근에 새로운 힘이 생겼다고 했다(자아 강화). 뒤이은 치료에서 안드레아스는 희생했던 자신의 갈망들을 되찾았다. 이제부터 등장하는 아버지 계보에 대한 리사의 치료에서 분명해지겠지만, 리사는 앞으로 더 이상 아버지의 갈망을 대신 실현하기 위해 애쓰지 않아도 된다. 이 내용을 10장 "딸과 아들에 있어서 온전히 충족된 부모의 내면 아이"의 내용과 비교해 보라.

리사 아버지의 조상 치료

리사와 성별이 다른 부모, 즉 리사 아버지에 대한 치료는 이번에도 장면들과 작은 상자(꾸러미) 같은 요소를 이용한다.

리사의 아버지 쪽 조상 계보를 다루기 전에 진행한 명상에서 리사는 아버지와 할머니, 증조할아버지가 거실에 함께 서 있는 장면을 떠올렸다. 증조할아버지와 리사의 아버지는 서로를 잘 이해했는데, 할머니가 이를 부러워하며 소외감을 느꼈다. 할머니는 리사에게 상자를 주려 했지만 증조할아버지가 주지 못하게 했다. 그 상자는 비밀로 남아야 했고 열지 말아야 했다. 이 장면의 할머니는 말을 하면 안 되고 자신이 아는 지식을 전달해서도 안 되었으므로 마치 내면의 감옥에 갇힌 것 같았다. 하지만 상자는 등 뒤로 건네져서 비밀리에 리사에게 전달되었고 리사는 이것을 잠재의식 속에 '묻는다.' 아버지의 명령: "그것에 관해 말하지 말라. 그것은 비밀이다!"

대역할 사람을 위해 조상의 역할을 설명하는 동안 증조할아버지의 전쟁 경험이 가족 구성원의 관계에 상당히 결정적이라는 것을 금세 알게 되었다. 침묵은 증조할아버지와 딸(리사의 할머니) 사이를 갈라놓았고 할머니에겐 억압된 감정을 남겼으며, 공격적인 행동은 금지되었다. 증조할아버지가 잊고 싶어 하는 죄의식과 수치심을 다시 상기시기기 때문이다. 극복하지 못한 트라우마 때문인 듯한 할아버지의 갑작스러운 분노 표출은 가족들에게 두려움과 마비를 일으켰다. 대역들은 자신을 감정에서 분리해야 한다고 느꼈고, 따라서 자기 자신을 향한 감정으로부터도 멀어져야 했다. 통제 기관인 두뇌가 과부하에 걸렸으며, 잠재의식 속의 상자는 경고 알람처럼 계속 대기 상태를 유지했다.

이 작업에서는 증조할아버지의 치유가 가장 중요한 첫 단추였다. 리사가 가장 믿을 만한 시나리오는 전쟁 부상자를 위한 이상적인 트라우마 상담사를 떠올리는 것이었다. 이 시나리오를 통해 리사는 증조할아버지를 감정적으로 안정된 사람으로 만들 수 있었다. 증조할아버지가 상담으로 심각한 전쟁 트라우마를 치유했더라면 그는 자신의 감정에서 스스로를 분리하지 않아도 됐을 것이다. 증조할아버지의 커다란 죄의식은 그가 자신을 가족의 일원이라고 생각할 수 없을 만큼 무가치한 인간이라고 생각하게 만들었다. 전쟁이 없는 이상적인 독일이었다면 증조할아버지의 진짜 잠재력이 드러났을 것이다. 자신을 부끄러워하지도 않으며 가족에게 소속되었다고 느끼면서 자신과 딸의 감정에 접근하여 할머니에겐 더없이 애정 가득한 아버지가 되었을 것이다.

리사는 이제 전쟁 포로가 되지 않아 딸의 첫 생애를 놓치지 않고 처음부터 딸과 신뢰와 애정의 관계를 유지한, 온전히 충족된 증조할아버지와 여덟 살의 할머니가 함께할 수 있음을 알게 되었다. 할머니는 이제 분노하거나 불안감을 느끼는 아버지도 신뢰할 것이고 자신감과 삶의 기쁨을 마음껏 표출할 것이다. 이렇게 잘 양육된 할머니가 어머니라면 리사의 아버지도 여린 소년이 될 수 있었다. 리사는 의문을 보이고 여리며 애정을 갈구하는, 그러나 분노하고 반항도 하는 어린 소년인 아버지를 보았다. 그는 항상 강할 필요가 없고 내면을 억누를 필요도 없었을 것이다. 리사의 아버지는 이제 리사를 위해서도 강한 영웅일 필요가 없으며 리사도 아버지를 끊임없이 '구원'해야 하는 어린 소녀일 이유가 없어졌다.

리사는 자신이 희생했던 '갈색 곰'을 다시 되찾는다. 갈색 곰은 리사의 강인함, 삶의 즐거움 그리고 다룰 수 있는 능력을 의미한다. 리사는 자신의 강인함을 부정함으로써 아버지를 영웅으로 만들었고 강하게 만들었으며 아버지를 위협적인 내면의 감정 상태로부터 보호했다. 리사는 자신의 회복을 위해 (아버지의 조상 치료가 그랬듯이) 서로 다투지만 사랑으로 묶여 있으며 건강한 다툼의 롤 모델이 되어 줄 부모를 원했다.

온전히 충족된 부모가 다투는 모습을 보면서 리사는 점점 긴장을 풀었고 처음으로 오랜 내면의 통제를 내려놓았다. 리사의 조상 치료가 전체적으로 효과를 발휘하자 리사는 마치 내면에 따뜻한 촛불이 켜진 것처럼 빛으로 가득한 느낌을 받았다. 고요한 에너지가 온몸으로 퍼지고 모든 것이 허락되었다. 리사는 자기 능력과 삶의 기쁨을 비롯한 모든 것을 감지했다. 마침내 그 감정은 결코 끝나지 않을 것 같았던 공허함을 채워 주었고 무엇인가 즐겁고 새로운 기운이 리사의 몸 안으로 들어왔다. 이런 리사의 치료약을 상징하는 것은 촛불이다.

이 교육을 마친 후 리사는 상담사에게 아버지가 이제 '종종' 다투며 쉽게 '짜증을 낸다'고 전했다. 하지만 아버지의 딸로서 '인간적인' 아버지를 경험하는 것이 좋았던 리사는 새로운 행동을 반가워했다. "저는 이제 제가 절대로 상처 주면 안 되는 영웅이 아니라 대항할 수 있는 강한 아버지를 갖게 되었어요"라고 리사가 말했다.

이 가족의 주제는 관계가 끊어지는 것에 대한 극도의 두려움이다. 여덟 살에 천생 고아가 되어 생존하기 위한 전략으로 무조건적인 순응을 선택한 리사의 고조 외할머니는 이 두려움에 더하여 비인간적인 학대와 증조할아버지의 분노 조절 장애를 경험하면서 죄의식과 수치심이라는 주제까지 짊어졌을 것이다. 리사가 자기 에너지와 강인함을 포기하고 그 대신 아버지를 필요로 하고 아버지에게 감탄하는 존재가 되자 안드레아스는 스스로를 강하고 영웅 같다고 느꼈다. 그렇게 안드레아스는 그의 어머니가 위험하다고 느꼈던 공허하다는 느낌으로부터 어머니를 지키고 또한 그녀가 자신의 상처를 느끼지 않기 위해 스스로 만든 '안전한 세계'를 유지할 수 있었다. 리사와 안드레아스의 두통은 감정과 분리된, 머리에 '억압된 고통'을 인상적으로 설명해 준다. 이 교육이 끝난 뒤에 두 사람의 두통 증상은 확연히 좋아졌다.

리케와 안드레아스의 배우자 선택이 가지는 의미

새로운 가족 체계에서 초세대적 주제의 의미를 이해하기 위해서는 리케와 안드레아스의 모든 코드를 아는 것이 도움이 된다. 이 부부는 물론 다른 커플에게도 특별한 가족 주제가 계속해서 이어지고 반복되는 것을 볼 수 있었다. 많은 이들이 충성 계약을 풀게 해 줄 사람, 부모나 조상을 대신 돌봐 줄 사람을 배우자로 선택하거나 조상 전체가 실패했던 것을 보상할 수 있는 인생을 살기 위해 배우자를 선택한다.

당연히 이런 선택은 실패하거나 불완전할 수밖에 없기 때문에 충성 계약이 반복되고 재현될 뿐만 아니라, 그렇게 생겨난 가족과 구성원에게 새로운 고통을 안겨 준다.

안드레아스의 아버지 쪽 조상 계보를 바로 세우는 작업

안드레아스는 자신의 아버지가 무척 과묵하고 모든 것을 인내하는 남자였다고 설명했다. 안드레아스는 아버지가 심하게 아파하며 위암으로 세상을 떠나는 과정을 모조리 체험했다. 당시 겨우 스물네 살이었던 안드레아스는 마치 관계없는 사람처럼 가족들이 힘든 일을 이야기하지 않는 것과 오랜 투병 끝에 아버지가 세상을 떠나는 것을 무력하게 지켜보고만 있어야 했다.

아버지와의 관계 바로 세우기 작업에는 앞서 안드레아스가 명상하며 떠올린 장면을 사용하기로 했다. 이 장면의 배경은 그의 증조할아버지가 당시 살았던 동네의 시장이다. 전쟁의 위협이 있는 걱정스러운 상황이었고 안드레아스는 어디서 위험이 닥칠지 몰라 계속해서 망을 보고 있었다. "아버지는 어디 있어?"라는 질문이 짙은 안개처럼 장면을 덮고 있었다. 그것은 제1차 세계대전에서 살아 돌아왔지만 전선에서 머리에 총상을 입고 심하게 다쳐 두뇌 기능을 많이 잃어버린 증조할아버지를 찾는 질문이었다. "아버지는 여기 있었고 없기도 했어." 힘든 시기에 가족을 보호하고 지탱하는 아버지의 부재는 모든 것을 마비시킨다. 조상 대역을 맡은 사람은 이런 심각성과 불안정성 그리고 지지와 의지할 곳을 향한 갈망을 강렬하게 느꼈다. 안드레아스에게 내려진 핵심 명령도 역시 다음과 같았다. "내 버팀목이 되어 주되, 내게서 아무것도 바라지 마라!"

안드레아스는 우선 아버지에게 다가가 아버지를 그리워했다고, 아버지를 잃어버려서 정말 슬펐다고 이야기하고 싶은 충동을 느꼈다. 이런 말을 아버지(대역)에게 전하면서 안드레아스는 처음으로 자신의 약함과 슬픔의 감정들을 고백했다. 그렇게 그는 자신의 감정을 과감하게 아버지에게 내밀었다. 평소에는 감정을 숨기면서 언제나 방지하려고 했던 행동이었다. 이때는 제대로 된 보살핌을 받지 못했고 너무 일찍 많은 부담을 짊어졌던 아버지가 달리 어쩔 수 없었다는 사실을 안드레아스가 머리로는 물론 마음으로 경험하는 것이 중요했다. 아버지 없이 성장한 할아버지는 일곱 살 때부터 전쟁터에서 심하게 부상당한 아버지와 함께 살아야 했으며 어머니에겐 배우자를 대신하는 존재가 되어 남편이 주지 못하는 지지와 친밀감, 애정을 주어야 했다. 나중에는 그 역시 전쟁터에 나가게 되어 자기 아들에게 아버지 역할을 하지 못했다. 방금 자세하게 설명한 것처럼 안드레아스의 아버지는 무거운 운명을 감당해야 했다. 어린 시절에 방금 보았듯 힘든 시절을 보내야 했다면, 성인이 된 후에는 두 명의 자식과 고향을 잃었고 피난을 가야 했으며 수많은 배고픔과 부족함을 견뎌야 했다. 그의 인생은 혹독했고 언제나 생존하기 위한 투쟁이었다.

이제 우리의 작업으로 할아버지는 가상의 과거에서 머리 부상이나 전쟁 트라우마가 없는 온전한 아버지가 함께하는 일곱 살 소년이 된다. 할아버지의 어머니 역시 배우자의 보살핌을 받으며 배우자를 대신하는 아들을 필요로 하지 않는다. 전쟁이 없는 이상적인 독일에서 할아버지는 아이도 잃지 않고 고향도 잃지 않으며 평생 삶의 기쁨을 누리며 가족과 함께 살게 된다. 안드레아스는 할아버지의 환경이 좋아진 것을 보고 마음의 무거운 짐이 사라지는 것을 느꼈다. 이제부터 안드레아스가 아버지에게 그럴듯한 대안적인 인생을 만들어 줄 차례다.

전쟁이 없는 이상적인 독일을 상상하자 안드레아스는 아버지가 아이들의 필요를 채워 줄 시간과 공간이 있는 부모님과 함께 행복한 어린 시절을 보내는 모습을 볼 수 있었다. 중요한 관계 인물을 잃을 염려가 없는 평화로운 시대에 할아버지는 형제들과 함께 성장했을 것이다. 온전히 충족된 아버지는 이제 그가 필요로 하던 애정 어린 아버지(할아버지)의 모든 관심과 시간을 누렸을 것이고, 그 자신이 아버지가 된 후에는 아들 안드레아스에게 똑같이 해 주었을 것이다.

이제 안드레아스는 아버지가 자신에게 큰 관심을 가지고 사랑했을 것이라는 사실을 믿을 수 있었다. 이제는 전에 희생한 것처럼 희망과 필요를 목구멍에만 머무르게 하지 않고 자신 있게 표현할 수 있었다. 그는 더 이상 순응하고 순종하면서 아버지를 화나게 하지 않기 위해 끊임없이 주의할 필요가 없었다. 안드레아스는 자신을 돌아보면서 자신과 핸드볼 게임을 하고, 감정을 드러내며 아들의 분노를 잘 다룰 줄 아는 '마음의 아버지'를 다시 한번 경험했다. 이런 아버지라면 위암에 걸리지 않을 것이고 안드레아스도 더 이상 모든 것을 참지 않아도 될 것이었다.

따뜻한 온기가 교육실 전체에 가득했고 안드레아스는 자신이 경험한 치료약의 상징으로 날개 달린 하트를 선택했다.

안드레아스는 아버지를 가장 고통스러운 부분으로부터 보호하기 위해 그가 희생해야 했던 것을 낡은 시계로 나타냈다. 낡은 시계는 함께 보낸 시간을 뜻했다. 어린 안드레아스가 아버지를 위해 포기한 시간, 아버지를 향한 소원과 그리움을 결코 표현할 수 없었던 시간 말이다. 그렇게 그는 아버지와 할아버지의 고통, 즉 이들에게 시간을 내주며 격려하고 힘을 주는 아버지에 대한 갈망을 건드리지 않았다. 낡은 시계는 또한 양차 세계대전으로 할아버지와 증조할아버지에게 허락되지 않았던 삶의 시간을 상징할 수도 있다.

리케와 아버지의 조상 치료

명상을 하면서 리케는 증조할아버지, 할머니, 할아버지(아버지의 아버지) 그리고 아버지를 떠올렸다. 아버지의 어머니는 손에 작은 상자를 들고 있었고 이것을 리케에게 직접 주려고 했다. 리케가 열쇠가 달린 고급스런 포장의 박스를 받으려 하자 아버지의 아버지가 이를 막았고 그 대신 뭔가 차가운 금속 재질의 물건(어쩌면 권총이나 그 비슷한 것)이 담긴 주머니를 건네주었다.

이 장면에 대역이 배정되었고 리케가 그들의 인생을 자세히 설명했다.

증조할아버지, 즉 할머니의 아버지는 출산 중에 어머니를 잃었다(어머니 쪽 조상 계보도 동일했음을 참조할 것). 그는 기술자였고 급수 시설을 운영했고 신앙을 가진 여성과 결혼하여 다섯 명의 자녀를 낳았다. 리케의 할머니가 태어나기 전에 이미 두 명의 아들이 갓난아기일 때 죽었다. 그는 유일한 딸을 무척 애지중지하며 아끼는 아버지였다. 할머니의 상자는 귀중한 내적 자원인 것으로 보인다. 리케의 아버지의 아버지가 장면에 등장하며 매우 중요한 역할을 하기 때문에 우리는 그 역할을 만들어 대역 한 명에게 배정했다. 1911년에 태어난 리케 아버지의 아버지는 대공황이 시작되었을 때 열여덟 살이었다. 그는 가장의 잘못된 결정으로 인해 가족이 하루아침에 모든 것을 잃어버리는 상황을 생생하게 경험했다. 가족은 갑자기 가난해졌고 아버지(리케 아버지의 할아버지)가 가족의 구원자가 되어 모든 것을 다시 회복해야 했다. 깊이 절망한 어머니가 가장 사랑하던 아들인 할아버지는 나이가 들어도 독립하지 못하고 가족과 함께 살며 모든 것을 가족에게 의존했다. 당시 할아버지보다 훨씬 어린 남동생의 나이는 세 살이었고 그 역시 트라우마에서 잘 벗어나지 못했는지 50살에 총으로 자살했다. 그는 또한 리케 아버지의 대부였고 두 사람은 서로 가까운 관계를 유지했었다. 이 삼촌의 이름을 그대로 물려받은 리케의 아버지는 정신 질환인 양극성 장애를 앓다가 견디지 못하고 목을 매어 자살했다.

리케가 할머니의 귀중한 상자를 받을 수 있으려면 먼저 아버지 쪽 조상들의 치료를 진행해야 했다. 그래야만 아버지와 맺은 충성 계약을 풀 수 있었다. 리케의 증조할아버지에게 이제 가족의 사업에 바른 결정을 내리도록 도와줄 만한 이상적인 조언자가 생긴다. 그래서 가족은 부를 계속 유지하고 어려운 경제 위기를 맞지 않는다. 경제적인 문제가 없는 이상적인 평화로운 시기라면 아버지는 자기 아들에게 아버지로서의 역할을 더 잘했을 것이다. 할아버지, 즉 리케 아버지의 아버지는 청소년기에 그렇게 힘든 책임감의 압박을 받지 않았을 것이며 자신의 가능성과 소질을 더 잘 개발했을 것이다. 할아버지의 무거운 책임감을 덜어 내고 나자 리케는 아버지와 그 아버지의 완전히 새로운 관계를 상상할 수 있었다. 부자 사이에는 치열한 경쟁 대신 화합과 격려가 있었을 것이다. 할머니의 치유를 위해 고조할머니는 이상적인 의료 처치를 받고 출산 도중 죽지 않는다. 이제 아버지의 어머니는 아들과 모자 관계를 유지할 수 있고, 아들을 통해 상자를 리케에게 물려줄 수 있다.

리케는 상자의 열쇠를 내면의 보물함을 여는 열쇠로, 자존감을 얻게 해 줄 기회로 보았다. 할머니가 그녀의 부모로부터 받은 내적 자원을 증조할아버지의 죄책감이 막고 있는 것 같았다. 딱딱한 금속성 물체가 들어 있는 주머니는 다시 아버지와 할아버지에게 돌려줄 수 있었다. 그 물건은 가족 중 일원의 자존감을 하루아침에 없애 버린 수치심과 죄책감을 나타낸다. 그렇게 리케는 아버지에게 양극성 장애가 발병하지 않으며 아버지가 치유를 얻고자 가족의 이런 양극단을 하나로 합치려고 애쓰지 않을 것이라고 상상할 수 있었다.

리케는 이런 가능성을 보면서 실제로 무슨 일이 일어났는지 생각하며 슬퍼했다. 하지만 해방 통증이라 불리는 이런 슬픔은 유익하다. 이는 조상에게 왜 상처가 생겼는지 정확히 알 수 있도록 도와준다. 대체 어디에서 자신의 이야기와 조상의 경험을 분리할 수 있는가? 교육 마지막 과정에서 리케는 어린아이로 되돌아가 괴로움에 시달리지 않고 건강하며 자기 확신을 가지고 딸 옆을 지킬 수 있는 온전히 충족된 아버지를 경험했다. 그녀는 아버지 세상의 중심이 되어 아버지의 관심을 모두 받고 아버지와 함께하는 느낌을 누렸다. 이 치료약에 대한 상징으로 리케는 소리 나는 팽이를 선택했다.

나중에 리케는 아버지를 위해 희생했던 자신의 가능성을 되찾았다. 이를 상징하는 물체로 자기 잠재력을 억제하는 딱딱한 껍질에 싸여서 밖으로 표출하지 못하는 호두를 선택했다.

한눈에 보는 충성 계약

◇◇◇◇◇

안드레아스가 부모와 맺은 충성 계약

아버지와 맺은 계약

"나를 능가하지 마라. 너는 내가 그럴 수 있었던 것보다 더 자유롭고 편하게 지내서는 안 된다. 너의 실망이나 불만을 내비쳐서 내가 화를 터트리지 않도록 항상 조심해라."

어머니와 맺은 계약

"나를 위험에 노출시키지 마라. 불화를 일으키는 모든 것, 특히 싸움은 피하려고 애써라. 얼마를 치르더라도 평화를 만들어 내라."

리케가 부모와 맺은 충성 계약

아버지와 맺은 계약

"너는 나를 실망시키지 말고 스스로 만족하고 보살피는 딸이 돼라. 내가 아버지로서 능력 있다고 느낄 수 있도록 나를 안심시켜야 한다."

어머니와 맺은 계약

"나보다 앞서지 마라. 내가 여기 있는 것보다 네 '존재'가 당연하다고 여기지 마라. 너는 내게 주어진 자리보다 더 많은 자리를 차지해선 안 된다."

리사가 부모와 맺은 충성 계약

아버지와 맺은 계약

"나를 실망시키지 말고 나를 네 인생의 유일한 영웅으로 삼아라. 내가 무력감을 느끼지 못하게 해라. 내가 좋은 아빠로서 너를 보호할 수 있게 너는 나를 의지하고 늘 연약한 상태로 머물러라."

어머니와 맺은 계약

"너는 조건 없이 걱정이 없어서는 안 되고 행복을 느껴서도 안 된다. 다른 이는 물론 너 자신에게도 친밀감을 느껴서는 안 된다. 내가 조건 없이 행복하지 못했고 친밀감을 느끼지 못했기 때문이야."

- 안드레아스의 아버지 쪽: 보호/지지/음식
- 안드레아스의 어머니 쪽: 소속감/보호/경계선
- 리케의 아버지 쪽: 경계선/보호/지지
- 리케의 어머니 쪽: 소속감/지지/보호

대물림되어 나타나는 가족 주제

- 자신이 있어야 할 자리가 없고 존재의 이유를 알지 못함
- 다른 이들에게 큰 고통을 안겨 주었다는 죄책감과 수치심, 가령 출산하다가 세상을 떠난 어머니의 죽음에 대한 '죄의식.' 자기 아이가 죽었을 때의 좌절감
- 잘못된 결정으로 가족 전체를 불행하게 만들었다는 죄의식
- 아버지의 부재. 감당할 수 없는 책임을 떠맡고 너무 일찍 어른이 되어 자신의 필요를 감춰야 하는 자녀
- 중요한 관계 인물(어머니/아버지/형제자매)의 상실, 그로 인한 불충분한 안전감
- 성취의 압박, 가족의 기대와 사회의 인정

가족의 내적 자원

- 따뜻한 마음, 사랑을 베푸는 본성, 행복에 대한 앎

- 영성과 신앙
- 강인함과 의지력
- 창작의 기쁨과 창의성
- 희망과 기대
- 정의감
- 자기 성찰 능력

대가성 희생에 따른 배우자 선택

대가로 지불하는 희생과 함께 충성 명령을 살펴보고 두 가지를 서로 비교해 보면 리케와 안드레아스의 무의식적인 배우자 선택을 아주 다른 차원에서 이해할 수 있다.

두 사람은 모두 강하고 능력 있는 영웅 같은 아버지를 가지고 싶어 했다. 우리는 이를 '허구적 아버지'라고 부른다. 리케와 안드레아스가 각자의 아버지를 보호하고 아픈 상처를 보살피기 위해 이런 소원을 감추는 동안 두 사람은 결핍되고 의존적인 자신들의 성격 측면을 부정해야 했다. 자신들의 감정과 철저히 분리된 채 두 사람은 항상 이성적으로 행동하고 갈등을 피하거나 합리화해야 했다. 그에 대한 반향으로 두 사람은 자신과 타인에게 높은 도덕적 잣대를 적용했고 또한 두 사람 모두 높은 성과를 추구했다. 안드레아스가 자신의 좌절감을 '삼켰던' 반면 리케는 원치 않는 진짜 감정을 느끼지 않기 위해 일종의 '거만함'을 유지했다. 이런 차원에서 두 사람은 무의식적인 동질감을 느꼈고 자신이나 상대에게 의문을 던지지 않았다. 하지만 과거의 짐이 너무 무거웠기 때문에 둘 다 죄책감과 수치심에 시달려야 했다. 항상 '대단한 사람'이어야 하며 질투나 공격성, 이기주의 같은 '저급한' 감정은 결코 가져서는 안 된다는 원칙은 당연한 결과지만 소위 말하는 '왜곡된 자아'를 만들었다.

안드레아스와 리케의 어머니 계보에는 소속감의 문제가 있었다. 양쪽 집안 다 어릴 때 부모에게서 떨어져 친척집에서 커야 했던 할머니가 있었다. 안드레아스의 증조 외할머니가 질병으로 부모를 모두 잃는 바람에 그런 고통을 겪어야 했던 반면, 리케의 외할머니는 더 어린 동생들이 태어나자 부모가 첫 딸을 여섯 살이 될 때까지 다른 집에 맡겼던 것이라 깊은 굴욕감과 버림받을 수 있다는 불안함이 뒤따르는 경우였다. 리케가 자기 어머니를 구하기 위해 바친 희생은 자기 자리를 차지해도 되는 '권리'를 위한, 즉 가족에 소속된 존재가 되기 위한 대가였다. 그녀는 항상 자신이 가족에 소속되지 못했다고 느꼈으며, 세대 코드를 풀기 전까지는 지금의 가족과도 조건 없이 자신을 받아 주는 공동체에 확실하게 정착했다는 느낌을 느끼지 못했다.

이번에는 딸 리사가 내면 아이 카드에서 고른 첫 번째 그림을 들여다보자. 정원의 네 요정은 언뜻 보기에는 화목한 가정을 상징하는 듯하지만 리사가 나중에 깨달았듯이 어머니가 빠져 있다. 어머니와의 관계를 보여 주는 카드를 골랐음에도 말이다. 무의식중에 리사는 어머니 쪽 계보에 있는 큰 상처를 느꼈고, 그녀 또한 자기가 있어야 할 자리가

	어머니	아버지
리사	– 존재할 권리 – 친밀감을 느낄 권리 **– 상징: 태양**	– 삶의 기쁨, 능력, 힘 – 자율성 **– 상징: 갈색 곰**
리케	– 가족 내 소속감 – 존재의 정당성 **– 상징: 밧줄**	– 자신의 잠재력 – 내면에 갇힘, 자신을 펼치지 못함 **– 상징: 호두**
안드레아스	– 공허함 – 자기 자신과의 만남 **– 상징: 어린 양**	– 공허함을 채우려는 갈망 – 함께 '인생의 시간' 보내기 **– 상징: 낡은 시계**

없다고 여겼으며 어머니 배 속에서부터 어머니와 친밀감을 느끼지 못했다. 이에 관해서는 나중에 더 이야기하겠다.

안드레아스의 어머니 쪽 계보는 대체로 증조할머니의 보상에 초점이 맞춰져 있다. 안드레아스가 특유의 친절함으로 증조할머니의 어머니와 아버지를 대체했을 것이라 생각한다. 또한 어머니를 사랑하는 남편의 자리를 메우기 위해 안드레아스는 어머니의 다정한 목자(그의 상징적인 역할과 표면 정체성)를 자처하고 영웅이 되었으며 아무 부족함도 느끼지 않았다. 분노 장애를 앓는 아버지 때문에 트라우마가 생긴 그의 어머니는 아들에게 공격성과 분노를 다루는 올바른 방법을 가르칠 여력이 없었을 것이다.

비슷한 가족 주제가 있는 배우자를 얻은 덕에 안드레아스와 리케는 계속해서 부모에게 대리 구원자 역할을 할 수 있었다. 두 사람은 양가 가족과 자기 가족에게 아무 문제도 없고 누구나 소속감을 느끼며 다툼이나 분쟁이 없는 화목한 가족, 버려지거나 소외되지 않은 행복한 자녀들을 '선물'하고 싶었다. 영웅처럼 의지할 수 있는 아버지, 그 곁에서는 누구나 작고 연약한 아이가 될 수 있는 아버지. 안드레아스의 표면 정체성 또한 강하게 지키고 지탱해 주는 기사였다. 기사 이미지에는 지탱해 주고 구원하고 돕는 요소도 있지만 자기 자신을 스스로 지킬 수 있는 남자, 즉 전쟁에서 심한 부상을 입고 돌아온 증조할아버지와 정반대인 모습도 들어 있다. 이것이 그의 가족에게 가장 필요했을 것이다.

리케는 윗세대 어머니들을 위해 자기 아이에게 안정된 마음의 자리를 선사하는 어머니였다. 리케의 표면 정체성은 자기 자신에 대한 기대와 자신이 어릴 때 해결책이라고 생각했던 날아다니는 천사의 모습과 잘 맞는다. 다정다감하고 어머니 같은 존재. 동시에 리케는 현실에 없는, 지구상에 존재하지 않는 존재를 선택한 것이었다. 표면 정체성에 관한 장에서 근본적인 의존과 자율 욕구 사이의 갈등을 해결하기 위해 선택하는 이러한 특별한 조합을 더 자세히 알아볼 것이다.

한편 리케와 안드레아스는 배우자의 조상을 위해서도 완벽한 선택이었다. 리케의 아버지 쪽 계보에는 강하지만 다정하며 자신을 지킬 줄 아는 기사가 필요했고, 반대로 안드레아스의 어머니 쪽 계보에는 리케처럼 천사 같은 어머니가 필요했다.

두 사람은 과거의 공격성과 이기주의 등 여러 '부정적으로 겪는' 감정을 다루는 일에는 꽤 좋은 '팀워크'를 보였으나 그들의 결혼 생활에 자신들이 그토록 원했던 생동감과 열정이 없다는 것을 느꼈다. 해결되지 않은 잠재의식 속 갈등이 마치 서서히 스며드는 독처럼 관계를 마비시켰다. 모든 것이 완벽했음에도 두 사람은 행복하지 않았다. 특히 아무것도 바라지 않는 남편의 특징이 리케를 계속 긴장하고 괴롭게 만들었다.

충성 계약의 파기는 리케와 안드레아스가 이제껏 묻어 두었던 잠재력을 발견하게 해 주었다. 이 과정이 서로에게 쉽지는 않겠지만 다툼의 기술은 배우면 될 것이었고, 서로에 대한 새롭고 좋은 감정, 상대를 향한 왜곡 없는 시선 그리고 반려자와 함께라면 더 성숙한 결혼생활을 완전히 새롭게 시작하는 것이 어려운 일도 아니었다. 왜냐하면 자기 자신을 사랑하고 받아들인 사람은 상대에게 자신이 반드시 필요하다고 강요할 필요가 없기 때문이다.

관점의 변화가 의미하는 것

통합적 관점을 중요하게 생각하는 우리는 한 구성원의 변화가 가족 전체에 변화를 일으킨다는 것을 안다.

리사 생애의 인성 발달에 중요한 결정적인 시기는 이미 오래전에 지나갔다. 하지만 부모의 치유와 그 자신의 치유 과정은 리사의 잠재력을 깨우고 진짜 정체성을 형성하는 새로운 기회를 크게 만들어 줄 수 있다. 어린 시절의 경험을 바로 잡은 리케와 안드레아스는 이제 그들의 딸 리사를 왜곡 없는 새로운 시각으로 바라볼 것이다. 안드레아스는 더 이상 자신의 '결핍된 어린 양'(리사가 아버지와 맺은 충성 계약에 관한 그림 카드 참조)을 딸에게 맡기고 대신 돌보게 하지 말아야 한다는 사실을 깨달았다. 조상 치료를 통해 그는 자신의 필요를 점점 더 많이 받아들일 수 있었고, 다정한 목자가 되어 자신을 돌볼 수 있었다.

이러한 치유를 위해 그는 '언제나 모두에게 사랑받는 친절한 옆집 소년'이 되는 이득을 포기해야 했다. 게다가 그는 이제 한계가 없는 영웅 같은 아버지가 될 수 없었다.

리사는 약점과 단점을 가진 아버지의 모습을 점점 더 많이 볼 수 있었다. 가까이 할 수 없었던 영웅이 좋은 점과 나쁜 점을 모두 가진 평범한 인간 아버지가 되어 가는 모습은 딸이 자율성을 개발하도록 기여했다. 리사도 이제 평범해질 수 있었다. 너무 높았던 도덕적 기준을 건강한 수준으로 낮추었고, 무엇보다도 다시 그녀의 '곰의 힘'을 사용하게 되었다. 리사의 상징인 곰은 일반적으로 그리고 많은 문화권에서 강한 힘과 에너지를 상징하는데, 이제부터는 언제든지 발휘할 수 있다.

딸을 위해 강한 영웅이 되고 싶었기에 해 달라는 대로 해 주던 예전 안드레아스의 태도가 리사의 성장에 긍정적인 영향만 준 것은 아니었다. 기본욕구의 정확한 충족이란 반드시 아이가 원하는 것을 다 해 줘야 하거나 모든 소원을 즉시 알아채야 한다는 뜻이 아니다. 아이의 기본욕구에는 건강한 경계선도 포함되며 따라서 어떻게 행동해야 인생을 잘 살 수 있는지 아이에게 가르치는 것이 필요하다. 아이를 보호하는 일에는 아이가 스스로를 지킬 수 있도록 가르치는 일도 포함된다.

또한 자신이 감정에 종속된 존재가 아님을 깨닫기 위해서는 욕구가 영원히 지속되지 않는다는 것을 반드시 경험해 보아야 한다. 욕구가 정말로 충족되며 감정이 사라지거나 바뀔 수 있다는 것을 경험하려면 두려움이나 슬픔, 분노처럼 부정적으로 겪는 감정이 특히 중요하다.

아이가 이런 감정을 느끼고 따라하고 견디게 놓아두는 어른에게서 아이는 이런 감정 상태가 영원히 계속되지 않으며 다시 내면 균형을 찾게 해 주는 방안도 있다는 사실을 배우게 된다. 그렇게 체득하게 되는 욕구가 언젠가는 끝날 것이라는 확신은 나아가 세상에 대한 깊은 신뢰 그리고 그 자체로도 욕구를 충족한 자기 자신에 대한 신뢰를 얻게 해 준다. 이것은 아이가 어릴 때나 나중에 성인이 되어서도 자신의 능력을 현실적으로 파악하고 자신과 타인의 경계선을 잘 지키게 해 준다. 건강한 경계선은 특히 리사에게 중요하며 이를 통해 갈등을 해결하고 스스로 경계를 설정하는 능력을 계속 발전시킬 수 있을 것이다. 리사는 이제 무척 자신감이 강해졌고 조금은 뻔뻔해졌다.

리케가 딸과의 관계에서 엄마인 자신의 현실적인 위치를 받아들였기 때문에 리사 또한 자신의 진짜 위치로 돌아가게 되었다. 이제 이 모녀는 그들 사이의 특별한 애착을 느끼며 애정을 베푼다. 리케는 끊임없이 인정받지 않아도 괜찮았다.

존재 이유를 발견한 리케는 내면의 평화를 만났다. 친밀감이라는 새롭고 당연한 느낌을 통해 딸과의 관계에서도 이런 평화를 느꼈다. 치유를 위해 리케가 포기해야 했던 이득은 자신을 건드리지 못하게 하는 것Untouchability이었다. 상징은 가시 돋친 장미 가지다.

이제 어머니를 더 많이 의지하게 된 리사는 자유로워졌고 죄책감 없이 자신의 자율 충동에 따를 수 있었다. 어머니가 자신 없이도 행복하다는 확신을 얻었고, 이제 안전한 피난처를 등에 업고 평범한 사춘기 청소년처럼 행동하게 되었다.

게슈탈트*로서의 표면 정체성

	표면 정체성(어머니)	역할(아버지)
리사	– **흑기사**, 공격과 상처에서 보호해 주며 남성적인 관철 능력도 지닌 존재	– **신성한 요정**, 편안함을 주고 친절하며 영원히 죽지 않는 존재
리케	– **천사**, 다정한 보호자. 지상 세계에 속하지 않고도 존재하며 인간적인 책임에서 자유로운 존재	– **서커스 코끼리**, 햇빛, 아버지를 자랑스럽게 하기 위해 모든 어려움을 견디는 존재
안드레아스	– **목자**, 모든 나쁜 것들을 덮어 버리는 덮개	– **의지할 수 있는 기사**, 아버지의 버팀목. 자신을 스스로 보호할 수 있는 존재

- 게슈탈트Gestalt란 형태 혹은 형상이란 뜻의 독일어로, 개인이 인식하는 자신의 욕구나 감정이 모인 총체적인 이미지를 의미한다.

진짜 잠재력을 되찾은 대가

◇◇◇◇◇

교육 마지막에는 마무리 단계를 진행한다. 참가자 대부분은 무척 감동적인 이 과정에서 자신의 진짜 잠재력을 되찾은 대가로 표면 정체성이나 역할이 주는 이득을 포기한다. 모든 장점에는 단점이 따르듯 리사 역시 자신의 에너지와 힘을 다시 사용하고 자율 충동을 따를 수 있게된 대신에 그녀의 '모래성 세계'를 포기해야 했다. 얻은 것도 잃은 것도 있었지만 분별력이 없는 어리고 의존적인 존재는 이제 없어졌다. 리사는 현실을 직시하고 스스로 책임지는 법을 배워야 했다.

어머니와 맺은 충성 계약 아래 표면 정체성으로 누렸던 이득, 즉 자신은 상처받지 않으며 모든 것을 통제할 수 있다는 감각도 마찬가지로 포기해야 했다.

리사의 부모 역시 진정으로 성숙하기 위해 좋아하던 자기 모습을 버려야 했다.

리케는 이제 더 이상 아무도 자신를 건드리지 못하게 하기 위해 그리고 인정받기 위해 모든 것 위에 군림하는 것을 포기하고 조금 더 인간적인 사람이 되어야 했다. 그러나 그녀의 과대망상이 정상적이고 건강한 수준으로 줄어들었다. 처음에는 자신이 초라하게 느껴졌다. 하지만 그녀는 진짜 친밀감과 진정한 관계의 경험을 다시는 예전 모습과 바꾸고 싶어 하지 않을 것이다.

<〈표면 정체성으로 누렸던 감각〉

	어머니에게	아버지에게
안드레아스	– 언제나 칭찬받는 친절한 옆집 소년 – 상징: 어린 양	– 다루기 쉽고 부드러운 존재 – 상징: 곰 인형
리사	– 지상 세계에 속하지 않아 다가갈 수 없으며, 스스로 책임지지 않는 존재 – 상징: 별	– 영원한 어린 소녀, 공주 – 상징: 모래성
리케	– 건드릴 수 없는 존재, 보호 – 상징: 가시 돋친 장미 가지	– 절대적인 힘과 권한이 있으며 감탄의 대상이 된 느낌 – 상징: 없음

진짜 잠재 능력을 깨우고 싶다면 모두 포기해야 한다. 안드레아스는 앞서 설명한 것처럼 더 이상 부드러운 곰 인형이나 언제나 칭찬받는 친절한 옆집 소년이 아니었다. 충돌을 피하지 않는 사람은 더 이상 항상 칭찬받을 수 없고, 어딘가 결핍된 느낌이 반갑지 않을 수 있다. 그러나 '진정한 강인함'이 있어야 연약함을 드러낼 수 있고 '진정한 독립성'이 있어야 의존할 수 있다. 행복이란 계속해서 감격이나 흥분만을 경험하는 것이 아니라 자기 자신과 모든 감정 팔레트가 잘 연결되어 있는 것을 말한다. 모든 감정을 허용하고 표현할 수 있는 것이 진정한 삶의 기쁨일 것이다.

리사와 리케, 안드레아스는 진짜 정체성을 깨우는 길을 막고 있던 장애물을 치우고 행복을 여는 열쇠를 발견했다. 이 열쇠는 그들 내면에 숨겨져 있었다. 우리 모두의 내면에서 몇 세대 동안 만져지길 기다리고 있는 낡고 작은 상자 뒤에, 과거의 짐 뒤에, 죄의식과 상처 뒤에 말이다. 자유로워지는 여정은 이미 시작되었고 리사와 그녀의 부모는 점점 더 자기의 욕구 충족에 신경 쓰는 법을 배울 것이다.

5장
강렬한 생존 본능의 갈등

자기중심성Egocentrism은 자신과 종의 생존을 보장하는 본능적이고 강렬한 생존 능력이다. 이것은 우리로 하여금 사회와 문화, 가족 공동체에 적응하게도 하지만 남과 구별되는 개성과 자아실현을 추구하게 만든다.

너무나 거대하고 아직 잘 알지 못하며 많은 위험이 숨겨진 세상에 태어난 뒤 인간은 건강하게 성장하기 위해 기본욕구를 채워야 하는 상황에 처한다. 인간은 욕구를 충분히 채워 줄 부모와 가족 구성원에게 본질적으로 의존할 수밖에 없다. 그런데 자녀에게 세상을 알려 줘야 하는 부모가 불완전하므로 깊은 갈등이 생겨난다. 아기가 현실을 깨닫고 얻을 실존의 두려움을 느끼지 못하게 하기 위해 부모는 자신들의 결핍을 부정하고, 거대하게 꾸며낸 거짓으로 현실을 속이려고 모든 힘과 에너지를 동원한다. 아이가 부모의 부족한 부분을 '대체'하고 자신의 상상 속에서 성숙하고 온전한, 이른바 가상 부모를 만들어 내면 이러한 자기중심적 근본 갈등이 해결되는 것처럼 보인다.

이런 과정은 당연히 무의식중에 이루어지고 성인의 감정 세계에서는 종종 쫓기는 형태의 스트레스로 모습을 드러낸다. 그러면 본래의 결핍된 존재가 발각될지 모른다는 불확실한 두려움이 마음을 갉아먹는다. 정말 완벽하고 탁월하다면 부모를 행복하게 하고 치유할 수 있을지 모른다. 그러나 현실은 생각과 다르며 완벽해지는 것 자체가 불가능하기 때문에 성인이 되어서도 자기 능력과 소질에 깊은 의문을 품을 것이다. 다음 사례를 살펴보자. 딸을 가진 어머니가 자신의 어머니를 일찍 잃고 난 뒤 고집인지 용기인지 모르겠지만, 계속해서 자기도 함께 데려가 주길 기다리고 있다면 그녀의 딸은 그 보상 행동으로 어쩌면 이미 배 속에서부터 어머니 역할을 자처하고 고통스러운 빈틈을 메우기 위해 애쓸 것이다. 하지만 자기의 본래 모습인 아이임을 포기한다 해도 딸이 어머니를 구원하는 것은 불가능하다.

또한 이와 유사하게 아이는 인간의 특징인 존재에 관한 근본 문제를 부정하고 잊어버리기로 한다. 환자가 절망하는 이유를 인간으로 존재하며 살아야 하는 혹독한 현실과 마주했기 때문이라고 생각하고 실존 심리치료를 개발한 어빈 얄롬Irvin Yalom 교수는 인생에 네 가지 근본 문제가 있다고 이야기했다. 미국에서 가장 영향력 있는 정신분석가로 꼽히는 어빈 교수는 프로이트와 달리 보다 인간적이고 덜 비관적인 태도를 취했고, 치료 과정에서 상담사와 환자의 관계를 중요하게 생각했다.

- 인생의 유한함 : 나는 죽어야 하는 존재다.
- 독립된 존재 : 나는 분리되었고 혼자다.
- 자기 문제의 결정권자 : 나는 결정을 내려야 하며, 모든 결정에는 대가가 따른다.
- 의미 찾기 : 나는 내 인생의 의미를 스스로 찾아야 한다.

아이의 해결법 : 부모와 충성 계약 맺기

생존을 보장하기 위해서는 소속되어야 하지만, 인류 진화를 위해서는 반드시 확실한 자율성을 발휘해야 한다. 해결이 불가능해 보이는 이런 대립이 이른바 자기중심적 근본 갈등을 야기한다. 개인이 '자신'을 보호하기 위해 스스로의 안전을 보장하는 나름의 방법을 고안했으리라고 생각해 볼 수 있다. 쪼개지고, 소외되고, 성장이 정지되거나 아예 자라지 않고 퇴화된 인격의 파편들을 온전하게 통합하려면 바로 이 방법을 찾아 고유한 개성과 유일무이함을 높게 평가하는 방식으로 적용해야 한다.

자기중심적인 특징은 진보된 의미로 변형되어야 한다. 그래서 우리는 통합을 시작하기 위해 개인이 속한 가문의 세대 코드를 알아내 부모나 조상과 맺은 충성 계약을 지키는 동시에 자아실현과 확고한 자율성을 추구해야 하는 근본적인 갈등을 명확히 파악하고 체계적이고 꼼꼼

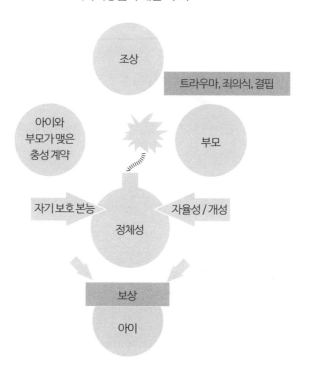

〈자기중심적 해결 시도〉

하게 검토했다. 미시적인 접근이 거대한 세계에 영향을 끼치는 것처럼, 이론적으로 이러한 해독과 내적 자원에 기반을 둔 접근 방법이 근본적인 치유를 시작하고 앞서 이야기한 결코 화합할 수 없을 것 같은 극단적인 사회와 개인의 갈등을 풀 것이다. 우리는 세대 코드라고 부르는 특별한 코드를 추적하여 이 문제를 해결할 수 있다고 확신한다.

자기중심적 근본 갈등이 생기는 전제 조건으로, 어떤 문화권 사회 계층 출신이든 어떤 유전적 소질 혹은 질병을 가졌든 관계없이 분명 모든 사람은 순수한 자기 보호 욕구와 본질적인 의존성 때문에 가족에게 적응한다. 그런 뒤에는 완전히 성숙하지 못한 자신의 내면 아이가 이끄는 대로 가족에게 기여하기 위해 자기를 희생하며 성인이 할 수 있는 모든 방법을 동원하여 자기 가문을 건강하고 강하게 만들고자 노력한다. 동시에 자신에게 내재된 프로그램, 내면에 있는 성장 욕구에 따라 자아를 실현하려고 애쓴다. 그리고 엄청난 열정과 에너지를 소모해 가며 이 두 가지를 모두 실현하는 데 자신을 바친다. 이것은 앞에서도 이야기했지만 많든 적든 무의식적인 자기 회의감을 철저하게 대가로 지불해야 하는, 결코 해결할 수 없는 무모한 일이다.

이 모든 노력에도 불구하고 만족감이 느껴지지 않는 이유는 그런 방식으로는 가족은 물론 가족의 일원인 자신도 '구원'할 수 없기 때문이다. 조상을 위해 과거의 상처를 소급하여 치유하려는(반대 모습으로 살거나 과도한 보상을 펼치려고 하는) 무의미한 시도는 떨어지는 폭포 물줄기를 반대 방향으로 되돌리려는 것과 같다.

그러면 자기 자신을 만날 기회가 없어지며 원래 되고자 했던 모습이 될 수 없다. 용감하지만 아직 미성숙한 아이의 잠재의식적인 노력은 모든 독창적이고 다양한 증상으로 표현되고 (대가로) 치러진다. 하지만 그것 역시 그에게 유전적으로 내재된 집단 지식이 옳다고 하는 대로 행동한 것이다. 앞서 기본욕구에 관한 장에서 알버트 페소의 설명을 살펴보았듯이 인간은 욕구를 충분히 충족했을 때 비로소 행복을 누릴 수 있다. "정의의 뿌리는 신체에 있다The roots of justice are in the body." 신체 치료 사례와 연구 결과들은 오랫동안 이를 입증해 왔다.

아이는 우선 자기 뿌리에 충성한다. 그러고는 아마도 뒤늦게라도 자기 개성과 정체성을 형성하려는 욕구도 정당하게 채우려 할 것이다. 하지만 이러한 임시 해결책은 아이를 어쩌면 아이가 태어나기도 전부터 있었을 극복되지 못한 트라우마, 충격적인 사건과 불행한 사건 등 심각한 영향을 주는 압도적인 상황에 단단히 매이게 하고 마치 계약한 것처럼 아이가 대물림을 지속하고 자율성을 억누르고 자기 정체성을 형성하지 못하게 한다.

현대 뇌 연구는 이른바 후성생물학과 신경가소성 이론을 이용하여 어떻게 뇌가 적응하며 변하는지 그리고 방금 언급한 모든 상황에 어떻게 반응하는지 획기적으로 증명했다. 생물학, 더 정확하게는 생물 발생설Biogenesis은 늙어서 죽은 나무가 지녔던 해충을 막는 생존 기술이 다음 세대의 나무들에게 전달된다는 중요한 현상을 발견했다.

이러한 옛 지식은 인간 사회에서도 아이에게 거창한 꿈을 품게 하고 생존 전략을 개발하게끔 도와준다. 에릭 에릭슨이 지적하고 베레나 카스트Verena Kast(집착과 콤플렉스라는 주제를 정신분석학적으로 연구한 심리학자)가 자세히 서술했듯이 심리 발달 단계의 고착Fixation은 내면 성숙에 지대한 영향을 끼친다. 아이가 어리면 어릴수록 아이의 대응 방식과 의존 문제도 더 미숙하다. 아이는 모든 것을 자기중심적으로 생각하며 고착이 일어나면 자율적인 성인의 인격을 기준으로 볼 때 '병적으로 위축'된다.[17]

그러면 폐쇄된 시스템, 즉 결핍에서 비롯된 그 자신만의 우주(이른바 독립계Entity)가 만들어진다. 이것이 가져오는 결말은 정체성의 위기 그리고 정신과 신체의 소진Burn out이다. 은둔은 온갖 증상 중에서도 애착과 스킨십 욕구 불만이 연관된 표출 방식이다. 그러나 증상에 주목하고 주로 기능을 집중적으로 치료하는 일반적인 방법은 이것의 원인을 앞서 이야기한 것 같은 환경을 극복하려는 전략에서 찾지 않고 오히려 정신적이거나 신체적인 질병으로 간주한다. 심리학 문헌은 이런 상황을 '영광스러운 고립Splendid isolation'이라고도 표현한다. 이에 관해서는 방금 전에 이야기한 어빈 얄롬의 실존 심리치료와 관련해서 나중에 더 이야기하겠다.

알베르 카뮈의 소설 『전락』은 이런 인격을 인상적으로 묘사한다. 윤택하고 가치 있는 삶을 영유하는 데 아무런 부족함도 없는 성공한 변호사가 비극적인 자살 현장을 목격하고 그때까지 자신이 살아온 인생을 모두 부정하게 된다. 상처도 침해도 받지 않는 보호막이 쳐진 격리된 환경에서 아마도 만족하며 잘 살아왔을 자신의 실체에 그는 이제 괴로움을 느꼈다. 그에게 진짜, 진정한 인간성이 없다는 사실은 그에게 공허하고 황량한 느낌으로, 불면증과 악몽 그리고 갑작스럽고 우울하게 느껴지는 불만족의 형태로 모습을 드러냈다. 실제 삶의 장소와 멀리 떨어진 술집에서 그는 무의식적으로 사람을 향한 그리움을 잊기 위해 술기운을 빌려 상상의 이야기 상대에게 자신의 긴 이야기를 하게 되었다. 여기서 인상적으로 묘사되는 것은 풍족한 생활과 겉보기에는 자아실현에 성공한 듯한 인생에도 불구하고 그가 느끼는 충족되지 않은 스킨십 욕구에 대한 갈망이었고, 결국 그가 택한 불행한 '해답'은 자신을 완전히 파괴하는 방법이었다.

헌신적인 의사였고 정당한 사회 구조를 위해 적극적으로 투쟁했으며 유명한 소설 『전쟁과 평화』를 쓴 톨스토이 역시 인생에서 무의미한 순간을 만났다. 왜냐하면 (이것은 우리의 추측이다) 그가 책을 쓰는 우회적인 방법으로 세계를 혁신적으로 발전시켰어도 자신의 근본 갈등, 다시 말해 부모와 조상을 완벽하게 구원하는 일에 실패했고 결코 성공하지 못했기 때문이다.

열정에 의한 마음의 불은 언젠가는 꺼진다. 이로써 낙담과 체념, 회의감이 점점 자라난다. 그리고 신체와 정신과 영혼의 피로, 또한 차갑게 식은 채 남은 재가 다양한 증상의 형태로 나타난다. 그러나 고유한 세대 코드를 해독하고 이를 통해 나의 계보에서 이상적인 자기 치유와 자아실현을 위해 조상에게 필요했던 것이 무엇인지 깨닫는 과정, 그리고 헌신적인 자기희생이 아닌 다른 방식을 이용하여 자기중심적 근본 갈등을 치료하게 되면 해방과 존재감의 충족을 얻을 수 있다. 그렇게 당사자는 앞장의 상황 사례처럼 증인이 되어 가상으로 구성된 과거에 있었어야 했던 사람과 상황을 통해 조상의 결핍이 온전히 충족되는 것을 경험하게 된다. 행복하고 만족하기 위해 무엇이 충분히 필요한지 무의식적 집단 지식을 참고하면,[18] 개인의 진정한 인격 발달을 막는 소속 의존성에서 자유로워진다. 이제는 인생의 반복되는 회전목마를 한 번 더 돌지 않아도 된다. 조상과 정반대의 삶을 살아야 하거나 과잉 보상의 고통에 시달리지 않아도 되는 불사조가 이름 그대로 재 속에서 날아오를 수 있을 것이다.

◇◇◇◇◇

더 깊은 이해를 위해 이 갈등을 심층적으로 잘 보여 주는 세 가지 사례를 준비했다. 각각 고대, 그리고 먼 과거와 비교적 최근을 배경으로 하는 이야기다.

아모르와 프시케

호메로스의 『일리아스』에 따르면 아프로디테는 제우스와 디오네 사이에서 태어난다. 이것은 탄생 역사가 불분명한 아프로디테의 이야기 중 실재하는 부모 혹은 남성적이고 여성적인 두 신적 존재의 사랑과 쾌락의 결합에 관한 이야기다. 하지만 거품에서 나온 여인°이란 의미의 아프로디테는 그 이름에 이미 자신도 모르는 파괴적인 가족 전쟁에 관한 정보가 담겨 있다. 아프로디테는 가족 전쟁을 평화로 바꾸기 원한다. 그녀 자신을 위해서 과거의 자신에게 필요했을 적절한 치유, 즉 분명한 출생의 관계를 얻기 위해 말이다. 그녀는 남편과 아내에게 존중과 존경이 생길 수 있도록 싸움을 중지시키는 수단으로 순수하고 결점이 없는 아름다움을 선택한다. 그렇게 그녀는 숭배받는 사랑의 여신이 되지만, 아름다운 사랑에 자신을 소모하고 결국 공허해지

• 헤시오도스의 『신들의 계보』에 따르면 아프로디테는 아들 크로노스의 낫에 잘린 우라노스의 성기가 바다에 떨어져 생겨난 거품에서 태어난다.

는 희생을 치르게 된다. 아프로디테의 많은 연인 중에는 전쟁의 신 아레스가 있다. 두 사람 사이에서 남자아이 아모르가 태어났다. 그들의 후손 아모르가 일반적인 충성 계약을 맺었다면 아프로디테를 곤경에 빠트리면 안 되며 그녀가 홀로 가장 아름다운 존재가 되도록 신경 써야 했다. 그러는 와중에 어느 나라 왕의 셋째 딸인 인간 프시케가 빼어난 아름다움으로 많은 칭송을 받게 되었다. 수많은 순례 행렬이 그녀에게 몰려들었다. 왕은 프시케와 다른 두 딸을 어느 정도 안전한 장소에 공개하여 사람들이 공주를 보고 감탄하고 찬사를 보내고 또 축복을 받게 했다.

이에 선택받은* 아름다움을 지닌 사랑의 여신 아프로디테는 분노했다. 그러면서 프시케의 아버지에게 딸을 추악하고 괴물 같은 존재와 결혼시키라고 명령했다. 그리고 아모르를 보내 이 명령이 잘 이행되는지 감시하고 통제하게 했다. 그런데 아모르가 프시케를 사랑했다. 하지만 어머니를 곤경에 빠트리지 않기 위해, 충성을 지키기 위해, 그리고 그녀의 가장 아픈 부분을 보호하기 위해 프시케를 바라볼 수 없었다.

아모르는 자신의 어머니가 세상에서 원래 지니고 있었던 외로움이라는 깊은 고통과 마주하지 않도록 스스로 만족스럽고 행복한 연애를 누리며 인정받는 부모가 되는 것을 포기하는 희생을 치렀다. 그러다 마침내 프시케에게 예정된 운명이 이루어지기 전, 그녀를 구하고 어머니의 명령에도 불구하고 프시케와 열정적인 사랑을 시작했다. 단, 서로

---

* 트로이 왕자 파리스가 여신 중에서 가장 아름다운 여신으로 아프로디테를 지목했다.

알아보고 똑바로 쳐다보면 안 된다는 엄격한 명령은 지켜야 했다. 그 사이 아모르의 아이를 임신한 프시케는 질투심 많은 자매들의 꼬임에 넘어가 남편이 누구인지 알고 싶어졌다. 단검과 기름등을 준비한 프시케는 잠든 아모르에게 다가갔다. 등불에 비친 아모르의 모습을 보고 프시케는 더 깊이 사랑에 빠졌다. 하지만 불행이 시작되었다. 원치 않게도 뜨거운 기름 한 방울이 떨어지는 바람에 아모르가 깨어나 몹시 화를 냈고 다시는 보지 않겠다며 그녀를 떠났다.

여기서 갑자기 발생한 금기 위반은 아모르가 어머니 아프로디테와 맺은 상호간의 무의식적인 충성 계약을 불확실하게 만드는 결과를 가져온다. 이는 궁극적으로 아모르가 자신을 포기하도록 자아를 배신하게 만든다. 프시케는 슬픔에 잠겨 아모르를 되찾기 위해 엄청난 인내심으로 모든 노력을 다했고, 그 결과 성숙의 과정을 거쳐 드디어 동등한 신분의 관계를 누리는 능력을 얻게 된다.

프시케와 아모르의 딸 볼룹타스에게 아모르 가족 역사의 오랜 고통을 떠올리는 '부부가 화합하지 못하는 갈등'이란 주제가 계속 이어졌다.

수백 년간 지식인과 작가, 예술가가 주목했던 아모르와 프시케의 감동적인 사랑 이야기는 행복한 결말을 맞이했으며 느리지만 긍정적인 의미로의 발전을 계속했다. 하지만 실제로 후손이 계속해서 굴레를 매고 있어야 한다. 이 선택된 개인은 완전히 끝나지 않은 형태의 위기[19]가 언젠가 끝난다고 기대하기 위해 위기를 계속 유지하는 보증인 역할을 한다.

대주제이자 개인에게도 영향을 주는 아주 고유한 세대 코드를 찾아 내는 우리 작업이 바로 여기에서 의미를 드러낸다.

황제 아우구스투스의 과거, 옥타비아누스

위대한 율리우스 카이사르의 누이 율리아의 외손자였던 옥타비아 누스는 당시 합법적인 아들이 없었던 카이사르에게 입양되었다. 반드 시 이런 방식으로 일어나야 했던 당혹스러운 상황은 고대 로마의 귀족 이었던 율리우스 가문이 권력을 영원히 유지하기 위해 혹은 내리막을 걷지 않게 하기 위해 선택한 것이었다. 자력으로 성공한 이 가문은 권 력과 재산을 지키고자 의도적으로 운명을 바꾸고 통치권을 계속 유지 할 대책을 마련해야 했다.

인간이 스스로 결정하고 대면해야 하는 유한성, 실존적이고 심리적 인 숙명을 제시하는 경험[20]을 어쩌면 이런 방식으로 제거할 수 있을지 모른다. 여기서 인간이 두려움을 극복하는 형태는 스스로에게 신적인 위대함을 부여하는 모습으로 나타난다. 유아기 발달 단계에서 나타나 는 고착(13장 참조)은 부모가 제공하는 안전함을 주는 경계선 그리고 정체성 형성을 위한 방향 제시 두 가지가 모두 심각하게 부족했음을 암 시한다. 인간적인 차원을 인정하지 않고 적절한 겸손 없이 신적인 지위 를 빌려 성취한 신분 상승은 좋은 모델이 아니다. 건강하고 성숙한, 어 른스러운 자기 절제가 부족하다.

당시 상황으로 다시 되돌아가자. '신중한' 예방책에도 불구하고 처음에는 계산대로 되지 않았다. 카이사르를 아버지와 조언자처럼 생각했던 브루투스는 카이사르의 실제 유언과는 달리 그의 정당한 후계자처럼 여겨졌다. 하지만 카이사르는 브루투스의 손에 죽었다. 많은 정치적 혼란과 무력 충돌이 이어졌다. 카이사르의 후계자를 정하는 일이 가장 심각한 문제였다. 옥타비아누스는 이 상황을 잘 이용하여 진실과 명확성을 요구하는 대중에게 그리고 자기 지위를 잃을까 봐 두려워하는 원로들에게 구원자로 모습을 드러냈다. 그는 자기 정체를 카이사르의 아들이라 밝혔고 이로써 자신이 유일한 정당한 후계자라고 선언했다.

고도의 외교적 수완을 발휘하여 전제군주의 자리에 오른 그는 자신의 이름을 '존엄자'라는 뜻의 아우구스투스로 바꾸고 율리우스 카이사르의 영원한 통치를 확실히 했다. 이제 대적할 수 없는 존재라는 주제가 계승되었다. 여기에는 두 가지 측면이 있다. 피를 이어받았어도 정당성이 없는 아들은 다양한 방법으로 제거되며 선택 수단으로는 통제와 제어가 가능한 입양이 채택되었다. 그래서 아우구스투스도 나중에 '신성하다'는 타이틀을 얻게 되는 티베리우스를 자신의 후계자로 입양했다. 아우구스투스는 그에게 이렇게 말했을지도 모른다. "티베리우스, 너와 나는 우리의 안전을 보장하기 위해 사용 가능한 모든 수단을 동원했다. 아무도 우리를 제거할 수 없을 것이다!"[21]

여기서 이 가문이 선택한 극복과 생존 전략이 드러난다. 전능한 (신적인) 독재 권력으로 위험을 방지하는 것, 즉 상황이나 사람을 지배하여 위험을 막거나 완전히 없애는 것이다. "아무도, 내 육체의 아들이라도 내 위에 군림할 수 없다!"라는 좌우명을 카이사르의 메시지로 본다면 아우구스투스는 아버지의 추월 금지 명령 "너는 우리 가문의 특별한 권력을 유지하기 위해 내가 했던 것보다 노력을 덜하면 안 된다"에 충성하는 동시에 메시지에 복종하여 아버지에게 과잉 보상했을 것이다.

프로이트의 딸, 안나 프로이트

정신분석의 창시자 지그문트 프로이트의 막내딸 안나는 평생 아버지에게 헌신적이었다. 그녀는 아테나 여신이 아버지 제우스에게 그랬던 것처럼 아버지가 자신을 남자 형제와 비교하지 못하게 했고, '머리에서 태어났다'는 말 그대로 프로이트와 떨어질 수 없는 관계를 유지했다. 독신으로 평생 여성 룸메이트와 함께 살며 아이를 낳지 않기로 한 결심도 일종의 (아마도 무의식적인) 희생을 나타낸다. 안나는 아버지를 확실하게 구원하기 위해 자신의 여성성을 완전히 발휘하지 않았다. 어떤 의미의 구원이었을까? 몇 가지 과감한 가설을 세우는 것이 가능하다. 어떤 형태로든 의존성은 프로이트에게 거칠고 대단하게 대응해야 할 정도로 대단한 것은 아니었다.

어머니처럼 여자가 될 수 없었던 남자로서 프로이트 어머니의 무력감 역시 그의 자율성을 묻어 버리는 전능성으로 받아들인 그는 자신에게 가상의 자율성을 보장해 주는 사고 모델을 만들어야 했다. 그의 딸 안나는 탁월한 아동 및 청소년 심리학자였고, 이 역할을 통해 여성이면서도 그녀 아버지가 의존했던 어머니와 달리 (상실의) 두려움을 불러일으키지 않고도 아버지의 오랜 상처를 보듬을 수 있었다.

프로이트 아버지의 세 번째 부인이었던 프로이트의 어머니는 프로이트가 태어나고 겨우 두 살이 되었을 때 장남 율리우스를 잃었다. 그녀가 슬퍼했을 것은 당연하지만 곧 다음 아이를 임신했기 때문에 슬픔을 해결할 여유가 없었다. 그런 탓에 지그문트는 필수적이며 시기적절한 대응과 관심을 받지 못했다. 그러면서 자신에게 필요한 애정을 확보하기 위해 어머니의 기사이자 보호자가 되었다. 어머니에게 네 명의 아이를 더 낳게 했던 아버지의 성적 왕성함은 아마도 프로이트에게 존재 그리고 인간 삶에서 성이 갖는 의미를 집중적으로 연구하게 하는 동기가 되었을지 모른다. 소년은 그가 원하든 원치 않든 어머니와의 공생 관계에서 벗어나야 한다. 그의 자율성이 독립할 정도로 발전했는지 여부는 중요하지 않다. 그는 남성의 역할을 수행해야 한다.

이제부터 정체를 밝히게 될 프로이트의 아버지는 잘 알려지지 않은 사람으로, 그는 크면서 아이 방에서 쫓겨났다. 프로이트에 따르면 아이 방에서 그가 얻을 수 있는 것은 아무것도 없었다. 그에게만 쏟아졌던, 그가 무척 필요로 하는 어머니의 관심도 줄어들었다. 그럼에도 거쳐야 하는 사춘기는 결코 매력적이지 않은 대안이었다.

상실의 고통과 자신의 어머니가 실제로 다른 성별에 속했다는 원망(차이 = 분리)은 가짜 이득, 정확히 말하면 가상의 독립성으로 보상해야 했다. 최소한의 남성성을 지키기 위해서 여성은 '무력화'되고 '거세'[22]되어 매력을 잃어야 했다. 프로이트의 저작 『성에 관한 세 편의 해석』(1905), 『쾌락 원리의 저편』(1920), 『문화에서의 불안』(1930)을 분석하는 일은 분명 흥미로운 연구 프로젝트일 것이다.

심리학자 안드레아스 마르네로스Andreas Marneros는 그의 책 『방황, 혼란, 광기Irrsal, Wirrsal, Wahnsinn』에서 독특하고 흥미로우며 시사하는 바가 많은 방식으로 자기중심적 존재와 상호의존적 존재의 자아 형태, 즉 공동체 소속과 개인적인 자아실현을 중점적으로 다뤘다.[23] '모든 것을 결정하는 충동인 성'이라는 고통스럽고 중요한 주제 아래, 가장 먼저 등장하는 제목인 '의존성 대 독립성'은 어머니에게서 너무 일찍 떨어져야 했던 프로이트에게 아마도 본인이 생애 초기에 경험한 비극을 끝내기 위한 극복의 형태가 아니었을까. 이 책의 다른 소제목 '아이는 빈틈을 눈치챈다'라는 단락에서 안나와 프로이트의 특별한 부녀 관계를 읽으면 그 의문을 풀 수 있을 것이다.

지그문트 프로이트도 남성으로서 강제로 따라야 했던 빅토리아 시대의 엄격한 가부장제 강요는 그가 한때 썼던 것처럼 남녀의 정신 구조가 동일하다는 비밀을 암시하는, 내면 정체성에 대한 분명한 인식을 얻겠다는 반발심을 불러일으켰다. 이에 더하여 유대인이었던 프로이트는 특별히 더 민감하게 상처와 비하, 굴욕 그리고 이로 인한 무기력함을 참아야 했다.

앞선 사례들을 살펴보면서 이제는 해독되어야 할 세대 코드의 영향이 닿는 모든 범위가 설명되어야 한다. 그래야 인간 존재가 주변과 조화를 이루고 지구 행성과 적절히 상호작용하며 모든 생명에게 기여하고 착취와 파괴를 멈출 수 있다. 여기서 각 개인은 자기 역할을 감당하면서 무능함과 체념, 무력함을 경험하는 대신 자신감을 느끼고 존재의 의미를 깨달을 수 있다. 로고테라피와 실존분석을 발전시킨 빅터 프랑클Viktor E. Frankl은 책임과 사명을 가지는 것이 절대적이고 필수적이라고 주장하며 인간 존재에서 본질의 중요성을 강조했다.

6장

자기중심적 근본 갈등의 규명

앞장에서 이야기한 것처럼 우리는 인생의 불만족에 숨은 '비밀'에 주목했다. 끝없는 긴장감, 끌려 다니거나 궁지에 몰린 느낌, 계속해서 뭔가 부족한 느낌이 특징인 인생의 불만족에 도움을 주고자 했다. 참가자가 사실 자신은 아무것도 아니며 모든 행위가 그저 가짜 모습에 지나지 않는다고 비공식적으로(사실 비밀하게) 내보인 두려움을 가볍게 만들고 객관화할 수 있게 돕고 싶었다.

우리가 뒤쫓는 단서는 뭔가 열정적으로 추구할 만한 일이 반드시 있을 것이라는 생각이었다. 이를테면 어떠한 노력에도 잡을 수 없는 목표에 도달하는 일이다. 도대체 어떤 일이 '모든 수고'에도 불구하고 실패하는가? 왜 그런 일이 생길까? 우리는 궁금증을 품었다. 그러다가 마침내 자기중심적 근본 갈등과 만나게 되었고, 오랫동안 통합적인 치료 방법으로 심리상담을 진행했다. 종종 1년이 넘는 긴 시간 동안 환자를 관찰한 결과로 갈등을 더 자세히 연구했고, 마침내 규명하게 되었다. 그리고 보편적이고 모든 사람에게 해당되며 포괄적인, 아주 오랜 옛날부터 존재했던 물음을 다뤄야 한다는 결론에 이르렀다. 바로 이것이다. "나는 모든 노력을 다하는데, 어째서 엄마와 아빠를 감탄하게 하지 못하는 걸까?" 여러 단서들을 계속 따라가던 중 아이가 자기 목표를 이루기 위해 자기를 낳아 준 부모가 해결하지 못했던 문제를 공략한다고 추측했다.

포괄적인 연구 결과와 내면심리학과 통합심리학의 문헌들, 특히 신경생리학의 최근 발견들을 기초로 과거를 치유하고 행복하고 건강한 부모를 얻기 위해서는 아이의 무의식적인 구원과 보호 행동을 제한해야 한다고 판단했다. 그때부터는 본래 의존해야 하는 존재인 아이가 부모의 가장 예민하고 아프고 취약한 부분을 건드리지 않는 자기만의 해결책과 생존 전략을 개발하리라는 것을 어렵지 않게 예상할 수 있었다. 우리는 이런 강력한 현상에 접근하기 위해 이른바 핵심 질문들을 개발했다(4장의 상황 사례 참조).

충성 계약을 알아보기 위한 핵심 질문

◇◇◇◇◇

어머니와 아버지에게 의존하고 자율성과 자아실현을 추구해야 하는 특성상 아이는 제일 먼저 부모의 상처를 치유해야 한다. 그러므로 우선 부모의 상처를 찾아내는 것이 필요하다고 생각했다. 아이의 자아상은 어머니나 아버지의 자아상에서 비롯되거나 그 영향을 받기 때문에 딸은 어머니와, 아들은 아버지와 자신을 동일시하는지 알아보고 아이의 정체성 형성에 부모가 미치는 영향을 조사했다. 우리의 계획은 특정한 질문을 통해 무의식적인 지식에 접근하여 아이 인격의 어떤 부분이 부모의 구원을 위해 희생되었는지 찾아내는 것이었다. 또한 인격 발달이 한쪽으로 너무 치우쳐졌다면, 어떤 부분이 강하게 발달되었는지 규명하는 것이었다(10장 참조).

인간의 내면 깊은 곳에는 계속 발전하고 싶은 열망이 있기 때문에 아이가 부모보다 더 잘하고 싶었을 것이라고 확신했다. 그래서 아이가 무엇을 더 잘하고 싶었을지, 무엇을 더 성취하고 싶었을지, 부모에게 없는 어떤 부분을 아이가 나타내야 했을지 알아보았다. 그러면 가장 빈빈하고 빠른 반응은 반대 방향의 발전을 강조하는 반응, "저는 부모님과 전혀 달라요. 완전히 다른 길을 선택했어요" 혹은 과잉 보상을 의미하는 반응, "저는 이미 오래전부터 훨씬 합리적인 인생을 살았고 인생 문제를 잘 극복해 왔어요" 등이었다. 부모의 상처를 감안할 때 아이는 여기서 부모를 능가하려는 시도를 해선 안 되며 부모의 가장 아픈 부분을 건드리지 않기 위해 부모 뒤에 머물러 있어야 한다. 의존할 수밖에 없는 아이로서는 부모가 상처와 마주하여 나약해지는 상황을 감당할 수 없기 때문이다.

동성 부모의 경우	아들/딸 : 어느 부분에서 아버지/어머니를 능가하면 안 되는가?
이성 부모의 경우 : 딸이 아버지에게	딸 : 어느 부분에서 아버지를 실망시키면 안 되는가?
이성 부모의 경우 : 아들이 어머니에게	아들 : 어느 부분에서 어머니를 홀로 내버려 두면 안 되는가?

이렇게 앞서 4장에서 본 것처럼 동성 부모에 관한 질문을 작성했다.

추월 금지 명령, 동성 부모에 대한 핵심 질문

무의식 속 내적 자원에 더 가까이 다가가기 위해서는 아주 이례적인 질문으로 개인의 인지적이고 합리적인, 그러나 즉흥적으로 반응하는 영역에 혼란을 일으켜야 한다. 아이가 동성 부모와 자신을 동일시하는 것이 정체성 형성에 미치는 영향을 알아보기 위해 우리는 아이가 부모를 넘어서는 문제를 선택했다. 이것은 마치 원형 장애물 코스와 같아서 일어난 사건이 영원히 동일하고 끝없이 유지되며 개인은 여기서 도망칠 수 없다. 그럼에도 우리는 이것을 이용하여 사건을 하나씩 만지고 관여할 수 있을 것 같았다.

동성 부모에 대한 질문

"부모와의 관계 속 어느 부분에서 부모를 능가하면 안 되는가?"

짧고 느긋하게 명상하면서 상상력을 동원하여 마음속에 장면을 떠올리고 질문에 대답하면, 이어지는 작업에서 이 장면을 대역들이 재현하게 된다. 그러면 마지막에는 이른바 추월 금지 명령을 표면에 떠오르게 할 수 있다.

여기서는 진정한 자아실현과 자기 개발을 방해하는 근본적인 의존성이 드러난다.

추월 금지 명령은 명령받은 사람 인생의 모든 영역에 걸쳐 정말 해로운 영향을 끼치며 모든 가짜 독립성으로 위장한 가면은(11장 참조) 결국 벗겨진다.

부모 인생의 가장 아픈 부분

한 사례를 들여다보자. 키가 크고 날씬한 아주 아름다운 젊은 여성이 '질경련' 증상을 치료하기 위해 찾아왔다. 그녀를 '나딘'이라고 부르도록 하자. 그녀는 삽입 성교를 하는 것이 아예 불가능했다. 나딘은 자신을 과대포장이라 여겼다. 겉보기에는 아주 평범하고 건강한 여성 같은 인상을 주지만 실제로는 신체적으로 폐쇄되어 있어서 아무도 그녀에게 접근할 수 없었다. 누구도 그 사실을 눈치채거나 알지 못했다. 그렇게 그녀는 스스로를 그녀 자신마저 속이는 사기꾼처럼 느꼈다.

앞서 설명한 것처럼 나딘이 떠올린 장면에는 만삭의 임신부 모습으로 나딘의 어머니가 등장했다. 그녀는 배 속의 나딘에게 관심을 기울이지도, 방치하지도, 세상에 내보내지도 않으려 했다. 나중에 더 자세히 설명할 조상과의 치료에서 보게 되겠지만, 나딘의 외할머니는 세 명의 약혼자를 전쟁으로 모두 잃고 난 후 자신의 사랑이 치명적인 결과를 낳았다고 믿는 마법에 걸려 버렸다. 그녀의 딸, 나딘의 어머니는 외할머니가 어쩔 수 없이 결혼하여 유지한, 열정 없는 부부 관계 사이에서 태어난 아이였다. 가능했더라면 외할머니는 그녀가 사랑했던 약혼자 중 하나의 아이를 낳고 싶었다. 나딘은 어머니와 외할머니에 대한 무의식적인 충성에서 한편으로는 어머니를 위해 아예 존재하지 않기로, 그래서 순서는 바뀌었지만 아이를 품는 어머니의 자궁을 영원히 보호하기로 했다. 그리고 다른 한편으로는 외할머니를 위해 애초에 생명을 잉태할 준비를 하지 않기로, 그래서 죽음을 부르는 피해를 일으키지 않기로 '결심했다.'

방금 이야기한 추월 금지 명령은 부모의 가장 아프고 예민하고 취약한 부분을 드러낸다. 아이 역시 이를 눈치채고 주관적인 진리로 내면에 저장한다. 환자는 이 장면에서 자신을 성인으로 보는 것 같다. 가장 중점이 되는 사건이 무척 부담스럽고 위협적이며 압도적인 것은 물론 금기시되는 것일 경우 주로 이런 관점을 보인다. 환자가 너무 어리면 이럴 경우 의식을 잃고 쓰러질 수 있으므로 이를 방지하기 위해 인간의 신체에 내재된 정신 생태계가 먼저 움직인 것이다. 이러한 진단적 정보는 다음에 이어지는 훈련에서 반드시 고려해야 하며 적절한 치료 기법으로 다뤄야 한다. 이제까지의 설명으로 분명히 알 수 있듯이, 모든 사람의 내면에 존재하는 무의식적 지식을 '빌리면' 부모의 치료되지 않은 상처 또는 계속해서 크게 악화된 흉터가 필연적으로 드러나게 된다. 이런 현상이 반복을 거치면서 계속 존속되면 건강한 성장을 추구하게끔 동기를 제공하기도 하지만, 한편으로는 생존하고 극복하려는 체계 자체를 쉽게 마비시키고 만성화시켜 결국 자유로운 에너지 흐름과 진정한 자율성을 막아 버리는 해로운 결과가 생기기도 한다.[24]

이런 근원적인 문제를 풀려면 정확하고 집중적인 해결책을 찾아야 한다. 무엇보다 세대 코드를 정확히 식별하는 것이 필수적일 것이다.

여기에 특히 적합한 우리의 접근법은 뇌가 새로운 정보를 받아들여 오랜 상처를 수정하고 치료하는 뇌의 중립 상태를 이끌어 낸다. 현재의 좋은 기억이 오래된 기억을 밀어내고 그 자리에 이식되도록 말이다.

충성 명령, 성별이 다른 부모에 대한 핵심 질문

앞서 잠깐 설명했듯이 성별이 다른 부모의 핵심 질문을 따로 작성하여 성별에 관한 주제까지 다룰 필요가 있었다. 동성의 부모 자녀 관계와 달리 아버지와 딸, 어머니와 아들의 관계는 어떤 역할을 지닌다. 애착 연구를 통해 알고 있듯이 어린 자녀에게 무척 중요한 어머니와의 친밀한 공생 관계가 끝난 뒤 기본 신뢰감의 형성에 절대적인 초기 뇌 발달이 양호하게 이루어지는 과정을 거치고 나면 그다음 성장 단계를 잘 통과해야 성장한 아이가 성별이 다른 부모와 친밀감을 잘 형성할 수 있다.

아이와 부모를 나누는 성별의 차이는 역할을 넘겨주는 것으로 메워진다. 물론 남성이나 여성의 역할 구분은 공동체와 사회심리적인 상황과 형편의 영향을 크게 받는다. 서양 세계에서는 최근 몇십 년간 이와 관련하여 대단한 진전과 퇴보가 있었다. 제2차 세계대전은 모든 분야에 끔찍한 결과를 가져왔으며 삶의 모든 영역에 영향을 미쳤고, 특히 남성에게는 그들의 성별에 관한 상대적이 정체성 불안을 가져왔다. 올바른 방향을 찾기 위해서는 보통 다시 믿을 만하고 생물학적으로 받아들여진 전통적인 규칙과 형식, 전형을 기준으로 삼는다.

이런 사실을 바탕으로 남성과 그의 어머니에 관한 우리의 핵심 질문은 이렇다. "어머니와의 관계 속 어느 부분에서 어머니를 홀로 내버려 두면 안 되는가?" 그리고 여성과 그의 아버지에 관한 질문은 이것이다. "아버지와의 관계 속 나는 어느 부분에서 아버지를 실망시키면 안 되는가?"

추월 문제의 치료도 마찬가지지만 이 경우에도 역할극을 통한 유도 상상이라는 수단을 이용하여 관계를 바로 세우고 이로써 경험 중심적 개입을 위한 기본 전제인 '조상 계보'를 만들 수 있다. 그러면 특히 성정체성을 결정하며 영향을 주는 특정한 충성 명령을 찾을 수 있고 이것이 부모의 가장 아픈 부분은 물론 세대 코드의 내용도 분명히 알려줄 것이다.

3부

치유의 약

7장
치료약과 끝없는 고리의 마력

모든 사람의 내면 깊은 곳에는 뭔가를 완결하려는 소원이 존재한다. 열려 있는 형태를 닫고 싶어 하는 욕망은 기본이고 이는 매우 정당하며 분명히 유전적으로 물려받은 것으로 보인다. 연결 부위가 찰칵하며 들어맞는 순간[25]에 생겨나는 내면의 커다란 만족감이 뇌의 기억 체계에 저장되었을 것이다. 이를 반복적으로 경험하면 조화로운 인격을 형성할 수 있으나, 한 개인의 내면에 완성되고 완결된 주제 혹은 형태가 적으면 적을수록[26] 무엇을 하든지 더 성실하고 더 철저하게, 더 안절부절못하긴 하지만 더 능동적으로 매달리며 자신을 소모하는 경향이 있다. 이렇게 빨갛고 흰 비닐 테이프로 통제가 출입된 '공사장'은 심리학에서 잘 알려진 이른바 부정적인 충족에 대한 반동이라 여겨진다. 엄밀한 의미로는 건강하지 않지만 이런 경향은 대개 신체에 깊이 새겨지는 패턴에 해당한다.

결핍을 채우는 치료약

이제 내면의 평화에 도달하기 위해 조상부터 가장 어린 가족 구성원까지의 결핍을 채우는, 아니 채워야만 하는 어마어마한 숙제가 있다는 것은 분명하다. 누군가 개입하여 과도한 요구와 자기 착취를 끝내야 한다. 이러한 의미에서 우리가 선택한 방법은 치료약을 제조하는 것이었다. 세대에서 세대로 건너가며 극적인 조상의 치료가 일어나는 동안 당사자는 그 당시 있어야 했지만 누락되는 바람에 조상과 자기 세대에 결핍을 일으킨 것이 무엇인지 찾게 된다. 집단 무의식의 에너지를 이용하고 상담사와 조상 대역의 도움을 받아 여기서 치료약이 조제되고 환자에게 건네진다. 놀랍고도 즉각적으로 체험되는 방식으로 이 에너지는 치료 집단 안에 퍼지고 구조화되어 교육 당사자가 이용할 수 있는 형태로 전환된다.

치유된 연결고리, 세대의 치료 밴드

상징적으로 이제 '치료 밴드'를 통해 온전히 충족된 조상의 해방된 잠재력은 다음 세대로 전해진다. 항상 해당 세대의 각 조상의 필요를 정확하게 충족시킨 뒤에 전해지는 이 밴드는 시각과 촉각으로 모두 느껴지는 감각적인 느낌을 전달한다. 어머니의 몸속 태아에게 필요한 것을 공급하는 탯줄이 막혔다 뚫린 것처럼, 혹은 '숨통이 트여' 나무에게 다시 영양분을 쭉쭉 전해 줄 수 있게 된 뿌리처럼, 이 밴드는 다음과 같은 메시지를 눈에 띄게 강조하며 전달한다. "그래, 바로 이랬어야 했어. 지금처럼 온전히 충족되었다면 더 나은 기회를 우리 가문의 가장 어린 구성원까지 보내 줄 수 있었을 거야. 그 아이가 건강하고 확고하게 성장할 수 있었을 거야!"

이렇게 완성되지 못하고 온전하지 않은, 해결되지 못한 주제(가령 앞서 살펴본 주제)와의 상호작용은 끊어지고 불행의 유산 혹은 대물림이 멈추게 된다. 여기서 가장 기본이 되는 원리는 개인의 근본적인 필요가 충분히 채워지면 누구나 행복할 수 있다는 것이다. 추측이지만, 모든 사람은 이런 상태에 도달하기 위해 자신에게 무엇이 가장 필요한지 무의식적으로 알고 있다. 이런 과정을 조금만 반복하면 된다.[27]

- **소속감** = 존재 이유 발견 → 존재의 정당성 → 자기 자신 및 타인과의 유대감

- **음식** = 육체적으로 정신적으로 배부름 → 내면의 만족감 → 자존감 → 자기 가치 의식

- **안전** = 자기 보호 → 긴장 완화 → 자신을 방어할 수 있음 → 충돌을 견딜 수 있음

- **지지/지원** = 강화/지원 → 자기 효능감 → 해결 방법이 있음을 확신

- **소속감** = 존재 이유 발견 → 존재의 정당성 → 자기 자신 및 타인과의 유대감

- **경계선** = 세상에서 자기 욕구를 충족할 수 있다는 신뢰감 → 감정과 욕구에 한계가 있다는 깨달음 → 자신과 타인의 경계선 존중 → 거절할 수 있음

온전한 보살핌을 받은 부모 세대는 자신의 기본욕구가 정확히 대응

되는 과정을 경험했다. 이제 부모는 개인적인 추론을 거쳐 자녀들에게 필요한 것을 알고 채워 줄 수 있다. 참가자의 상상 속에서 상황과 인물, 운명은 원래 그랬어야 할 바람직한 상태가 되고 가문 구성원들의 공평과 균형이라는 뿌리 깊은 감정도 실현될 것이다. 안드레아스의 증조할머니가 그랬듯(4장 참조) 이제는 당연하게 그녀에게 주어진 가족 내 소속감을 통해 존재의 이유를 찾고 내면의 안정을 되찾은 그 느낌이 정신적 외상 대신 다음 세대로 계승될 것이다.

개인을 치유하는 이상적인 방법

페소 치료와 대조적으로, 세대 코드 방법에서는 이상적인 인물을 통한 필요 충족이 다시 온전히 충족된 (실제) 인물에게 합쳐진다. 그렇게 해야만 과거의 변화를 실제로 믿게 되기 때문이다. 세대 코드 방법으로 분명히 드러난 자기 가문에 대한 충성은 아무리 이상적인 조상에게라도 더 이상 이어질 수 없다. 치료약은 결핍된 개인을 이상적인 방식으로 치유하고, 벌어진 틈을 이상적으로 메우고 연결한다. 모두의 필요가 채워지면 진짜 부모의 잠재력을 (거의 항상) 발견할 수 있다. 그래서 스스로 만족하는 새로운 경험은 기억이 되어 영혼에 기록되고 모든 것에 이상적인 변화가 일어나더라도 자신의 뿌리, 자기의 진짜 혈통은 남아 있게 된다. 다만 예외적으로 실제 인물의 위협이 너무 크거나 너무 큰 상처를 남길 경우에는 아무 변화도 받아들여지지 않을 수 있으며 그는 이상적인 인물로 대체될 뿐이다. 특히 폭력과 학대, 강간 또는 심각한 방치 등의 주제가 이런 경우에 해당된다.

치료약이 지향하는 바를 요약하면 이렇게 표현할 수 있다. "자율성을 경험할 수 있기 위해 의존성을 받아들이는 법을 배우자. 이것이 인생의 기술이니까!"

8장
과거로의 시간 여행

만약 시간 여행을 할 수 있다면 많은 이가 과거의 사건들을 바꿀 것이다. 만약 전쟁을 막고 질병과 각종 재해를 예방하는 능력이 있다면 그렇게 할 것이다. 특히 유전적인 기억에 모든 것이 저장되어 후대에 계속 대물림된다는 사실을 아는 지금은 그런 능력으로 가문 전체를 치료할 수도 있을 것이다.

"하지만 현실은 그렇지 않았다." 우리가 이상적인 조상 치료를 이용하는 개념을 설명할 때 자주 듣는 문장이다. 당연히 시간을 되돌릴 수 없고 과거는 그대로 남아 있다. 그러나 이런 시각을 바꾸고 뇌의 능력을 이용하면 공간과 장소에 구애받지 않고 감정적으로 그 시점에 자신을 옮길 수 있다. 알버트 페소는 이것을 다양한 시간 차원을 동시에 느낄 수 있는 능력이라고 설명한다. 그래서 인간은 여기에 앉아 있으면서도 과거의 흥분되는 순간을 떠올릴 수 있고, 신체는 즉시 당시 상황과 비슷한 감정을 만들어 낸다. 하지만 그럼에도 자신이 지금 이곳에 앉아 있으며 '겨우' 기억을 떠올리고 있을 뿐이라는 걸 알고 있다.[28] 증조할 아버지가 어릴 때 이상적인 다정한 어머니를 만나고 인생이 활짝 피어 나는 것을 볼 때 자신은 마치 증인으로서 평소에 다른 상대에게 하듯 증조할아버지에게 감정을 이입한다. 지금 여기에서 증조할아버지가 가상의 과거인 1897년에 경험하는 감정을 함께 느낀다. 실제로 시간 여행을 하고 있지만, 자신이 직접 증조할아버지의 필요를 채우는 것이 아니다. 다만 증인으로서 증조할아버지가 어떻게 이상적인 인물에게 이상적인 시점에 아주 정확히 필요를 채우는지 그 과정에 감정적으로 동참할 뿐이다. 여전히 상상 속에서 이루어지고 있지만, 유전적 기억은 과거로 돌아가 (온몸에 퍼지는 새로운 행복 호르몬 칵테일과 함께) 감정의 홍수에 빠진다. 가끔은 교육 공간 전체가 이 치유 에너지로 가득 차기 도 한다.

신체적인 체험은 이런 경험을 뇌에 저장하게 만들며, 이 경험은 오랜 기억을 대체하여 저장된다. 대물림 메시지 교육의 마지막인 자기 치료 훈련에도 여러 세대를 거쳐 내려온 치료약이 효능을 발휘할 것이다. 이 는 자식 세대에게 지금과는 대조적인, 과거에 필요로 했던 온전히 충족 된 부모의 모습을 감정적으로 경험하게 해 준다. 신체의 모든 세포가 이 새롭고 치유하는 에너지를, 눈에 띄는 체력의 증가를, 근육의 이완 을, 쉽게 놓아 버릴 수 있는 마음을, 그리고 뭐든지 받아들이고 허용하 고 내맡길 수 있는 신체를 경험할 것이다. 이 작업으로 어머니와 아버 지 역시 충족을 경험하므로 이제까지 해결하지 못한 필요가 정확히 채워진다는 것을 믿게 된다. 이제 온전한 부모를 자신의 부모로 껴안고 받아들이면 이때 나타나는 신뢰의 관점을 통해 인간의 잠재력 역시 깨어나게 된다.

성별이 같은 조상의 강렬한 메시지

조상의 바로 세우기 치료는 체계적 가족 바로 세우기, 체계적 구조 바로 세우기 그리고 세대 코드 이론을 바탕으로 하는 다양하고 통합적인 바로 세우기 기법을 기초로 한다.

바로 세우기 치료를 시작하기 전에 참가자는 인도자의 안내에 따라 어떤 놀라움도 받아들일 수 있는 특정한 장소에서 남성 혹은 여성 조상들의 모임이 열렸다고 상상한다. 참가자는 여기서 세대 사이 그리고 각 조상과 자신 사이에 오가는 의사소통과 상호작용을 관찰한다. 이때는 조상의 메시지 및 전제 조건도 들을 수 있다. 이를 위해 치료를 시작하기 전에 대역과 나머지 참가자들에게 보여 주고 설명할 그림을 제작한다.

앞서 4장에서 상황 사례 구성에 관해 언급한 것과 같이, 동성의 조상 계보를 치료하고 상담하기 위해서는 각 세대가, 그러니까 남성 혹은 여성의 조상들이 과거에 한 세대씩 순서대로 등장했던 것처럼 의자에 한 줄로 앉는 의자 배열을 이용한다. 당사자가 각 대역 뒤에 서서 일인칭 형식으로 각각의 조상, 그들이 살았던 환경, 성격을 이야기 한다(여기에는 전설 같은 내용을 비롯한 다양한 소재가 많으면 많을수록 좋다.) 그렇게 의식적으로 또한 무의식적으로 떠오르는 조상의 정보를 이야기하는 동안 대역들은 각각의 역할에 감정을 이입한다. 그런 뒤에 모든 참가자가 자녀, 손자녀, 증손자녀에게 전달되었을 것이라고 직감적으로 인식했거나 즉석에서 떠올린 조상의 메시지를 공유한다. 이때 관련 없는 인물인 대역이 감정이나 신체의 감각을 인지하게 하는 것이 '대리인지' 능력으로, 이런 감정 또는 감각은 놀랍게도 당사자의 주제와 조화되며 심지어 느낌과 태도, 사고방식까지 철저하게 일치하는 것으로 보인다 (13장 참조).

이런 메시지가 항상 꾸준히 인간에게 영향을 미친다는 사실을 이해하기 쉽게 표현하면, 전혀 알아채지 못하더라도 모두 조상들이 동시에 합창으로 말하는 것을 듣고 있다. 당사자의 갑작스러운 반응은 그것이 어떠한 형태든 이후의 치료를 결정하고 환자와 긴밀히 협의하며 치료를 진행해야 할 분명한 진단적 결정을 내리게 해 준다. 치료 당사자가 갑자기 힘을 잃고 마비되며 이런 메시지에 결박된 느낌을 받는 일이 벌어지기도 한다. 종종 당사자는 자신이 그 전에는 전혀 인지하지 못했던 연관 관계를 이 단계에서 파악한다. 이런 상태의 일시적인 경험만으로도 새로운 도약을 시작하기에는 충분하다. 상담사의 지도와 대역의 도움을 받아 치료 당사자는 이제 한 세대씩 지나가면서 배경 지식을 토대로 각 조상의 삶의 환경에 관해 파악한 뒤 이런 환경이 치유적인 가상 세계를 통해 어떻게 즉시 그리고 내적 자원을 기반으로 대체되는지 경험하게 된다.

때때로 당사자는 조상의 운명에 감정적인 연민을 느끼는 것에 놀란다. 어떻게 자신의 인생 주제가 조상의 인생 경험과 연관되는지 깊은 인식 차원에서 이해하게 된다. 하지만 이런 고통은 중요한 깨달음의 과정을 위해 필요한 시간 동안만 '지속'된다. 그래야 조상의 이상적인 치료를 신속히 시작하고 치료약을 만들 수 있기 때문이다.

성별이 다른 조상에게 물려받은 것들

방금 설명한 바로 세우기 과정과 성별이 다른 조상 치료의 본질적인 차이는 앞서 설명한 무의식적으로 '배정된' 대역이 이번에는 상상을 구성함에 있어서 어떤 역할을 수행한다는 점이다. 이를 더 잘 이해하려면 작은 꾸러미(유산)의 전달이 항상 이성 간에 일어나는 것을 상상해야 한다. 가령 남자가 자신을 소개할 때, 그는 상자를 어머니에게서 받았고 어머니는 그녀의 아버지(외할아버지)에게서 받았으며 외할아버지는 그의 어머니(증조 외할머니)에게서 받았다고 이어진다. 여성도 마찬가지로 아버지의 조상 계보를 따라서 먼저 아버지, 다음은 어머니 그리고 다시 아버지, 어머니 순으로 이어진다. 이어서 구성되는 장면에는 때에 따라 배우자도 등장한다. 배우자가 상상에 등장할 때는 성별이 다른 조상 계보와 관련하여 중요한 의미를 지닌다는 것을 발견했다. 따라서 장면에 배우자를 포함시키기로 결정했다. 언급한 꾸러미의 시각적 이미지와 뒤에서부터 앞으로 당사자까지 전달되는 방식도 중요하며, 상상을 연습한 뒤에 이어지는 개입 절차는 상상 속 꾸러미를 감각적으로 경험하고 그 속에 무엇이 들었는지 상상하는 것부터 시작된다. 이는 당사자에게 자기가 물려받은 '부채'를 생생하게 경험하게 하며 오랫동안 지속되었거나 대개 이전 세대부터 있었던 척추 통증이나 특정한 신체적이고 정신적인 불편함 같은 심인성 증상을 드러내는 경우가 적지 않다(4장 참조).

꾸러미에 담겨 전달되는 것은 대개 귀중한 보물이지만, 자손이 이를 사용하는 일은 없거나 있다 해도 조상에게 보상할 때뿐이다. 만약 우리의 상황 사례에 두 번째 꾸러미가 등장한다면 양쪽 꾸러미 전부에 감정을 이입하고 각각의 메시지를 해독하는 것이 중요해진다.

해당 교육의 상담사 혹은 진행자는 꾸러미의 대물림 과정에 관한 중요한 정보들과 당사자에게 이것이 지니는 중요성에 대해 알아야 한다.

이제 복잡하고 파악하기 어려운 사건을 이해하기 위해 이 장면을 구상한 이미지 그대로 모든 사람 그리고 추상적인 요소로 함께 구성하게 된다. 강이나 괘종시계처럼 상징적인 것들 외에도 벌거벗은 인물이나 어떤 인물을 둘러싼 금빛 광선은 물론 이 상황에 공감하는 인물도 배치할 수 있다. 때로는 이런 요소가 장면에 끼치는 영향이 무척 크기 때문에 정확하게 재현해야 한다. 동성의 조상 치료와 마찬가지로 여기서도 치료 당사자가 대역 뒤에 서서 일인칭 형식으로 해당되는 조상에 관해 설명한다.

여기서도 역할의 대역이나 추상적인 요소에서 느껴지는 감정, 감각,

사고방식이나 동기를 메시지로 작성하고 소리 내어 읽는다. 다음 절차는 꾸러미가 전달되는 양상이 특별한 역할을 수행하는 것을 제외하고는 동성 조상의 치료와 동일하다. 이때도 누군가가 감정을 이입하고 메시지를 소리 내 읽는다.

메시지가 계속 들리게 되면 종종 원치 않게 당혹스러운 변화가 일어날 수 있다. 예컨대 등장하는 사람이 없는데도 숲이나 바다와 같은 추상적인 요소 혹은 아예 스톤헨지 같은 상징적인 그림이 장면에 통합되어야 하는 경우가 그렇다.

성별이 다른 부모의 조상 계보 치료의 구체적인 내용과 의미는 4장의 자세한 상황 사례 설명에서 찾을 수 있다.

9장

어머니와 아버지를 위한 희생

가문을 위해 운명의 수레바퀴를 좋은 방향으로 돌리려고 노력하는 아이의 모든 헌신에는 반드시 희생이 따른다. 아이의 인격 중 일부는 이로 인해 충분히 발달하지 못하거나 전혀 발달하지 못한다. 정원에 비유하면 어떤 식물은 공간을 많이 차지하며 증식하는데, 다른 식물은 뽑혀 나갔거나 그늘에서 자라는 것과 같다. 아이의 자아 형성과 발달도 어쩔 수 없이 방해받는다. 게다가 아이는 원래 되어야 할 모습으로 자라지 못한다. 그만큼 아이가 필요한 것을 얻기 위해 먼저 부모와 양육자가 순탄하게 살아야 한다는 아이의 의지가 크며 그들에 대한 아이의 의존도는 너무 결정적이다.

앞에서도 설명했듯이 부모를 강하게 만들고 치료하려는 아이의 열정적인 도전은 에너지 소모적인 시시포스의 노동이나 다름없다. 아이는 무력감에서 벗어나기 위해 유아적인 거창함을 '이용'한다. 아이는 자신이 희생한다고 생각하지 않으며 모든 것을 할 수 있다고 생각하고 심지어 자신의 (정신적) 탄생조차 포기한다. 자신의 '부재'를 통해 (어떤 영역에 관한 것이든) 부모에게 부담을 주지 않기 위해서다. 그 결과로 아이는 자아의 보호를 위해 절대적인 자기 부정을 완벽하게 체득하고 가짜 존재를 만들어 낸다. 또 어떤 아이는 어른의 위대함, 따라하고 싶은 상황 판단, 우월성에 '흠집'을 내지 않으려고 자기 인식과 자아실현을 포기하여 부모를 보호한다. 그리고 존재 자체로 사랑받는 햇살같이 항상 웃으며 잘 지내야 하는 아이가 여기서는 부모와 조상에게 봉사한다. 아이가 기쁘고 만족스러워 보여야만 부모와 조상이 안정된다면 아이는 자신의 슬픔이나 불만, 공격적인 측면을 부정할 것이고 건강한 보호 수단인 이런 감정들을 처음부터 아예 꺼내지도 않을 것이다.

아이는 무척 다양한 해결책과 개성적으로 보이는 몇몇 이해하기 어려운 이상한 증상을 고안하여 완벽하게 다듬고 꾸민다. 비극은 이런 방식에 자신을 소모하면 할수록 긍정적인 양분을 빨아들일 기회는 점점 줄어든다는 점이다. 이런 거창함은 많은 아이에게 자신의 가짜 모습을 개발하게 만든다. 아무것도 바라지 않고 모든 것을 스스로 하며 유사 자율성을 개발하는 동안 아이는 행복을 느끼기까지 한다. 하지만 이런 사람은 나중에 아무도 다가갈 수 없는, 자기 안에 고립된 존재가 된다. 이런 사람은 다른 이들에게 언제나 희생하는 태도로 다가가며 더 나중에는 투사*하는 방식으로 성인들도 주변 사람들을 밀쳐 내고 자

---

* 개인의 태도나 경향의 원인을 다른 사람에게 돌리는 현상

기와 '맞는', 가장 좋게는 '유용한' 사람에게 이런 태도를 계속 이어 간다. 늘 손해를 자처하는 사람이 주변에 한 명씩은 있지 않은가? 이것은 악순환을 유발한다(부정적인 쪽으로 연결 부위가 찰칵하며 들어맞는 순간을 추구한 결과 소위 '이상적인 희생자 정체성'을 얻는 부정적 자족감과 비교해 보라.)

어쩌면 누구나 태어날 때부터 무력감을 유발하는 부모의 희생자가 되는, 행복한 사람으로 성장할 수 있는 처지가 아니라는 인상을 받을지 모르겠다. 하지만 정체성 형성에 이러한 본질적인 의존성과 자기실현 욕구의 충돌이 얼마나 자기중심적인 문제인지 이해해야 할 것이다. 행복해지는 인간의 능력은 끊임없이 무언가에 도취해 있거나 기분이 좋아야 생기는 것이 아니다. 행복은 모든 감정적 측면과 조화를 이루는, 즉 그것이 좋은 느낌이든 불편한 느낌이든 생생하게 느끼는 능력에서 생겨난다. 행복한 사람은 자신의 슬픔이나 두려움을 부정할 필요가 없다. 그의 진정한 강인함은 그가 약해도 된다는 데 있다. 그런 사람은 친밀한 관계의 가까움을 받아들일 수 있고 사랑하는 관계에 의존할 수도 있다. 자신을 대체하기 위해 다른 이를 필요로 하지 않으며 이별이나 상실에도 자신을 잃어버리지 않기 때문이다. 하지만 많은 아이는 정말 행복해지기 위해 자기에게 필요한 바로 그것을 희생한다. 그에겐 자신의 일부가 부족하며 이런 상실감은 사는 동안 점점 더 크게 느껴질 것이다.

아이는 희생했던 '자아'를 다시 되찾는 일을 아버지와 어머니에 대한 배신으로 느낀다. 충성 계약이 풀어지는 것이 가장 분명하게 느껴지는 때가 바로 이 순간이다. 어머니 '죽이기'와 아버지 '죽이기'와 같은 개념은 자기 존재의 정당성을 경험하는 과정에서 이루어진다. 이것이 희생하는 아이에게는 자신이 제공한 희생과 포기를 취소하고 부모를 죽이는 것처럼 느껴질 것이다. 부모 없이 사는 것은 성인의 삶에선 당연하게 받아들여지는 현실이다. 하지만 누가 그것을 바라겠는가? 독립된 개체, 즉 혼자여야 한다는 사실을 받아들이는 것, 누가 그것을 원하겠는가? 하지만 인격의 성숙과 자신의 삶에 대한 진정성과 책임감 발달을 위해서는 어쩔 수 없이 그렇게 해야만 한다.

이러한 비극적이고 영구적인 피해를 입는 현상을 막기 위해 가계나 무 뿌리를 건강하게 만드는 과정의 중요한 초석으로 희생자 개입 기법을 개발했다. 유도 상상을 통해 참가자는 깊은 이완 상태에서 자신이 부모를 위해 제공한 희생을 상징적으로 떠올릴 수 있다.

때로는 당사자가 자기가 떠올린 상징을 바로 해석하지 못하는 경우가 생긴다. 무의식적 지식은 우선 탐색 기법으로 연구한 뒤에 감정적으로 경험해야 한다.

완전함을 되찾는 두 가지 심리치료

∞∞∞∞

심리치료 방법으로 자신을 복원하려면 두 가지 방식이 효과적이고 유용하다고 알려져 있다. 바로 삼인군Triad과 시간선Timeline, NLP을 이용한 치료다.

삼인군 치료

살바도르 미누친Salvador Minuchin**29**에 의해 유명해진 개념인 삼인군은 세 사람 사이의 관계 체계를 의미한다. 최초의 삼각관계인 어머니-아버지-아이는 개인의 발달에 핵심적인 역할을 한다. 한 사람의 인생에 걸쳐 온갖 형태의 삼인군(예를 들면 학교-선생-학생, 오빠-여동생-아버지, 할머니-어머니-딸 등)이 형성되는데, 이들 삼인군은 최초 경험의 영향을 받는다. 심지어 성, 금기, 죄 같은 주제나 희생자, 구원자, 가해자 같은 역할도 아주 특별한 역학을 보여 준다. 온갖 종류의 전이와 투사가 여기서 비롯된다.

삼인군에서는 동맹을 이루고 연합하는 현상이 쉽게 일어날 수 있다. 대개 두 가지가 서로 한편이 되어 나머지 한 위치 및 인물을 겨냥한다. 마지막 존재는 소외감을 느끼는 양상이 펼쳐진다. 각 위치와 인물은 기능적인 필요와 관점 이동에 따라 언제든지 바뀔 수 있다. 체계적인 바로 세우기 치료에서 알아보고 싶은 특정한 증상 혹은 부모를 위한 희생이 어떻게 삼인군 관계에 영향을 주는지 이해가 필요할 때 인물 대신 추상적인 요소를 넣는다. 다양한 위치를 정하는 데 상호작용은 관점 이동만큼 중요하다. 여기서 치료 당사자는 귀중한 깨달음을 모을 수 있을 뿐 아니라 관계 상태 뒤에 감춰지고 은폐된 갈등을 발견할 기회를 얻는다. 예를 들면 아내가 남편을 상대로 아이와 편을 맺고 해결하지 못한 부부 갈등을 위해 이를 이용할 수 있다.

삼인군 치료를 알려 준 사람은 유럽에 뿌리를 둔 미국의 심리학자 이자 심리상담가인 마르틴 키르셴바움Martin Kirschenbaum 교수다. 그는 건강한 성장 동기에 주목하고 성장 위주의 부부 및 가족 치료를 발전시켰다. 처음 가족 치료에 관심을 가지고 배우기 시작하면서 우리는 경험에 기반을 둔 가족 치료의 환상적이고 감동적인 측면을 체험할 수 있었다. 그 후에 이 책의 저자 잉그리트 알렉산더는 키르셴바움 교수 밑에서 공부하고 그의 연구센터에서 관리자 겸 교육 지도사로 수년간 일했다. 키르셴바움 교수는 꿈 전문가이기도 하며 가족 치료의 창시자, 버지니아 사티어가 가르쳤던 미국 팔로알토 연구소 출신이다.

그는 약 8세부터 14세까지에 이르는 최초의 '거친' 발달 단계 뒤에는 비교적 조용한 잠복기가 이어진다는 정신분석 이론에 기반을 둔 무의식 삼각형을 이용한 치료 기법을 알려 주었다. 이 기법을 사용하면 잠복기에 완성되는 구조를 훗날 '뽑아낼 수' 있었다. 그러면 현재의 성장 단계에 관한 중요한 정보를 얻을 수 있고, 가족 체계와 개인 심리적 발달 과정의 연관성 및 인격 형성에 이것이 미친 영향을 파악할 수 있게 된다. 사람은 두 개체의 결합으로 태어나 세 번째를 만들어 낸다. 게슈탈트 심리치료를 창시한 프리츠 펄스Fritz Perls는 다양한 의자 기법을 이용해 거의 모든 종류의 심리치료와 거기서 파생된 개념에 지대한 영향을 끼친 인물이다. 그의 치료 기법이 효과적인 것은 물론이고 파악하기 어려운 구조와 위치, 역할, 자아, 상태 등을 명확하게 보고 느낄 수 있게 했기 때문이다.

따라서 삼인군 치료를 위한 공간은 세 개의 의자를 정삼각형 모양으로 배치한다. 그리고 한 의자에는 치료 당사자가 앉고, 다른 하나에는 아버지나 어머니 중의 한 명이, 마지막 하나에는 희생자가 각자의 '자리에 위치'하는 상징적인 방식으로 앉는다. 여기에는 앞의 치료에서 다룬 치료약을 위해 당사자가 선택한 상징도 포함된다. 이것은 희생자와의 상담 및 희생을 철회하는 새로운 결단을 보다 월활하게 해 주며 이에 따른 아이의 죄책감을 줄여 준다는 점에서 중요하다. 아이가 죄책감을 느끼는 이유는 이제 상실의 고통을 직접 느끼며 정면으로 마주하고 이를 극복하려 하기 때문이다. 이때 치료약이 내적 자원 역할을 한다. 즉 아이가 자기 연령에 맞게 받아야 했을 바람직한 기억인 이상적인 보살핌을 뒤늦게 현재의 시간 차원에서 체험하면서 새로이 얻은, 이식한 기억을 상기시켜 준다. 오랜 고통을 다시 마주하더라도 당사자는 이제 대안적인 기억을 받아들일 수 있다. 온전히 충족된 부모에게서 완전히 다른 반응과 다른 행동을 볼 수 있다. 자신이 자아실현을 하면 어머니 또는 아버지를 '죽일 것 같다'는 두려움, 아이가 한때 두려워했고 그래서 자신을 희생하여 막으려 했던 그 두려움은 축소되고 시간이 지나면서 평범한 수준으로 더 줄어들 것이다. 에베레스트산이 이제는 두더지가 파서 쌓아 놓은 흙더미 같을 것이다.

당사자는 이제 자신이 선택한 의자에 앉아 삼각형으로 앉은 상태가 자신에게 어떤 것을 불러일으키는지 이야기한다. 그리고 다른 위치에도 감정을 이입해 본다. 교육자는 각각의 위치에 관해 질문을 던지고 심리치료를 진행한다. 동시에 이러한 체계적인 관점이 개인에게 끼치는 영향과 내면 심리에 일어나는 현상을 검사하고 평가한다. 때때로 희생자가 희생을 포기하고 부모의 개인적 책임에 해당하는 부분을 성숙한 수준으로 돌리기 위해 이 시점에서 이상적인 가상 충족 과정을 다시 진행해야 하는 경우가 있다. 당사자 부모에게 심각한 상처가 있어서 부모의 부모 자식 관계가 문제가 되는 경우가 드물지 않다. 이런 경우는 대부분 '희생자 의자'에서 분명해지며, 그 결과 자신이 그 인물에게 보상해 주기 위해 노력했던 것을 알게 되고 그 과정에서 얼마나 자신을 희생했는지 깨닫는 일이 생긴다.

올바른 심리치료는 다양한 기법(게슈탈트 치료, 가족 치료, 신체 치료, 최면 치료 등)을 필요로 한다.

무척 힘든 과정이 모두 끝나면 당사자는 자기희생을 모두 회복하고 이것을 어머니 '죽이기' 그리고 아버지 '죽이기'로 부르는 데 동의한다. 대물림 메시지로 경험한 부모의 충족을 체험한 뒤라도 당사자는 부모를 구할 수 없다는 고통을 다시 한번 느낄 수 있다. 하지만 그토록 오랫동안 자아의 일부를 포기했던 것에도 슬픔을 느끼게 된다. 희생을 완전히 접는 일은 이제까지 앞서 설명한 이유 때문에 불가능했던 자율성 회복으로 가는 커다란 도약이다. 이렇게 완전함을 되찾는 순간은 자신을 억누르던 충성 계약을 없애고 얻은 치유를 느낄 수 있는 '신성한' 순간일 것이다.

시간선 치료

시간선 치료는 신경언어 프로그래밍Neuro Linguistic Programming, NLP의 창시자인 미국의 존 그린더John Grinder와 리처드 벤들러Richard Bandler를 통해 1970년대부터 유명해진 심리치료 기법이다. 이에 더하여 1980년대에 최면 치료사 테드 제임스Tad James는 우연히 단지 시간의 흐름을 상상하는 것만으로도 치료 효과를 얻을 수 있으며, 특정한 시점이 시간선에서 벗어나면 사건과 관련된 부정적인 감정도 사라진다는 것을 발견했다. 테드 제임스 그리고 벤들러와 그린더에 따르면 모든 사람은 자기 기억을 뇌 공간에 일종의 선처럼 이어지는 시간, 즉 시간선(타임라인)으로 배치한다. 그래서 기억과 인상을 시간 순서로 정렬하고 내적 자원 중심의 치료를 이용하여 기억을 긍정적으로 바꾸는 것이 가능하다. 이런 변화를 가져오는 이른바 '과거 바꾸기'의 요점은 이 진보적인 기법을 이용하여 실제 과거에 일어났던 '버전' 대신에 만약 지금 가진 내적 자원을 과거에도 가지고 있었다면 일어났을 버전을 저장하는 것이다.

우리가 사용하는 시간선 치료는 본래의 시간선 기법을 조금 변형한 것이다. 이 방법은 과거로 떠나는 여행에서 사건들을 하나씩 인지하기 위해 상징적이고 체험적으로 이식된 치료약을 동반한다. 특히 어머니나 아버지를 위해 희생한 인격의 일부가 자신의 결정과 인생 형성에 얼마나 많은 영향을 끼쳤는지 분명히 알 수 있는 특별한 순간에 이제는 대물림 메시지로 얻은, 스스로 '제조한' 치료약의 새로운 에너지를 흘려보낼 수 있다. 자신의 희생을 보여 주는 상징과 성별이 다른 부모를 위해 이제껏 떠안았던 상징 역시 과거의 여행에 동반한다.

처음에 당사자는 어디가 과거이며 어디가 미래인지 공간으로 표시한다. 마스킹테이프나 분필을 이용하여 자신의 과거에서 시작하는 인생 여정을 선의 형태로 그리는데, 이때 중요한 점은 희생과 관련된 기간이 얼마나 길었으며 이후에는 얼마나 지속될 것인지, 끝날 것인지에 관해서는 알 수 없다는 것이다. 이 시간선은 굉장히 다양하게 그려지며 당사자 인생의 결정적인 변화, 경향, 삶의 방식에 관한 무언의 정보를 알려 준다.

다음은 과거로 거슬러 올라가는 단계로, 현재의 자신의 시간선에서 시작한다. 당사자는 교육 진행자의 안내에 따라 자신이 희생을 제공하고 희생자 '역할'을 했던 경험과 사건이 등장하는 과거로 들어가 처음 희생이 시작된 시점까지 되돌아간다. 격렬한 감정이 표출되기 때문에 도중에 계속해서 치료약과 치료약이 이식된 신체 지점을 상기하는 것이 필요하다.

앞에서도 중간 중간 설명했지만 신체 치료 기법에서 신체를 포함하는 중요한 이유는 인간이 느끼는 어떤 감정도 신체적인 반응과 공명 없이는 발생하지 않기 때문이다. 신체는 감정의 물리적인 저장소다. 당사자가 여정에 동반한 상징과 이제 인지하게 된 신체 부위는 접촉으로 활성화되고 참가자를 안정시키는 역할을 한다. 시간선에서 희생이 최초로 시작된 상황을 느낄 수 있는 시점에 도달하게 되면 당사자가 선택한 부모 대역이 나설 차례가 된다. 당사자가 돌아서면 의식적으로 역할을 되돌리고 희생을 회복하는 절차가 이어진다. 마지막으로 그동안 온전히 충족된 부모(이 경우에는 당연히 성별이 다른 부모)가 이제 진정한 자율성을 지니고 인생 여정을 가는 자녀의 발전을 축복해야 한다. 축복받은 당사자는 몸을 돌려 미래 방향으로 가면서 지금 현재의 순간에 이를 때까지 이렇게 새롭고 이상적인 만족이 모든 순간에 흘러넘치게 한다. 그리고 이 새로운 존재 방식이 어떤 가능성을 열 것인지 엿보기 위해 현재의 시점에서 이제 더 미래로 가는 여정을 시작할 수 있다. 미래로의 여정은 이제 무엇을 경험하거나 시도하는 것이 좋을지 자신의 소원 혹은 충동을 말하는 것으로 끝난다. 가령 최근에 한 참가자는 힐데가르트 크네프Hildegard Knef •의 노래 「내게 빨간 장미를 비처럼 뿌려줘Für mich soll's rote Rosen regnen」를 교육 참가자 모두와 함께 부르며 춤추고 싶다고 말했다.

이러한 성장 충동은 보잘것없어 보여도 나름의 방식으로 신체적인 경험을 만들고 그렇게 생성된 새로운 경험은 뇌의 기억 체계에 깊숙이 자리 잡게 된다.

삼인군 치료가 자기희생의 상징적인 의미를 드러내 주고 의식적으로 인식하게끔 하는 반면, 시간선 치료는 당사자가 성인으로 그리고 과거에는 아이로 희생했던, 즉 자신의 인격 일부를 포기했던 각각의 상황과 순간을 정확히 파악하는 것을 중점적으로 다룬다. 하지만 두 가지 치료 모두 효과적이며 이제까지 희생했던 것을 회복하게 해준다.

• 독일 가수이자 영화배우

지금까지 세대 코드를 밝히고, 이 세대 코드에서 유래한 충성 계약이 인생을 강력하고 완전히 장악했다는 사실을 발견했다. 이제 이 사슬을 끊겠다고 통지하는 모든 극적인 과정을 어머니 혹은 아버지 '죽이기'라는 과격한 제목이 적절히 표현해 준다고 생각하는가?

이 개념을 지속적으로 사용하면서 사실 우리 자신도 그랬지만, 앞서 설명한 충성 계약을 푸는 노력이 거의 부모를 죽이고 그들의 가슴에 비수를 꽂는 듯한 느낌을 주는 것을 일관되게 경험했다. 부모를 배신한다는 생각이 점점 커져서 우리를 짓누르고 양심에 가책을 느끼게 만들었다. 따라서 치료는 무척 조심스럽고 신중하게 진행되어야 한다. 마음속 한편으로는 계약을 지키면 조상 공동체는 물론 그들 중 일부인 부모 그리고 이들이 낳은 자녀의 생존 가능성이 높아질 것 같은 생각이 자꾸 들기 때문이다.

처음부터 본질상 의존해야 하는 경험은 아이의 내면 깊숙이 박혀서 때로는 성인이 되어서도 부모가 없다는 사실을 상상조차 하지 못하게 만든다. 만일 자기애가 깊어서 성인이 된 자신을 책임질 수 있고 그러기를 원한다 해도 부모가 자기 존재를 보증해 주기 때문에 부모를 버리는 일은 쉽지 않다. 부모를 위한 자신의 뒤늦은 보살핌이 효과적이지 않으며 에너지 소모적인 행위라는 것, 그리고 조상의 '구원'이 사실상 불가능하다는 사실을 깨닫고 나서야 마침내 최선을 다한 일에서 손을 떼고 에너지와 힘을 비축할 수 있게 된다. 자신의 잠재력과 능력, 소질은 그제야 가치를 되찾고 제 할 일을 하게 된다. 내가 부모를 놓아 보내고 나 자신의 '보호자'가 될 때 비로소 자기애가 생겨난다. 이것은 남을 낮춤으로써 자신이 높아지려 하는 이기적인 사랑이 아니다. 그리고 자기애와 이기적인 개인주의를 혼동한 채 계속 늘어나고 있는 오늘날 보편화된 자아 망상을 의미하는 것도 아니다. 우리가 이야기하는 자기애란 다음 글과 같이 분명히 표현하는 사랑 그리고 솔직한 자아에 대한 진정한 사랑, 다른 이들도 똑같이 진실하게 사랑할 수 있는 그런 사랑을 말한다.

내가 나를 진정으로 사랑하기 시작했을 때[30]

나 자신을 진정으로 사랑하기 시작했을 때, 내가 항상 언제나 알맞은 시간에 알맞은 장소에 있다는 것과 일어나는 모든 일이 정당하다는 사실을 이해했다. 그때부터 안심할 수 있었다. 이제 나는 이것이 신뢰라는 것을 안다!

나 자신을 진정으로 사랑하기 시작했을 때, 아직 때가 이르지 않았고 그 사람도 준비가 되지 않았다는 사실을 알면서도 그에게 내 소원을 강요한 것이 얼마나 그를 수치스럽게 했는지 이해했다. 내가 바로 그 사람이었어도 말이다. 이제 나는 이것이 자기 존중이라는 것을 안다!

나 자신을 진정으로 사랑하기 시작했을 때, 내면의 아픔과 고통이 오로지 자신의 진실과 반대로 살고 있는 나에게 주는 경고임을 깨달았다. 이제 나는 이것이 진정한 존재라는 것을 안다!

나 자신을 진정으로 사랑하기 시작했을 때, 다른 사람의 인생을 동경하는 것을 멈추고 주변의 모든 것이 성장을 권유하는 신호로 볼 수 있었다. 이제 나는 이것이 성숙이라는 것을 안다!

나 자신을 진정으로 사랑하기 시작했을 때, 자유 시간을 허무하게 보내는 것을 멈추고 미래를 위해 계속해서 거창한 계획을 세우는 일도 멈췄다. 이제 내게 재미와 즐거움을 주며 내가 사랑하고 내 영혼을 웃게 만드는 일만, 나의 방식과 내게 맞는 속도로 한다. 이제 나는 이것이 솔직함이라는 것을 안다!

나 자신을 진정으로 사랑하기 시작했을 때, 내게 건강하지 않은 모든 것, 음식, 사람, 물건, 상황 그리고 무엇보다도 나 자신에게서 멀어지도록 나를 끌어당기는 것들로부터 벗어났다. 처음에 이것을 건강한 이기주의라고 불렀지만, 이제 나는 이것이 자기애라는 것을 안다!

나 자신을 진정으로 사랑하기 시작했을 때, 항상 옳고 싶은 것을 멈추었고 그러자 덜 혼란스러워졌다. 이제 나는 이것이 단순함이라는 것을 안다!

나 자신을 진정으로 사랑하기 시작했을 때, 언제나 과거에 살면서 미래를 걱정하지 않기로 했다. 이제 모든 일이 벌어지는 지금 이 순간을 산다. 그렇게 나는 매일을 살고 있으며 이를 완전함이라 부른다!

나 자신을 진정으로 사랑하기 시작했을 때, 내 생각이 나를 비참하게 만들고 아프게 만든다는 것을 깨달았다. 그러나 내면의 능력에 의지했을 때, 이성은 중요한 파트너를 얻었고, 이 결합을 나는 내면의 지혜라 부른다!

인간은 자기 자신이나 타인과 다투고, 충돌하고 문제를 일으킬까 봐 걱정할 필요가 없다. 왜냐하면 별들도 가끔은 서로 충돌하여 새로운 세계를 창조하기 때문이다. 이제 나는 이것이 인생이라는 것을 안다!

4부

정체성에 관한 고찰

10장

표면 정체성이란 무엇인가

표면 정체성이 어떻게 생겨나는지는 알려져 있지 않다. 표면 정체성은 알 수 없는 내면 과정을 통해 생겨나며 이 과정은 모태에서부터 이미 시작된다. 인간은 생물학적 유산 그리고 삶의 형편과 양육자, 영향을 끼칠 만한 모든 환경에 적응하는 인간의 고유한 능력을 통해 그 자신과 가문의 생존을 유지하려는 무의식적인 과정을 진행한다. 어리면 어릴수록 더 잘 적응하고 상황에 자신을 맞춘다. 이런 현상을 가족과 함께 또는 혼자 고향에서 도망쳐야 했고 새 땅에 정착해야 했던 아이들에게서 무척 인상적으로 볼 수 있었다.

더 나은 미래를 위해 아이들은 많은 것을 포기할 준비가 되어 있으며 아이의 가족에겐 수십 년간 상상하지 못했던 문화적 변화가 일어나게 된다. 미래를 위해서는 적응하여 전통과 가치만 내려놓아야 할 뿐 아니라 적응을 방해하는 정신적인 과정, 가령 살아남은 트라우마가 계속 이어지는 것을 막아야 한다. 인생은 계속되기 때문이다.

〈표면 정체성〉

'온전한' 부모를 필요로 하는 아이는 부모의 부족한 역할을 떠안을 뿐 아니라 더 나아가 자기 자신을 위해 부모의 부족한 부분을 만들어 낸다.

아이는

↓

자기 부모를 대신하고

↓

부모를 위해 부모를 대신하고

↓

부모의 이상향이 되고

↓

충족된 부모의 내면 아이가 되어

가상의 부모 혹은 표면 정체성을 만든다.

다큐멘터리 영화 〈알레포 아이들Syria : Children on the Frontline〉은 이 주제를 무척 인상적이고 감동적으로 보여 준다. 이 영화를 제작하기 위해 기자이자 영화감독인 마르셀 미텔지펜Marcel Mettelsiefen은 비밀리에 시리아를 방문해 한 가족이 고향에서 도망쳐 독일로 이주하는 과정을 여러 달 동안 지켜보며 촬영했다. 이 작품으로 그는 2015년에 에미상과 그리메상Grimme Preis•을 수상했다.

영화에서 어린 소녀는 매일 아침 어머니에게 두 잔의 커피를 가져다 준다. 부부가 커피를 마시는 일은 아침마다 빠질 수 없는 성스러운 의식이었지만, 어머니는 매일 새롭게 가슴 아파한다. 남편의 운명이 어찌되었는지 알 수 없기 때문이다. 어린 딸은 어머니가 아버지를 얼마나 그리워하는지 알기 때문에 가능하다면 아버지의 자리를 대신 채우고 싶어 한다. "어머니는 여기서 행복하지 않지만, 우리는 괜찮아요"라고 아이들은 말한다. 아이들은 자기들도 아버지를 그리워하면서도 자신들의 슬픔으로 어머니에게 더 큰 부담을 주려 하지 않는다. 그러나 새로운 미래를 만들기 위해 새 뿌리를 내리려고 힘쓰는 사람에겐 슬픔이 큰 자리를 차지하지 못한다. 네 명의 아이들은 다양한 방식으로 앞날을 내다보며 어머니를 위해 아버지의 빈자리를 메우고 새로운 인생을 만들기 위해 노력한다.

인생 후반이나 많은 경우 다음 세대에 이르러야 이렇게 처리되지 않은 부분이 모습을 드러내기 시작할 것이다.

• 독일에서 가장 권위 있는 방송상

아이는 빈틈을 눈치챈다

∞∞∞

모든 사람에게는 만족스럽고 행복해서 균형 잡힌 삶을 유지하기 위한 깊은 이해가 있다고 생각한다. 또 모든 개인에게 영혼이 드러난 모습으로 보이는, 자기완성과 개발을 추구하는 핵심 존재가 있다고 생각한다. 내면이 성장하려면 이를 위해 필요한 생존 및 극복 전략을 개발해야 한다. 아이는 또한 좋은 부모가 되기 위해 부모에게 필요한 것이 무엇인지 잘 안다.

아이는 자기가 세상으로부터 버려진 느낌을 받지 않기 위해 부모를 대단하게 만들어야 한다.

가상의 부모 만들어 내기

∞∞∞

소위 가상의 어머니 혹은 가상의 아버지는 아이가 궁핍을 경험한 뒤 더 건강히 성장하고 싶은 욕구에서 만들어 낸 상상의 산물이다. 불충분하거나 마음의 짐을 안고 있는 부모를 완벽한 부모로 만들기 위해서는 모든 빈틈, 모든 결핍을 위해 필요한 것들을 발견하고 만들고 날라야 한다. 가상 부모는 부모 인생의 가장 아픈 부분으로부터 부모를 지키려고 할 때 만들어진다. 세상에서 안전한 상태에 도달하기 위해 아이는 결핍된 부모를 무의식중에 자기 상상으로 채우고 완벽하게 바꾼다.

이런 과정이 병적으로 일어날 경우에는 개인 내면의 중심을 둘러싸는 보호막인 자아 피부가 투명해져서 나와 타인 사이의 물리적인 경계가 불투명하거나 없어질 수 있다. 민감한 발달 시기에는 누구나 작은 결핍에도 내면 경계가 지워지는 상황을 만날 수 있다(2장 참조).

아이에게 필요하지만 부모에게 결핍된 소실을 아이는 스스로 채우고 개발하기 시작한다. 이러한 '보상적 보호'의 가장 중요한 네 가지 요소는 다음과 같다.

아이는 자신의 부모가 된다

아이는 겉보기에 아무 필요도 없어 보이는 행동을 하면서 진정한 소원과 감정을 내면에 가두고 자기 자신을 스스로 돌보기 시작한다. 이런 과정은 물론 미숙한 방식으로 진행된다(각각의 발달 단계에 고착이 일어나 결핍이 세대 간 전이와 인생에 가장 많은 영향을 끼치게 된다.) 부모를 보살피기 위해 아이는 너무 이른 시기에 가짜 자율성을 개발하지만, 그 이면에는 시기에 적절한 자율성 발달이 막힌 채 정체하게 된다. 앞서 이야기한 난민 가족의 사례에서 아이들이 얼마나 다양하게 나이와 형제 관계 그리고 성별에 따라 각각 자기의 방식대로 어머니와 자기 자신을 그리고 심지어는 형제까지 돌보려고 하는지 인상적으로 볼 수 있다.

그런 과정이 인간 발달에 있어서 '정상적인' 부분이며 이런 능력이 인간으로 현실 세계를 살아가도록 해 주는 생존 전략이라는 것을 이해하는 것이 중요하다. 하지만 모든 생존 전략에는 대가가 따른다. 이 경우에는 희생이 요구되지만 뿌리에 흉터가 생기는 것을 막지는 못한다.

그러면 받아들일 줄 아는 능력이 점점 줄어들고 나중에는 다른 사람들을 통한 욕구 충족 자체를 받아들이지 못하게 된다. 몇 세대가 지나면 이런 상태가 각 세대의 새로운 경험과 합쳐져서 가계 나무의 뿌리에 상처와 굴곡을 만들어 낸다. 이는 상처 난 뿌리가 충분히 치료되지 않으면 겉보기에 최고의 (환경적) 조건이라도 기본욕구를 충분히 채워 줄 수 없다는 것을 의미한다.

부모를 위한 부모

부모의 '부상'을 확인한 아이는 무의식적으로 부모를 치유하는 일에 착수한다. 아이는 부모를 '부모처럼' 돌보며 부모의 인생에 빠져 있는 역할을 아이 자신이 감당한다. 그런 역할을 하기에 너무 미숙하더라도 아이 스스로 모든 필요한 방식을 동원하여 부모를 돕는다. 부모를 위로하고 어머니나 아버지를 감정적으로 만족시켜 주고자 노력한다. 부모와 조상에게서 내려와 아이에게 저장된 '영혼 캡슐'은 결핍과 상실, 죄의식과 트라우마에 관한 모든 무의식적인 정보를 담고 있다. 어른이 못 견디는 감정을 아이에게 물려줌으로써 아이는 자기가 감당해야 하는 개인적인 역할 설명이 담긴 완벽한 '시나리오'를 받게 된다. 만약 부모가 어릴 때 중요한 사람을 잃었다면, 딸이나 아들은 그 사람을 대체하려 노력할 것이다. 만약 부모가 어릴 때 그 부모로부터 외면당했다면 자녀는 평생 특정한 (정신적-내면적) 차원에서 자기 자리를 받아들이려 하지 않을 것이다. 아버지가 원하던 직업을 얻지 못했다면 자녀는 아버지를 위해 이를 시도할 것이다. 아니면 시리아 가족의 사례에서 본 것처럼 아이들이 어머니를 위해 남편의 역할을 대신하려 할 것이다. 이런 행동을 하는 이유는 자기 양육자를 사랑하기 때문이며 따라서 아이는 무척 헌신적이다. 하지만 이때 부모의 구원이 전혀 혹은 눈에 띄게 이루어지지 않기 때문에, 아이는 성인이 되어서도 자신의 성취하지 못한 기본욕구를 안게 되고, 스스로를 부족하다 여기며, 이를 다시 자신의 자녀, 배우자, 친구들에게 투사한다. 하지만 더 성장하고 싶고 자아를 실현하고 깊은 갈망은 어릴 때 욕구 충족을 실현하지 못해 경험한 실망감과 대립하게 된다. 부모와 맺은 충성 계약이 이때도 사랑을 주고 행복을 느끼는 것을 방해하는 것이다.

부모의 이상향

아이는 부모가 원하는 모습이 되려고 부모에게 부족한 소질과 능력을 이상적으로 개발한다. 아이는 부모가 성숙하고 경쟁력을 가지도록 도움으로써 자신이 건강하게 성장하기 위해 필요한 이상적인 부모를 얻기 위해 노력한다. 예를 들어 어머니가 아버지에게 무시당하는 가정의 딸은 어머니가 복종하고 희생자 역할을 하는 것을 보고서 의식적으로 아버지에게 맞선다. 자신도 아버지에게 상처받게 되는 위험이 존재함에도 딸은 자신이 얼마나 강하고 꼿꼿하게 대들 수 있는지 어머니에게 '보여 주고' 아이로서 자신의 열등함을 부정하려고 한다. 이런 행동이 위험하더라도 딸은 어머니와 다르게 살 방법을 찾을 것이다. 하지만 어머니의 아픈 부분을 건드리지 말아야 한다는 명령과 충성 계약이 있다면, 이 경우에 실제로는 어머니보다 우월해지지 않을 것이다.

사람들이 나중에 부모의 부부 관계와 '반대의 선택'을 하는 것을 드물지 않게 본다. 이 경우 딸은 남편을 지배하려고 하겠지만, 그럼에도 그녀가 어머니보다 행복해질 가능성은 적다. 그녀는 아버지와 다르게 나약한 남성을 고른다. 하지만 어쩌면 배우자에게 지루함을 느낄지 모른다. 보상은 받았을지 모르나 만족스럽고 성숙한 부부 관계를 향한 갈망은 어머니와 마찬가지로 채워지지 않은 채 살아가야 할 수도 있다.

온전히 충족된 부모의 내면 아이

아이는 부모의 내면 아이 역할을 한다. 게다가 온전히 충족된 내면 아이의 모습을 투영하는 존재가 된다. 부모는 이런 방식으로 자신이 고통받던 결핍을 채우려 한다. 아이는 자신의 진짜 자아실현을 대가로 지불하며 이런 바람직한 모습에 최대한 자신을 맞춰 간다.

만약 어머니에게 어릴 때 자신을 충분히 인정해 줄 아버지가 없었다면 그녀는 자신의 딸에게 아버지를 만들어 주는 것에 큰 의미를 부여할 것이다. 그래서 배우자를 선택할 때도 반려자보다는 딸을 위한 아버지 그리고 자신의 결핍된 내면 아이를 위한 아버지를 찾으려 할 것이다. 만약 그런 남자를 만나서 두 사람의 딸에게 정말 바라던 아버지를 만들어 준다면 이 어머니는 딸과 자신을 동일시하고 자신의 내면 아이가 소망을 성취하는 모습을 딸에게서 대리 만족할 것이다.

어머니의 갈망을 감지한 어린 딸은 이른바 어머니의 온전히 충족된 내면 아이의 역할을 떠안고 어머니를 뒤늦게나마 치료하려 한다.

물론 실제로 딸이 만족스러운 보살핌을 받았다고 해도 어머니는 진정으로 만족한 느낌을 받지 못할 것이다. 적절한 사람이 적절한 시기에 이 아이에게 정확히 필요한 대응을 해 준 것이 아니라 아이가 어머니의 충족되지 못한 부분을 자기 정체성으로 받아들였기 때문이다. 아이는 어머니가 결코 가지지 못한 아버지를 가졌고, 이는 어머니가 어릴 때 겪은 상황과 완전히 다르다. 온전히 충족된 내면 아이 역할을 하려면 이 아이의 정체성으로 간주되는 능력과 특성, 성격적인 부분도 갖춰야 한다.

부모를 위한 모든 종류의 보상적 보호를 제공하기 위해 아이는 이른바 '표면 정체성'을 만든다. 그러나 이 정체성은 어머니 아버지에 대한 보충적이고 상보적인 관계, 즉 독립적인 관계에만 알맞다. 이것은 전체적인 성격 발달이 균형을 잃게 되는 것을 의미한다. 이런 딜레마를 없애기 위해 왜곡과 뒤틀림이 발생한다.

이러한 생존 우선의 규칙은 삶의 모든 영역(관계, 직업, 자녀, 선호 등)에 적용된다. 아이 자신의 인격 성숙은 중요도에서 밀리기 때문에 멀어진다.

부모 구원을 위해 방치하고 희생했던 자아 일부의 복원은 아이 자신이 자기 삶의 에너지를 다시 사용하기 위한 목표이며 기초 전제다. 그래야 비로소 자신이 되고 자신으로 존재하는 것이 가능해진다. 그리고 자신과 좋은 관계를 맺으며 책임감 있게 자기 인생의 배를 직접 조종하게 된다.

마음의 불이 활활 타다

자신과 자신의 신체를 혹사하고 몰아붙이는 행동을 마음의 불이 탄다고 표현하기로 했다. 이제 능력을 가진 내면 아이는 성인이 되어서도 어떤 경우에도 부모를 구하고 부모의 필요를 채우며 치유하길 원한다. 아이는 자신이 부모의 고통을 해소해 주는 해답이 되길 바란다. 그렇게 해서 자신도 치유하고 성숙한 부모를 갖기 위해서다. 그 결과로 이 아이와 훗날의 어른은 무리한 활동으로 계속해서 스트레스를 받고, 자신의 신체를 돌아보지 않으며, 중요한 몸의 신호를 무시하고, 자신을 계속 몰아붙이면서 필요한 회복 시간을 가지지 않는다. 아이는 자신을 신체적인 한계뿐 아니라 정신과 마음의 한계까지 밀어붙인다.

마음의 불은 모든 것을 해낼 수 있다는 어린아이의 과대망상에서 비롯된 확고한 확신으로 인해 활활 타오른다. 성인이 된 아이는 직장 업무나 부모의 구원이 달렸다고 생각하는 명예로운 프로젝트에 자신의 에너지를 모두 쏟아붓는다. 또한 배우자와 친구, 자녀를 위해서도 자기 한계를 매번 넘으려 한다. 자기 자신으로부터 멀어진 결과 이 성인은 자신을 혹사하며 모든 에너지를 부모를 구하는 데 사용한다. 여기서 우리는 이런 행동의 결과로 마음과 정신 그리고 신체에 어떤 증상이 나타나리라는 것을 쉽게 예상할 수 있다.

치료를 진행하면서 특히 신체적인 통증이 대개 가족 문제와 직접적으로 연관되어 있는 것을 종종 볼 수 있었다. 가령 안드레아스와 그의 딸 리사의 경우도 그랬듯이 두통과 위와 장의 통증이 여러 세대에 걸쳐 대물림될 수 있다.

최근의 과학적 연구들은 정신과 신체의 증상 그리고 행동 방식이 어떻게 한 세대에서 다음 세대로 전이되는지를 매번 더 분명하게 보여 준다. 특히 이차적인 트라우마 형성 혹은 트라우마 전이의 경우가 이에 해당한다. 트라우마 증상이 있거나 강렬한 상실 경험을 했던 부모는 결코 의도하지 않았더라도 자녀에게 자신의 상처를 물려준다. 왜냐하면 아이들이 부모의 상처를 느끼기 때문이다.[31] 이러한 대물림 현상이 아이의 발달 초기, 특히 애착을 형성하는 단계(신생아부터 5세까지)에 일어나기 때문에 아이들은 의식적으로 보거나 언어로 들은 기억이 없이도 이 영혼 캡슐을 저장한다. 그러면 이제 아이의 신체가 심인성 장애를 '불러일으키게' 된다.

정체성에 관한 고찰

정체성 문제는 지난 몇 백년간 다양한 분야의 수많은 학자와 시인과 작가가 다루었던 주제다. 이들은 수없이 논쟁하고 토론했고, 다양한 견해를 취했다. 이중에서 본질적인 토론 한 가지가 지금까지도 중요하게 여겨지며 우리 개념의 한 요소인 '표면 정체성'이란 명칭에도 크게 영향을 주었다. 이 논쟁의 요지는 계속해서 바뀌는 '나다움'[32]을 이용하여 개인이 정체성을 형성할 때 자아가 끼치는 영향과 자아 사이의 차이에 관한 질문이었다. 즉 인간이 단 하나의 변하지 않는 자아 혹은 본성을 가질 수 있는지, 아니면 양파와 같아서 평생 한 겹 한 겹 벗을 수 있고 마지막에는 아무것도 남지 않는지에 관한 것이었다. 이에 관해서는 이미 고대 그리스와 로마 시대부터 다양한 의견이 존재했다. 다만 이런 의견들은 정신이 나뉘는지를 알기 위한 종교적 문제처럼 보인다.

오랫동안 임상적인 또한 개인적인 경험을 하면서 '나'가 다양한 조절 능력을 이용해 정체성을 형성하는 기능을 하지만, 자아의 부분적 기능으로 이해되어야 한다고 생각하게 되었다. 니체는 이렇게 말했다. "너 자신이 되어라!" 반면 괴테는 이렇게 말했다. "너는 그렇게 존재해야 하며, 너로부터 도망칠 수 없다." 또 이렇게도 말했다. "시간과 힘은 잘게 흩어지지 않으며, 살아서 성장하는 것은 각인된 형태다."[33] 자아는 모든 존재의 영원하고 파괴할 수 없는 내면의 형상으로 이해된다(힌두교의 '아트만Atman' 서양 세계는 이를 '영혼'으로 이해한다.) 우리는 "자아를 통해 자신을 강하게 만들자"라는 좌우명에 따라 모든 사람에겐 영혼이 드러난 모습인 핵심 존재가 있다고 생각한다. 이 존재는 아직 부족한 것을 완전하게 하려고 노력하며 이런 의미에서 자기 과업을 달성하려 할 것이다. 따라서 자신을 재현하는 데 머무르지 않고 스스로에게 효능과 영향을 주는 방향으로 영혼 성장(전진)의 키를 돌릴 새로운 기회가 언제나 존재한다.

'표면 정체성'에 이런 이름을 붙이고 이어서 더 자세히 정의하고 설명하는 이유는 우리가 어떤 속박에 매여 있고 왜 한때 생존과 극복 전략으로 선택할 수밖에 없었던 해결 패턴에 묶인 채 머무르는지 알기 위해서다. 이 문제를 치료하며 우리가 개발한 경험 위주의 기법을 이용하면 해방과 자기실현을 통해 진정한 자신을 '계속해서' 돕는 것이 가능해진다. 출발점은 과거가 물었어야 했던 것을 미래가 알고 싶어 한다는 점이다.

이어지는 단락에서는 독일의 전쟁 난민 가족의 증손녀에게 대물림된 고통과 상실이 표면 정체성을 개발하도록 이끈 결과를 자세히 살펴보겠다.

아름드리 떡갈나무와 작은 야생딸기

우리는 의식과 인식 과정이 어떻게 일어나는지 그리고 이 깨달음을 이용하여 우울증과 번아웃 같은 증상을 어떻게 효과적으로 예방할 수 있는지 보여 주기 위해 상황 사례를 이용하기로 했다.

이 사례는 현재 67세, 당시 53세의 여성이 처음에는 명상적 이미지화 방법을 통해 내면에 어느 장면을 떠올렸고, 이 장면으로 그녀가 어떻게 그녀의 어머니를 보호하고 어머니의 가장 아픈 부분을 건드리지 않고 이를 보완하려고 했는지 분명히 깨닫게 되는 내용이다.

핵심 질문을 통해 떠올린 장면: 인자한 떡갈나무와 꼬마 야생딸기

이 장면에는 작고 귀여운 야생 딸기가 엄마로, 거대한 뿌리를 가진 인자한 떡갈나무가 딸로 등장한다. 역할이 바뀌었다는 점을 분명히 알 수 있다. 이 어머니를 키 큰 모습으로 경험하기는 불가능해 보였고, 누군가 그녀를 손으로 붙잡아 일으켜 세워 줘야 할 것 같았다. 이 사례의 딸은 극도로 자신을 혹사하며 어머니가 자신을 따라 하도록 동기를 주려 노력했다. 또 이를 통해 어머니가 크게 성장하고 성숙하길 원했다. 이어지는 치료 과정을 거치며 조상 계보에서 뚜렷이 알 수 있는 어머니들의 부재가 수십 년 전부터 이 가족의 운명이었다는 사실이 드러났다.

어머니 쪽 조상의 계보

참가자는 무척 구체적인 장면을 떠올렸다. 어머니 쪽 조상 사슬의 맨 마지막 딸인 당사자는 자신을 숲의 요정으로 보았다. 숲의 요정은 아이답게 거창하고 단호한 결심을 한다. "이들에게 어머니가 필요하다!" 이로써 그녀가 조상들을 하나씩 전형적이고 적절하게 충족시켜야 한다는 것을 아주 분명하게 알 수 있었다.

참가자의 설명에 따르면 그녀의 증조 외할머니는 제1차 세계대전 당시 전쟁터에서 남편과 아들이 죽었다는 소식을 전달받은 바로 그날 스스로 자살했다고 한다.

당시 증조 외할머니의 딸은 열두 살이었고 하루 만에 부모와 오빠를 모두 잃었다. 그녀의 딸, 즉 참가자의 외할머니는 고작 스물여덟 살의 나이에 폐결핵으로 세상을 떠났다. 이때 다섯 살이었던 그녀의 딸, 즉 참가자의 어머니는 어머니를 잃었다.

고통받았던 어머니들이 딸에게, 또한 외손녀와 증외손녀에게 보내는 메시지는 고통과 다음 세대를 향한 희망이 어떻게 합쳐지는지 분명하게 보여 준다. 표면 정체성이 만들어지는 것도 분명하게 보인다. 전쟁으로 아버지와 남편을 잃어버린 딸과 아내의 경험으로 인해 영웅이 되어야 한다고 느낀 아이(참가자는 성별이 없는 숲의 요정이다)는 자기 필요를 채우기 위해 노력했다. 참가자는 어머니를 너무도 필요로 했던, 버려진 다섯 살짜리 소녀였던 자기 어머니를 위해 어머니가 되고자 노력했다. 그녀는 또 어머니의 자살로 모든 중요한 가족을 다 잃어버리고 혼자가 된 트라우마를 가진 열두 살짜리 소녀였던 외할머니를 돌보았다. 자녀를 위해 어머니가 되는 것 외에도 참가자는 남자들(남편, 아버지, 오빠)의 빈자리도 채워야 했다. 그래서 자기 자신에게 지나치게 높은 이상을 기대하게 되었고, 심지어 침해할 수 없는 인간의 가치를 적극적이고 헌신적으로, 치열하게 지켜야 한다는 책임감까지 느꼈다.

아이의 거창한 결심

조상 계보에 존재하는 이렇게 끔찍한 상실 경험이 주는 영향을 참가자는 오로지 원대한 해결 방안을 고안해 스스로 이 고통에서 벗어나는 방법으로 견디고 버텼다. 아이가 거창한 꿈을 품는 과정에서 참가자는 자신을 미국 자유의 여신상 앞에 서 있는 열두 살짜리 소녀(이 나이는 외할머니의 어머니가 자살했을 때 외할머니의 나이다)로 생각했다. 열두 살 소녀의 결심은 성숙하고 매력적인 여성(32세 추정, 이 나이는 외할머니가 세상을 떠났을 때의 나이보다 네 살 더 많은 나이다)의 게슈탈트를 지니며, 반듯하고 자신감 있게 서서 마치 자유의 여신상 앞에서 포즈를 취하고 있는 느낌을 준다.

건강한 성숙과 성장을 위해 필요하지만 결핍된 것들을 채우고 가르쳐야 한다는 때 이른 부담이 어린 참가자에게 생겼음을 여기서 볼 수 있다. 참가자는 트라프Trapp 가족의 어머니, 그리고 오스트리아의 가수 겸 작가였던 마리아 아우구스타Maria Augusta를 자신이 본받을 만한 인물로 선택했다. 이 여성은 1935년에 트라프 일가가 파산하자 남편의 아이들(2남5녀)과 함께 가족 합창단을 결성했고, 그 덕분에 가족의 생명을 계속해서 구할 수 있었다. 그녀는 남편이 오스트리아에 충성하는 정치적 태도 때문에 나치 독일의 제3제국으로부터 위협을 받게 되자 우선 남편만 남기고 미국으로 이주했다. 미국에서 트라프 가족 합창단은 엄청난 인기를 얻었다.

참가자는 아우구스타 마리아 트라프의 실제 인생 이야기를 담은 영화를 보았다. 세 살 때 부모를 모두 여의었지만, 자신과 자신의 자녀와 양자녀의 목숨을 계속 구했던 이 여성의 강인함과 재능은 아이였던 당사자가 거창한 해결책을 생각하는 데 중요한 모델이 되었다.

이번에도 여기서 성별이 없는, 오히려 남성성을 보이는 요정의 모습을 눈여겨볼 수 있다. 이 요정은 무의식적으로 역할을 떠안고 아주 용감하고 생존 능력이 있으며 강인한, 동시에 열 자녀의 어머니인 여성의 모습으로 변했다. 이렇게 내담자는 남성과 여성의 특징을 자기 안에 바람직한 모습으로 통합하고 결핍된 어머니와 아버지 역할을 대체하려고 노력하며 지나치게 또 너무 이른 시기에 자신을 혹사했던 것으로 보인다.

게슈탈트로서의 표면 정체성

여기서 우리는 유도 명상에서 등장하는, 게슈탈트가 된 표면 정체성을 만난다. 이 정체성은 자애롭고, 자기 자신으로 만족하며 젊음을 유지하는 원숙한 여성으로, 언제든지 다른 이들의 결핍을 채우고 도움을 줄 준비가 되어 있는 신뢰감을 주는 인물이다. 이 시점에서 조상들을 '강제로 앉힌' 참가자가 프리마 발레리나(열정적이고 표현력이 강한 무용수)나 의사 또는 전문 출판업자와 같은 직업을 원했으나, 소아과 간호 수련생 교육을 받은 뒤 간호사가 되어 자기 직업에 실망하고 분노한 끝에 사회교육학 학위를 따고 마침내 만족하는 심리상담사가 되었다는 사실이 매우 인상적이다.

표면 정체성에게 쓰는 편지

가짜 정체성에게 쓴 편지는 잠재의식에 따라 행하면서 실제로는 실패하고 보살핌 받지 못하고 자신을 혹사한 아이를 놀랍게도 아이의 무의식이 걱정한다는 것을 보여 준다. 다음의 글은 10세 전후의 초등학생의 필체로 한 어머니(보내는 이 참조)가 자신의 표면 정체성에게 고마움을 표현하는 편지다. 여기서 이 표면 정체성이 아이가 여러 세대의 결핍을 느끼고 스스로를 포괄적으로 돌보기 위해 고안한 독창적인 발명품이라는 것을 분명히 볼 수 있다. 이를 통해 아이는 모든 결핍을 외면하고 성인의 능력을 '비밀리에' 얻을 수 있다. 앞서 이야기했지만 참가자의 어머니는 다섯 살에 어머니를 잃고 평생 자기 어머니가 자기 영혼을 데려가기만을 기다렸다. 참가자는 이러한 (양육자를 일찍 잃어버린 경우에 종종 생기는) '죽고 싶은 갈망'을 없애려고도 했다. 어머니에게서 이런 갈망을 없애고 지상에서 행복을 느끼게 하고 어릴 때의 결핍을 채워 주고 이를 통해 자기 어머니를 자기 곁에 두려고 노력했다(사실상 죽은 외할머니와 경쟁을 벌였다.) 결국 그녀는 자신을 엄마처럼 돌보겠다는 무의식적인 의도를 추구한다.

잉그리트 클라인에게
보내는 이: 엄마

사랑하는 잉그리트! 오늘은 1999년 5월 22일이야. 나는 나를 진정으로 이해하고 받아들이지 못하고 스스로 무력하다고 생각했어. 여러 가지 문제로 얻은 내 고통을 심각하게 느끼지 않도록 도와주려 고생했던 너의 노력에 감사하고 싶어. 너는 정말 많은 것을 해 주었어. 내게 의지하고 싶은 너의 욕구를 뒤로하고, 나를 위한 모든 지식을 얻기 위해 노력했어. 모든 것을 알기란 불가능한데도 말이야. 너는 고작 열 살밖에 되지 않았는데! 너는 모든 사람이 편안함을 느낄 수 있는 데 도움이 되고 필요한 것이라면 그게 무엇이든 하려고 했어. 그래서 지금껏 만족스럽고 행복한 직장 생활을 할 수 있었고 이 직업으로 나 자신을 발전시킬 수 있었어. 너는 다른 사람들의 필요와 이익에 내가 관심이 많다는 것을 눈여겨보았고, 또 내가 사랑받을 수 있도록 도와주었어. 너를 통해 작은 것으로도 만족할 수 있다는 것을 경험했어. 덕분에 내가 이미 모든 것을 가지고 있고 모든 좋은 것을 이미 가졌다는 사실을 알게 되었지. 그래서 일상과 인생이 부족한데도 좌절과 분노를 거의 느끼지 못했어. 네가 가져다준 자족감은 내게 엄청난 인내력, 오뚝이 같은 사고방식을 만들어 주었어. 너는 일찍 성인이 되어 정말로 아무도 필요하지 않도록, 그 사람이 없어도 아무런 손해를 보지 않도록 노력했어. 그게 제일 미안하다. 나는 이제 어른이 되었어. 네가 나를 돌봐 준 덕분에 이제 내가 너를 돌볼 수 있게 되었어. 네 덕분에 정말 근본적인 훈련을 받았지만 나는 아직도 성숙해지기 위해 더 많은 것들을 배워야 해. 모든 것에 고맙고 널 정말 사랑한다!

엄마가

이 치료 기법은 이제부터 이어질 통합 과정을 도울 예정이다. 지금껏 자신을 소모하고 내적 자원을 고갈시켰던 '선량한' 능력을 회복시키고, 이 능력을 모든 일마다 쏟으며 사용하는 대신 지금 현재의 자신은 물론 다른 사람의 행복을 위해 사용하게 해 줄 것이다.

공평한 보상[34]을 위해 어쩌지 못했던 자기 소모와 그에 따른 헛수고의 경험 그리고 이것이 인생에 끼치는 해로운 영향은 이제 완전하고 '맞춤 제작된' 경험을 통해 중지된다. 모든 차원의 깨달음을 거쳐 이제는 본연의 잠재력을 '성숙한 자아'의 감시하에 올바른 목적을 위해 사용하게 되었기 때문이다.

11장

거창한 꿈을 가진 아이

무의식적인 충성 계약에 적극적으로 동참하고 이를 지키기 위해 열정적으로 노력하는 아이의 행동은 계약을 맺는 시점에 따라 시기가 달라진다. 하지만 대개, 아니 거의 자동적으로 해당 연령과 발달 단계에 고착 현상을 일으킨다. 그래서 개인이 출생하고 성장하는 특정 시점에 결핍이나 트라우마, 욕구가 크면 클수록 아이는 유아적인 과대망상과 이에 걸맞은 미숙함으로 다음과 같은 좌우명에 따라 더 열심히 자신을 보상하려 한다. "내가 세상의 중심이다. 행성들이 태양 주위를 돌듯이 가까운 인물은 모두 나를 중심으로 돈다. 모든 것이 나와 관련이 있다. 나는 모든 걸 할 수 있다."

아이의 거창함과 무의식속 전능하다는 환상은 공생 관계에 들어가 행동으로 나타난다. 이 두 가지 특징은 사실 병적이며 신경증적인 방어 형태가 아니라 '가상의 부모'를 만들어 내 부모를 치유해야 하는 아이의 유아 특유의 불가피한 공생과 직접적인 관련이 있다. 그렇지 않으면 과거의 해결되지 못한 비극과 상처를 통해 대물림된 부모의 결핍이 자신에게 영향을 주기 때문이다. 이렇게 아이는 두려움과 무력감을 통제하고 줄인다. 정체성 발달에 속하는 과정인 자기인식과 자아 형성은 편리하게도 알아채지 못하는 사이에 이런 방식에 물든다. 아이가 자신에게 중요하거나 힘들다고 느꼈던 인생 사건과 과정을 어떻게 거치느냐에 따라 특정한 극복 및 대처 전략이 발달한다.

대처 반응은 순수하게 내면에서만 일어나기도 한다. 그러면 이런 반응은 감정과 생각에만 한정된다. 가령 처음에는 매우 중요하게 판단했던 어떤 상황 또는 그에 따른 결과를 일종의 재해석으로 과소평가하거나 오히려 과장하고(희생자적 태도), 그 부담에서 의식적 혹은 감정적으로 멀어지려 한다. 뿐만 아니라 어떤 행위로 나타내려 하고(실천적 행동주의), 이는 책임감에서 벗어나려고 시도할 때 일어난다. 이런 대처는 여러 가지 문제를 해결한다(리처드 S. 래저러스Richard S. Lazarus에 따른 것).

- 해로운 환경적 요인의 영향이 줄어들고 회복될 거란 기대가 높아진다.
- 부정적인 사건 또는 상황을 견딜 수 있게 되고 신체가 적응하게 된다.
- 긍정적인 자아상을 유지하게 한다.
- 감정의 균형이 흔들리지 않게 한다.
- 다른 사람과 만족스러운 관계를 계속 유지하게 한다.

하지만 이것은 중요하지만 언제 터질지 모르거나 감당하기 어렵고 긴장되는 상황에 처한, (미숙한 발달 단계에의 고착 때문에) 혼자서는 적절히 대응할 능력이 없는 한 개인의 모든 노력과 수고다. 특정 상황에 어떤 대처 반응을 '선택'할 것인지는 다음의 요인에 달려 있다.

- 전반적인 건강 상태, 개인의 활력과 성숙 정도(정서 발달의 측면도 포함)
- 정신적 심리적 부담의 정도
- 부담이 속한 영역
- 시기

상황이 주는 부담을 열정적인 노력으로 극복할 수는 있지만, 진짜 자신을 대가로 지불해야 하고 특정한 증상을 일으키기도 한다. 이는 자기중심적 근본 갈등과 융합되어 이른바 전능한 상황을 만들고 성인이 된 후에도 정체성의 한 부분이 된다.

가능한 대처 범위는 도망과 회피부터 의식적이고 주도적인 활발한 투쟁까지 이른다. 아이는 대개 아이의 표면 정체성과 밀접하게 연관된 거의 무의식적인, 이를테면 "나는 이렇게 저렇게 될 거고 이렇게 할 거고, 그러면 될 거야!"라는 '단단한' 유아적 결론을 토대로 문제를 해결하려고 덤빈다. 아이가 의지할 만한 것은 자연적으로 전달받은, 고지식한('눈에는 눈, 이에는 이' 같은 옛 유형) 명령, 곧 아이에게 끊임없는 노력을 요구하는 부모의 모습뿐이다.

아름드리 떡갈나무와 작은 야생딸기의 사례(10장 참조)에서 참가자는 자신을 떡갈나무로 어머니는 작은 야생딸기로 여기고 어머니 쪽 조상 계보 전체에 해당하는 어머니의 부재를 채우기 위해 모두의 어머니를 자처했다. "내가 모두의 엄마가 될 수 있어"라는 아이의 거창한 확신에는 자신에겐 어머니가 필요 없다는 생각도 포함된다. 그때부터 그녀는 모든 사람의 '빅마마'가 되어 항상 무엇을 해야 할지 알며, 그녀 외에는 누구도 이 일을 할 사람이 없다고 확신한다.

어렸지만 어리게 행동해선 안 되었다. 어린아이 같은 감정을 가져서도 안 되었고 질투나 욕심, 반항은 그녀의 사전에 없었다. 이것이 어린아이에게는 지나친 부담이며 당사자가 자주 공허함을 느꼈을 거라 예상이 가능했다. 모두에게 언제나 품어 주는 어머니가 된다는 것은 자신이 성인이 되어서도 항상 도움을 구하는 모두의 필요를 채워 주어야 함을 의미한다. 그녀가 상담치료사를 직업으로 선택하고 무척 열정적으로 일했다는 사실이 전혀 놀랍지 않다. 세대 코드를 해독한 덕분에 내담자는 번아웃에 시달리지 않고 최근에는 '(투영하는)어머니'로서 정상적이고 건강한 수준의 삶을 영위하고 있다. 이제 그녀는 종종 "싫어!"라고 말하며 자신의 한계를 알고 어머니로서 자기 자신을 잘 돌본다. 그녀를 상담치료사로 둔 환자들은 이제 전보다 더 많은 혜택을 입고 있다. 건강한 상태가 된 상담사가 환자의 치유를 지지하며 더 이상 모두에게 답을 주려고 자신을 혹사하지 않기 때문이다.

가짜 독립심의 탄생

이 사례를 통해 어떤 방식으로 이른바 독립계가 생겨나고 마침내 폐쇄된 시스템이 탄생하는지 분명히 알 수 있다. 홀로 고립되고 갇혀 있는 독립계는 모든 존재하고 실존하는 것에 대한 총체적인 존재론적 개념이다. 그러므로 대상, 속성, 과정은 모두 독립계의 범주에 속한다. 이런 관점에서 묘사해 보면 정신적인 독립계는 어느 것의 모사체가 아니라 주관적인 구조라고 할 수 있다. 세대 코드에 따라 드러나는 당연한 결론은 모든 개인은 자신의 진정한 정체성 형성을 막거나 왜곡하는 자기중심적 근본 갈등을 개인적인 차원에서 해결해야 한다는 것이다. 다양한 성격 특징 그리고 이것이 개인의 내면에서 대체로 어떻게 조직되는지에 관한 생각의 집합이 생겨난다. 자율적인 독립계인 자아는 추상적인 내면 특징, 이를 테면 개인의 특성, 능력, 소질 그리고 태도를 통해 정의된다.

마지막으로 방금 이야기한 독립계를 은유로 나타내면 이렇다. 거창하고 이따금 과대망상에 빠지는 아이가 스스로 만들어 낸 우주, 그 속에는 아무것도 부족한 것이 없고 모든 것에 제자리가 있으며 명확하고 이해가 가능하다. 이 독립계에는 전능한 상황과 함께 이를 돕는 '행정관'들과 이들을 총괄하는 최고 관리자인 생존 및 극복 전략이 살고 있다. 이 시스템은 너무도 완벽해서 진정한 자신이 되는 길을 막는 근본적인 갈등을 가려서 느끼지 못하게 한다.

거창한 꿈을 가진 아이의 존재론과 심리치료 작업(세대 코드 교육도 포함됨)을 위해 이것이 가진 중요성을 알아보았으니 이제는 이를 잘 들여다볼 수 있는 다른 사례를 살펴보자.

키가 크고 무척 건장한 다리를 지닌 40대 중반의 쿠르트Kurt는 세계 불가사의 중 하나인 '로도스 섬의 거상'을 연상시켰다. 그는 첫 번째 핵심 질문인 "어머니와의 관계 속 어느 부분에서 어머니를 홀로 내버려 두면 안 되는가?"에 대해 다음과 같은 충성 명령을 떠올렸다. "너는 내가 그렇게 되어야 했고 되고 싶었던 것보다 더 독립적이고 남자다워져서 내가 부족함을 느끼지 못하게 하고 혼자가 되지 않게 해야 한다!"

쿠르트는 이상적인 인물과 환경으로 조상을 돌보고 채우는 과정이 진행되는 다음 교육에서 문제에 봉착했다. 그는 그가 익숙했던 모든 사람을 돌보는 도우미이자 모든 빈틈을 메우는 해답 같은 존재인 자기 역할에서 빠져나올 수 없었다. 너무 일찍, 이미 어머니 배 속에서부터 아버지가 되고 싶지 않았고 그럴 수 없었던 어떤 남자 때문에 우연히 생긴 원치 않는 아이로서, 쿠르트는 앞에서 설명한 독립계를 만들어 냈다. 그의 가짜 독립심은 생존 및 극복 전략으로서 자신을 온전히 돌볼 수 있어야 하고 아무것도 원치 않아야 하며(영광의 고립), 이를 통해 상처받지 않는 상태가 되어야 한다는 생각을 심어 주었다. 그래서 조상의 필요를 이상적으로 충족시키고 얻은 치료약을 물려받고 받아들여야 하는 순간 그는 이를 철저하게 막고 자신의 완벽성을 증명하려 했다.

이것은 능력을 입증해야 하는 단순한 저항이 아니라 이제껏 무리 없이 전능함을 과시하던 커다란 아이를 회복시켜야 하는 문제이기 때문에 일반적인 구조 해체 교육 외에 추가적인 심리치료 과정이 필요했다.

따라서 모든 것을 가졌다고 믿었지만, 실제로는 공허하고 불행했던 쿠르트의 내면 아이는 먼저 치료약을 받아들이기 위해 정확한 치료를 받아야 했다.

그런 뒤에야 쿠르트는 깨달음에 더 가까이 가는 치료 단계를 받아들였고 진정한 자율성을 경험하기 위해 자기의 의존성을 인정하는 법을 배우게 되었다.

투사된 투사
◇◇◇◇◇

만약 조상이 가해자라면

치료 과정에서 '가해자 가족' 또한 끊임없이 만나며 희생자만 트라우마 경험과 상처를 대물림하는 것이 아니라 가해자 혹은 가해자의 가족이었던 조상 또한 다양한 방식으로 경험을 전수한다는 사실을 알게되었다. 이 역시 무척 어려운 주제긴 하지만, 다음 세대로의 대물림을 분명 보았고 그래서 반드시 언급하고 넘어가고 싶다.

신경정신과 의사이자 심리분석가이며 트라우마 경험에서 기인한 심리 장애를 진단하고 치료하는 획기적인 방법을 고안한 루이제 레데만Luise Reddemann은 최근 저서에서 전쟁 세대의 자녀와 손자들이 이른바어두운 감정으로 인해 심리치료를 받는다고 썼다.[35]

어두운 감정이란 우리 조상들이 '범죄에 동참했다는 죄의식, 외면했다는 수치심, 자신과 타인에 대한 혐오, 보복과 폭력에 대한 두려움, 상실의 슬픔과 이유 없는 절망감'[36]을 느끼고 만들어 낸 감정이다. 대개 이것을 침묵하며 다음 세대로 전달해 왔다. 독일의 주도적인 전범들 그리고 상황을 외면하고 방조했기 때문에 도덕적 가해자라고도 부르는 수동적인 전범들은 수치심 때문에 1945년부터 국가 재건에 열중하면서 죄의식은 감추고 자기들이 희생한 측면만 내보일 수 있었다. 수치심은 고통스러운 감정이며 살아남았다는 죄의식은 스스로 평생 처벌받아야 한다는 욕구를 품게 만든다. 이런 죄책감 또한 다음 세대로 대물림되어 보상받고 마침내는 죄책감에 시달리는 조상을 해방시켜야 한다는 의무감으로 변한다.

폭력적인 부모의 자녀들은 부모의 이런 폭력적인 측면을 자신의 정신 그리고 행동의 근본 원인이라고 생각한다. 부모가 가해자였거나 자기가 키운 자녀가 가해자가 되어 무력감을 경험한 환자들에게서 우리는 가해자 편이라는 사실이 얼마나 고통스럽고 끔찍한지, 그리고 이들이 가해자의 범죄를 자기 것으로 받아들인다는 사실을 알게 되었다. 많은 경우 이들은 나중에 배우자와 자녀들에게 가해자가 된다. 끝나지 않는 이 폭력의 고리는 마치 바이러스 같아서 쉽게 막아지지 않고 전염된다. 이 현상은 1945년부터 1965년까지 관찰되었고, 잉그리트 뮐러뮌히Ingrid Müller-Münch[37]가 자신의 책 『얻어맞는 세대Die geprügelte Generation』에 인상적으로 기록한 바 있다.

그러나 많은 사람 그리고 특히 여성들이 가해자의 범죄 원인을 자신에게 돌린다. 이런 생각은 자기 신체에 대한 폭력인 자해, 섭식 장애, 중독 등의 형태로 표출된다. 또 다른 현상은 배우자나 자녀에게 가한 폭력이 대물림되는 것이다. 이들은 다시 폭력을 휘둘러 옛 트라우마를 불러오고 스스로 희생자인 동시에 가해자가 된다. 마리안네 라우발트 외 여러 명의 저자가 쓴 책『물려받은 상처 *Vererbte Wunden*』는 이 현상이 어떻게 일어나는지 무척 세세하게 다룬다.[38]

고문, 학대 그리고 다른 형태의 끔찍한 폭력을 경험한 희생자가 이른바 공격자로 모습을 바꾸는 현상은 자신이 없어지기 않기 위해 스스로를 구원하는 일종의 정신적인 보호 기전이다. 너무도 엄청난 (감당할 수 없는) 무력감을 경험하면서 그런 방식으로만 생존할 수 있는 것이다. 자신과 가해자를 동일시하고 가해자의 입장에서 사건을 바라보면 더 이상 무력감을 느끼지 않는다. 그리고 다시 (표면상으로만) 힘을 발휘할 수 있게 된다. 아무 일도 하지 못하는 끔찍한 느낌, 방치된 듯한 부정적인 느낌은 그 반향으로 모든 것을 바치더라도 통제력을 얻게끔 만든다. 하지만 이렇게 가해자로 돌아서는 현상이 분명하게 드러나지 않는 경우도 있다.

가해자와 희생자의 자녀에게서 부모와 동일한 가해자와 희생자의 모습이 보이는 것을 계속해서 보아 왔다. 마치 어떻게든 이런 간극을 메워 가해자든 희생자든 조상을 해방시키는 일이 후손의 의무라도 되는 듯이 말이다. 우리가 만난 한 거식증 환자는 과도한 운동을 포함하는 하루 일과는 물론, 역시 칼로리를 소모하기 위해 몇 시간 동안 서 있어야 하는 강박 행동으로 자신을 혹사시켰다. 이런 특별한 섭식 장애의 목적은 저녁에 간단한 식사를 '상으로 받을 수 있기' 위해서였다. 환자의 어머니 쪽 조상 계보의 세대 코드를 해독하고 난 후 원인을 파악했다. 이 환자의 생명 에너지를 막아 버리고 환자가 자신에게 가해자인 동시에 희생자가 되게 만든 자기 통제와 처벌의 코르셋을 외할머니에게서 물려받았다는 사실을 분명히 알 수 있었다.

정말 비극적인 이야기로, 환자의 외할머니는 여덟 살에 어머니를 잃고 아버지와 단둘이 살면서 아버지에게 매일 성폭행을 당했다. 외할머니가 기억하는 어머니는 항상 임신한 모습이었고, 무정하고 성행위에 중독된 것으로 생각되는 남편에게 시달리며 임신과 유산을 반복하다가 마지막 유산 때 과도한 출혈로 세상을 떠났다. 사춘기의 외할머니는 폭식증을 앓았다. 남자 친구에게, 그리고 훗날의 남편에게 매력적으로 보이고 싶었기 때문이다.

이렇게 심한 트라우마를 지닌 어머니와 외할머니가 자기희생과 고통을 특징으로 하는 여성관을 물려주었을 거라고 쉽게 생각할 수 있다. 여성으로서 남성의 충동에 내맡겨진 느낌과 무력감 때문에 자신을 덜 가치 있는 모습으로 여기는 관점을 말이다. 뒤늦게라도 외할머니를 구원하고 스스로 여성의 매력을 펼치게 하기 위해서 이 환자는 자신의 인생에 통제력을 되찾아야 했다. 하지만 이것이 이 환자에게서는 '착취당한' 신체에 대한 통제 형태가 되어 심각한 거식증으로 표현되었다. 그녀는 스스로 가해자가 되어 자신의 신체를 학대하고 고통스럽게 처벌했으며, 식욕은 물론 성욕과 즐거움을 느낄 수 있는 모든 다른 욕구를 철저하게 통제했다. 환자가 매일 겪은 것은 증조 외할아버지와 매정한 성중독자 남편의 희생자였던 증조 외할머니 사이의 투쟁이었다. 그리고 가해자에게 또 남편에게 그저 성적인 대상에 불과한 정체성을 지닌 폭행 피해자였던 외할머니의 투쟁이었다.

자신의 신체, 자기의 경계를 스스로 지키지 못했던 그녀는 딸에게 롤모델이 되지도, 보호벽이 되어 주지도 못했다. 환자의 어머니이자 치료 과정에 참여한 외할머니의 딸은 어머니에게 충분히 보호받지 못하고 자주 아버지의 폭행에 방치되었다. 이런 방식으로 외할머니는 간접적 가해자가 되었고 딸이 자기 역할을 감당하는 것을 경험했다. 외할머니 역시 심각한 거식증, 설사약 과다 복용, 과도한 운동을 모두 포함하는 섭식 장애를 앓았다.

(가해) 대상을 스스로 받아들이는 일은 이른바 투사를 통해 이루어진다. 투사란, 일종의 정신적 처리 방식으로 대상에 대한 경험과 이미지를 바깥에서, 대개 가장 먼저 의존하게 되는 애착 인물에게서 내면으로 받아들이는 것이다. 또한 각각의 투사는 충격적인 경험과 이런 경험을 일으킨 관련 인물을 모방한다. 따라서 앞서 설명한 것처럼 자신을 공격한 사람과의 동일시 현상이 하나의 가능한 처리 방식이 된다. 이런 동일시 현상과 연관된 이른바 편입은 훨씬 일찍 일어나는, 아직 개성화를 경험하지 못한 개체가 아직 명확히 이해하지 못한 채 전체 신체의 수준에서 바깥을 내면으로 받아들이는 형태다.

가해 대상을 받아들이고 희생자와 자신을 동일시하는 과정, 이 비극을 극복하기 위해 자신이 직접 반복하려는 시도는 몇 세대에 걸친 치유 시도인 것으로 보인다. 해방되지 못한 비극, 풀지 못한 문제를 다양한 표현 방식으로 주목하기 위해서 말이다. 이는 드러나는 증상이 트라우마 경험을 완전히 처리하기 위한 시도로 나타나는 '일반적인' 트라우마 후유증과 비슷하지만, 트라우마 사건을 계속 다시 새로이 부활시키고 재생하는 재연과는 다르다. 이것은 오히려 보호하는 통제력을 얻기 위해 트라우마를 전부 내면에 받아들이는 것이다.

몸 안에서 감시하는 독 캡슐

해악을 감금하여 치유하는 구제 방법, 독이 되는 경험을 캡슐 안에 넣고 열쇠도 없이 닫아 버리는 이런 방식은 투사의 투사를 만들어 낸다. 이런 치유 시도 역시 일종의 반복을 만들어 낸다. 우리 교육의 목표는 환자 자신의 고통과 고립감을 조상의 고통, 무력감과 구분하는 법을 배우는 것이다.

투사를 유발하는 이러한 밀봉은 마치 소화시키지 못하는 불행의 원천을 정신 속에 이물질처럼 남게 하여 트라우마의 근본적인 원인을 만든다.[39]

세대 코드를 이용한 치료에서 경험적으로 관찰할 수 있는 것은 파괴적이고 건강한 발달을 해치는 영향 때문에 당황했던 경험이 이르면 이를수록, 캡슐에 밀봉하여 '무해하게' 만드는 모습이 더 자주 보이는 것이다. '경험한 해악'이 자신이나 바깥 세계에 해를 끼치지 못하게 하기 위해서다. 앞서 말했듯 이 캡슐은 몸속에 이물질처럼 남으며 둥둥 떠다니지 않고 한곳에 단단히, 마치 용접된 듯 고정된다. 캡슐의 존재 방식과 위치는 개인마다 달라서 개인의 인생과 조상의 배경에 따라 그리고 특정한 신체 위치에 따라 간의 독소처럼 혹은 머리에 박힌 단검처럼 존재한다. 우리는 이 현상을 투사된 투사라고 보고 있다. 각각의 개인은 물론 무의식적이지만 위험한 가능성을 감시하고 경계하는 데 정통한 전문가다. 어릴 때부터 그래 왔기 때문이다. 이제 여기서 거창한 꿈을 품은, 트라우마의 심각성에 따라 과대망상에 빠진, 무척 이른 발달 시기에 고착된 아이와의 협업이 시작된다.

치료 과정이 자율적이고 진정한 성인의 단계로 더 가까이 다가갈수록 이러한 극복 방식의 구조가 모습을 드러내는 것을 볼 수 있다. 이 구조는 마치 무척 견고하고 경계가 삼엄한 중범죄자 감옥과도 같아서 '불행한 경험을 저장하고 밀봉한 것'을 나이에 걸맞게, 이성적으로 노출하고 치료하는 과정에 쉽게 문을 열어 주지 않는다.

그렇다면 어떤 치료로 접근해야 좋을까?

우리는 아직 실험 단계에 있다. 밀봉이라는 문제 때문에 이 현상에는 말 그대로 신체적으로 접근하는 것이 적합하다. 따라서 상상을 이용해 '고정 위치'에 접근하여 밀봉된 '존재'의 이미지를 파악하고 신체적으로 표출시키면, 이를 통해 깊은 의미를 경험하는 것이 가능하고 변화가 시작될 것으로 보인다.

그런 다음에는 최면 치료를 이용해 앞서 말한 바와 같이 독을 좋은 의도로 '포장'하고 밀봉한다. 그리고 신체 전체가 중독되는 것을 방지한 '독 캡슐'을 가치 평가를 통해 변화시켜 강한 힘과 정화 능력이 계속해서 새로이 솟아나는 원천이 되게 만든다. 그러면 다시 쉽게 찾을 수 있는 신체 위치에 고정할 수 있을 것이다.

이 논의를 끝내기 전에 한 가지 더 이야기하고 싶은 것은 최근 수년 간 이런 거창한 어린아이의 유아적인 특징과 상태가 현대 사회에 당연하듯 점점 더 많이 퍼지고 있는 점이다. 21세기 초에는 공동체에 적응하고 소속되려는 의지가 자기를 실현하고 독립성을 추구하는 것보다 앞섰다면, 현재는 사이비 개인주의 Pseudo Individualisierung 와 가짜 독립성을 특징으로 하는 자기만의 차단된 세계(독립계)에 고립되는 현상이 더 만연하다. 미디어 기술 발달 덕분에 빠르게 퍼지고 있으면서 종종 비난받는 병적인 자기중심주의 Egomania 도 그 속을 들춰 보면 커다란 위기에 봉착한 아이의 존재감이 드러난다. 이런 아이들은 충분한 스킨십과 애착 경험이 결핍되었다는 사실을 감추고 화려한 기교로 위장하고 있다. 자기 보존을 위해 아이는 자립하고 독립하기로 결심한다. 물론 이것도 아이의 발달이 멈춘 시점의 아이의 내면적 성숙과 내적 자원의 수준에서 가장 현명하다고 판단한 결정일 것이다.

앞서 이야기한 유아적인 거창함과 과대망상, 한계를 모르는 특징이 인간의 운명을 점점 더 강하게 그리고 전 세계적으로 결정하게 될지 모른다.

노벨문학상 수상 작가 앨리스 먼로 Alice Munro 역시 그녀의 불안한 소설에서 이러한 아이들의 본성과 끝없는 고독감을 쓴 바 있다. 아무 방향도 제시해 주지 않고 희망 없이 방치하는 어른들을 향한 분노와 깊은 모멸감을 품은 채 아이들은 조용한 보상 행위를 독자적으로 하고 있는 것이다.

마음 불의 소멸과 불안한 정체성

아이는 무의식적으로 맺은 충성 계약을 동요하지 않는 단호한, 거의 죽음을 불사하는 노력("죽기 전에는 내게 주어진 확실하고 분명한 결단을 굽히지 않겠다!")과 열정적인 헌신으로 굳게 지킨다. 워낙 열심에 불타오른 나머지 더 이상 자신의 삶에서 의미를 찾기 위해 고민하고 걱정할 필요가 없어진다. 하지만 모두가 알듯이 인간은 더 높은 의미를 추구하며 살도록 창조되었다.[40] 앞선 치료 과정은 이제 암묵적인 동의하에 환자에게서 삶의 의미를 빼앗아 간다. 따라서 처음에는 정체성이 사라진 깊은 불안감을 유발할 수 있다.

안타깝지만 '단점 없이는 장점도 가질 수 없다'는 법칙(반대 역시 성립

된다)은 언제나 예외 없이 적용된다. 하지만 경험상 장점이 단점을 보완하며, 일단 알고 받아들인 깨달음은 개인의 정신역학 과정으로 전달되어 영향을 발휘하게 된다. 비유하자면 집을 무너뜨리고 전부 다시 새로 짓는 이런 혁명적인 과정 동안 개인에게는 격렬한 심인성 증상도 나타난다.

신체 치료 연구[41]에 따르면 (사건이 일어난 시점에는 처리할 수 없었기 때문에) 적절히 표출할 곳을 찾지 못한 감정은 말 그대로 신체에 깊숙이 자리하고 거기에 '응고'된다. 신체는 정신을 담는 그릇이자 기억을 확실하고 정확하게 기록하고 저장하는 도구로 기능한다. 그래서 앞서 이야기한 해방 통증이 모습을 드러낸다. 신체가 이제 단단히 묵혀 두었던 감정을 정리하고 정렬할 시간이 되었다는 몸의 신호를 알아차리고 자기가 품고 있던 짐을 전부 밖으로 표출하는 것이다. 해방 통증은 마치 앞으로 걸어 나가는 것의 저항을 은유적으로 표현이나 하듯 정강이 뼈 부분이 아프고 빨갛게 부어오르는 것에서부터 감금되어 있던 생동과 활력을 표현하는 듯한 류마티스성 발작, 정신적인 소화 기능이 마비된 것을 기억하는 소화관 장애까지 다양하다. 어떤 감정도 신체 반응과 동반하지 않고는 일어나지 않기 때문에 얼마나 많고 다양한 정보가 무궁무진하게 '집어삼켜졌었는지' 그리고 지금 현재에 영향을 끼치고 있었는지 쉽게 상상할 수 있다. 오래된 벽이 더 많이 무너질수록 에너지 흐름은 더 자유로워지고 몸 전체가 더 건강해질 수 있다.

그러나 이 시점에서 영성에 대한 인간의 욕구를 자유롭게 해 주기 위해 한 번 더 실존 의미를 찾는 심리학적 문제를 다시 되짚어 보기로 하자. 가문 전체의 과거를 구원하기 위한 뒤늦은 노력을 포기하면 말 그대로 '열정적인 (마음의) 불'이 꺼진다. 너무 많은 에너지를 붙들고 있던 동시에 너무 많이 소모했던 불이 꺼지고 나면 처음에는 차갑게 식은 재만 남은 것처럼 느껴질 것이다. 개인은 이제 스스로 자문하게 된다. "나는 대체 누구인가, 나를 이루고 있는 것은 무엇이며, 내 성격의 특징은 무엇인가?" 예전에는 어머니같이 자애롭거나 익살이 넘치는 사람, 괴짜 같은 예술가, 사랑스럽고 귀여운 애교쟁이처럼 아주 특정한 유형의 사람이었는데 이제는 전부 진짜가 아닌 것처럼 보인다. 아무리 일시적인 감정 상태라도 이때 느껴지는 공허함과 무의미함을 알고 이해할 수 있어야 하고, 불사조는 반드시 재에서 태어난다는 사실을 인식해야 한다. 우리가 기억해야 하는 것은 충성 계약을 지키면서 발견한 재능과 소질은 함께 부활한다는 것이다. 이른바 포기할 것은 포기하는 '구조조정'의 과정 혹은 요즘 자주 사용되는 '적은 것이 더 많은 것Less is more' 이다. 발달이 멈췄거나 아예 펼쳐지지 못한 성격 부분이 이제 굽혔던 몸을 펴고 밖으로 표출될 기회를 얻을 것이다. 이렇게 용기를 주는 장점을 기억한다면 다음 단계를 진행하는 데 도움이 될 것이다.

생존을 위해 얻은 이득 포기하기

모든 보상 행동 그리고 정신적 생존을 위한 노력에는 고귀한 동기건 맹목적이건 무언가를 포기해야 했을 테고 부차적인 질병을 얻었을지도 모른다. 하지만 여기에는 필연적으로 장점이 따라온다. "장미Rose 없는 노이로제Neurose는 없는 법"이기 때문이다. 생존과 극복 전략을 다루는 치료 과정은 이제 더 많은 인격 성숙을 위해 환자의 모든 특정한 이득도 꺼내서 다룰 것을 요구한다. 가령 이제까지 자기를 낮추고 자신의 필요를 언제나 뒤로 숨기고 잘 살아온 사람이라면 어떤 모임에도 환영받으며 인기를 얻었을 것이다. 이제 이런 사람이 정신적으로 성숙하여 그런 역할을 벗어던지고 때때로 거절할 줄 알고 모든 상황에 순응하지 않으려면 인기를 잃을 각오를 해야 한다. 진정한 인생을 살기 위한 성숙 단계를 마치기 위해서는 순응하는 정신적 생존 전략으로 얻은 이득을 포기해야 한다.

여기서도 유도 상상을 이용한 명상이 무의식적인 지식을 풍부하게 활용하게 하는 좋은 도구가 된다. 시간과 공간 또는 (개인적인) 필요에 따라 유도 상상은 교육의 큰 틀 내에서 다양한 깊이로 진행된다. 유명한 정신의학자 칼 구스타프 융이 심리치료에 활용한 도구인 유도 상상은 참가자에게 특정한 주제를 주고 연상되는 내면 이미지를 이용하는 방법이다. 유도된 연상 이미지를 통해 참가자의 무의식적인 과정에 접근하는 길을 발견한다. 이 과정은 내담자에게 주어진 상황이나 무의식 중에 떠오르는 장면을 상상하게 하고, 이때 동반하는 감정과 신체적 반응, 대응하려는 욕구, 맥락과 분위기의 느낌 등을 주의 깊게 관찰하게 한다. 그 후 무의식 속의 지혜를 '뽑아내' 의식을 확장하고 치유하는 인격 성숙을 촉진하고 지원하게 한다.[42]

무엇보다 중요한 것은 내담자의 전략 모음에서 알아낼 수 있는 아주 특별한 이득을 나타내는 상징을 찾아내는 것이다.

과거를 떠나보내는 의식

집중적인 통합 및 변형 치료의 마지막에는 의식을 치른다. 참가자는 소그룹과 함께 장식된 제단 앞에 서서 들리는 문구를 따라 말한다. 이 문구는 이제까지의 치료 과정이 무엇을 다루었는지, 앞으로 무엇을 다루게 될지 짧게 요약하는 내용이다. 경건하고 진지한 집중을 유도하는 엄숙한 음악을 배경으로 교육 참가자들은 충분히 시간을 들여 이 단계를 마치는 것이 자신에게 어떤 의미가 있는지 확인하고 과거 이득의 상징을 제단에 바친다. 후각적 감각을 이용하여 더 깊은 무의식 차원으로 이런 경험을 정착시키기 위해 제단 향단에는 치유의 향을 피운다. 그래서 의식 전에 모든 참가자는 자신의 성장을 돕는 허브나 수지Resin 를 선택하여 의식에 지참한다. 이때도 진행자가 의식에 필요한 문구를 앞에서 읽어 준다.

의식이 끝나면 참가자들은 방금 경험한 것들을 서로 나누고 떠날 준비를 한다.

13장

물려받은 상처의 치료

프로이트는 1913년에 출간한『토템과 타부』에 수록된 자신의 논문 「토테미즘의 유아적 회귀*Die Wiederkehr des infantilen Totemismus*」에서 그 어떤 세대도 중요한 정신적 사건을 다음 세대에게 감출 수 없다고 썼다. 그렇다면 "어떤 수단과 방법으로 정신적 상태가 다음 세대로 전해지는가" 하는 궁금증이 생기게 된다. 세대 코드는 바로 이런 궁금증을 해결해 주는 현재까지 가장 통합적이고 유일한 개념이다. 이 개념은 직전 세대, 즉 부모뿐만 아니라 훨씬 더 앞의 세대, 적어도 증조부모에 이르는 전체적인 그림을 만들고 '가족 구성 체계'의 깊은 의미를 분명히 알게 해 준다.

세대 코드 개념을 이용한 치료 과정을 앞서 언급한 것처럼 서로 다른 심리학파의 다양한 개입 방식과 기술을 일부 수정하고 보완하여 적용했다.

체계적 가족 치료

체계적 가족 치료는 한 개인의 감정과 행동이 가족 내 규칙, 행동 규범, 관계를 통해 형성되고 증상전승이란 개념으로도 알려졌듯이 종종 몇 세대에 걸쳐 나타난다는 생각을 바탕으로 한다. 가족 세우기 방법은 당사자의 가족 체계 인물들을 해당하는 위치에 맞게 공간에 배치한다(반드시 진짜 가족 구성원일 필요는 없으며 대역이 대신한다.) 가족을 시각적으로 재현하는 것은 치료사와 치료 당사자에게 가족 체계를 바라보는 새로운 시각을 제공하고 또 당사자에겐 자신의 위치를 객관적으로 보게 해 준다. 대역이 각각의 위치의 다양한 인물에 감정을 이입하는 과정을 통해 당사자는 감정과 관계의 질을 인식하고 평가하고, 이 기회로 더 깊은 차원에서 이른바 주관적인 객체화를 이해하게 된다. 이제 각 구성원의 서로에 대한 관계 구조가 드러나면 감춰져 있던 갈등, 무의식적인 기대와 명령을 파악하게 된다.

이러한 치료의 토대로 우리는 체계적 가족 치료의 큰 틀을 빌렸고, 여기에 우리가 가진 심층 심리 발달 모델의 내용을 보충하고 통합적 방법론의 시각에서 다른 유용한 개입 방식과 결합시켰다. 여러 세대를 보는 관점은 우리로 하여금 어쩔 수 없이 충성 계약을 맺어야 하는 자기중심적 근본 갈등을 발견하게 해 주었다. 이렇게 자기중심적으로 적용한 임시방편은 각각의 가족 구성원을 아주 특별한 방식으로 서로 얽히게 만든다. 비록 가족 세우기와 체계적 구조 세우기의 요소를 일부 빌려 왔지만 우리는 가족 치료 작업을 아주 고유한 방식으로 발전시켰다.

더 깊은 이해를 위해 독자 여러분에게 체계적인 가족 세우기 치료 방법을 간단히 소개하고 우리 방식과의 차이점을 설명하도록 하겠다.

가족 세우기의 시초

이 기법은 야코브 모레노Jacob L. Moreno와 버지니아 사티어로부터 나왔다. 모레노는 이른바 사이코드라마Psychodrama를 창안했고 여기에서 소시오드라마Soziodrama가 개발되었다. 여기서 대역은 치료 당사자가 제공한 가족 구성원의 역할을 맡아서 자유롭게 연기한다. 연극 같은 재연은 당사자에게 내면의 삶을 시각적으로 바라보고 다른 가족 구성원과의 상호작용을 제삼자의 입장에서 바라볼 기회를 제공하기 위함이다. 관점의 변화를 통해 새로운 해결 방안을 찾아야 한다.

가족 세우기에서 대리자라고도 부르는 '대역'은 가족 체계의 각 구성원의 역할에 배정되어 수동적으로 역할을 담당한다. 이들은 각각의 인물을 대리하고 이들의 신체적이고 감정적인 (그 자신의) 느낌을 표현하여 치료 당사자의 이해를 돕는다.

세대 코드를 이용한 가족 세우기에서 대역은 각 인물을 재연하고 각 위치에서의 신체적이고 감정적인 느낌을 이용하여 그 인물이 다음 세대에게 보내는 메시지를 구성하게 된다. 이때 이들의 느낌이 객관적일 필요는 없다. 일종의 '제안'으로 받아들이면 되기 때문이다. 다음 단계에서 대역은 사전에 당사자가 치유적으로, 이를테면 "바람직하게는 이랬어야 해!"라고 생각했던 혹은 옳다고 느낀 특정한 문장과 행동을 말하고 수행하게 된다. 자유로운 연기는 원칙적으로 금지되나 조심스럽고 확실하게 입증된 연기인 경우에는 허용된다. 치유할 부분을 우리가 알고 있다는 전제하에 치료사는 반사 기법과 감정에 집중하는 질문 기술을 이용하여 당사자가 병적인 가족 문제 뒤에 숨은 원인에 대한 정확한 대답을 발견하게 하고 온전히 충족된 조상이 있는 치유적인 가상 세계를 만들도록 돕는다. 그렇게 당사자는 가문의 주제와 상호관계를 이해하는 동시에 해결 방안과 내적 자원을 발견시켜 주는 '보살핌'을 통해 자기 가족에게 어떤 잠재력이 감춰져 있었는지 경험한다. 당사자는 이제 이 경험을 '이식'하듯 내면화할 수 있다.

버지니아 사티어의 개입 방법인 가족 재구성과 가족 조각하기는 당사자로 하여금 여러 세대를 보는 관점에서 자신의 인생을 한눈에 살펴보게끔 이미지를 만들게 하고 가족 내에 복잡하게 얽힌 문제를 새롭게 이해하도록 돕는다. 사티어는 실제 가족 구성원들과 끊임없이 상담하면서 자존감을 키우고 가족 간 의사소통이 잘 이루어지도록 훈련하는 데 집중했다.[43] 오늘날의 가족 세우기와 달리 가족 조각하기의 모방과 표현은 훨씬 강한 수준으로 허용되어 생생하고 자유로운 행위가 가능했다. 이것이 경험 중심의 정서적 구속을 통한 치료 효과를 알려 주었다.

가족 치료를 가르쳐 준 마르틴 키르셴바움 교수는 한때 버지니아 사티어의 제자였던 분으로, 사티어의 놀라운 가족 치료를 간접적으로 경험하게 해 주었다. 본래 정신분석학을 공부했던 키르셴바움은 내면심리학적 과정과 역학을 신체의 측면으로 통합하여 사티어의 방법을 보완했다. 부모의 상처 그리고 이와 연관된 자녀의 충성 계약을 해결하기 위해 가족 조각하기 과정의 앞부분을 선택하고 이어서는 알버트 페소와 다이앤 보이든Diane Boyden의 '이상적 부모' 방식을 사용하기로 했다. 다시 한번 치료 당사자는 자신의 조각하기 작업에 해당하는 각 인물을 공간적으로 어떻게 배치할지 결정하고 대역에게 행동과 표정, 시선 또는 신체 접촉을 지시한다. 이 과정 직전에는 유도 상상 단계가 있어서 당사자의 무의식적 지식을 최선으로 끌어올리게 된다.

각 당사자의 관계 및 내면 하위 체계의 병적인 경계 침범에 주목하는 이반 보스조르메니나지의 맥락 치료[44] 그리고 살바도르 미누친의 구조적 가족 치료[45] 역시 체계적 가족 세우기의 발달에 영향을 끼쳤다.

보상과 공평성을 얻기 위해 애쓰는 세대 사이에 이른바 책임의 수입과 지출 내역이 존재한다는 보스조르메니나지의 기본 가정은 트라우마와 고통스러운 경험이 대물림되는 현상을 우리가 이해하는 데도 영향을 주었다.

핵심 단어는 충성, 정당성, 공평, 기대, 이득, 권리다.

앞서 설명한 바와 같이 한 세대의 죄와 트라우마, 결핍에서 유래된 고통이 기대와 명령, 임무, 유산 및 거기에 숨겨진 메시지와 강요의 형태로 다음 세대로 전달되며 보상을 요구한다고 생각된다. 역시 앞서 설명한 바와 같은 유아적인 거창함, 때로는 아이의 과대망상이 들어간 무의식적으로 강하게 내린 결정으로 맺어진 아이의 충성 계약은 더 깊은 차원의 문제이며, 개인과 가문의 발전을 목적으로 아이가 직접 실행한 치유 시도다.

밀턴 에릭슨 역시 그가 개발한 최면 치료로 체계적인 가족 세우기의 발전에 영향을 끼쳤으며 특히 최면 상태에서 내면에 떠올리게 되는 이미지의 존재를 부각시켰다. 가족 세우기에서는 이렇게 내면에 연상된 이미지를 (최면 치료와 달리) 공간에 재현한다(시각적 배치).

우리 역시 이 방법을 세대 코드를 푸는 해독 과정에서 다양한 '정차 지점'을 만들고 형성하기 위한 토대로 사용했다. 내면의 이미지는 성별이 다른 조상 계보의 메시지를 알아보기 위한 장면에 사용했다.

최면심리학자인 저자 잉그리트 알렉산더는 우리 개념을 발전시키는 과정에서 밀턴 에릭슨의 이러한 다양한 개입 방법을 도입했다.

다양한 가족 세우기 기법

∞∞∞∞

이제부터는 우리 치료 과정에 들어 있는 세 가지 서로 다른 형태의 체계적인 세우기 작업에 대해 알아보자.

전통적인 가족 세우기

가족 세우기 치료의 가장 유명한 창시자인 베르트 헬링거Bert Hellinger는 증상에 대한 그의 기본 입장 때문에 논란을 일으켰다. 가장 대표적인 비난은 치료사인 헬링거가 환자의 가족 세우기에 관한 이미지를 만들어 자신의 해석을 환자에게 미리 알려 준 것을 지적하는 내용이었다.

또한 헬링거는 자신이 질서 원리를 잘 아는 선생이므로 이를 환자에게 가르쳐야 한다고 생각했다. 그러니까 환자에게 필요한 것을 치료사가 환자보다 더 잘 안다는 것이다. 뿐만 아니라 헬링거는 종종 가족 체계의 다른 (배제되거나 억눌린) 구성원을 옹호하기도 했다. 이러한 논란의 여지에도 불구하고 그는 체계적 가족 세우기 작업에 중요한 영향을 주었다. 개인의 바람직한 관계 형성에 영향을 준다고 헬링거가 이야기한 세 가지 핵심 체계 속성과 동력은 바로 애착과 질서 그리고 주고받음의 균형이다. 따라서 다른 중요한 가설들이 있음에도 불구하고 헬링거의 이론은 오늘날 수많은 심리치료사들이 체계적 가족 세우기의 핵심 기초로 삼고 있으며 눈에 띄지 않더라도 체계적 치료에 항상 통합되어 있는 것을 볼 수 있다.

세대 코드 치료 방식에도 그의 이론을 일부 차용했다. 하지만 우리의 생각은 체계적 치료 분야의 많은 학계 단체와 마찬가지로 헬링거의 기본 입장과 거리를 두고 있으며 그는 환자에게 해로운 요소는 전부 배제시켰다. 따라서 치료사는 당연히 모든 과정에 책임을 지고 치료를 진행하지만 문제의 옳고 그름을 가르는 선생의 역할은 하지 않는다. 또한 가족 세우기 치료사가 결정해 주어야 하는 질서와 진실이 존재한다고 생각하지 않는다.

오히려 치료 당사자가 자신의 가족 체계를 가장 잘 안다고 생각한다. 치료사는 단지 도우미로서 전문적인 지식을 갖추고 당사자의 길에 동행할 뿐이다.

치료 당사자는 자신에게 맞는 속도로 '인식 과정'을 거치고, 그에 따른 치유 단계를 하나씩 자신에게 맞게 맞이한다. 치료사가 가져야 하는 태도는 언제나 존중과 기다림이며 도덕적인 평가를 하지 않는 것이다. 치료 당사자는 바람직하게 구성된 과거를 타인에게서 갑자기 받지 않고 그 과정에 동참하며 자신이 믿을 수 있고 이해할 수 있게 스스로 구성하게 된다.

체계적 구조 세우기

마티아스 바르가 폰 키베드Matthias Varga von Kibéd와 인자 슈파러Insa Sparrer에 따른 체계적 구조 세우기는 인물 외에도 체계의 추상적인 요소 목표, 가치, 방어막, 장애물 또는 아이디어 등을 다룬다. 대역(대리자)이 역시 이런 요소의 역할을 담당하며 치료 당사자가 각 주제에 관해 연상한 이미지대로 자리를 잡는다. 사회적인 체계 외에도 정신적이고 생물학적인 체계(내면, 신체 체계, 증상)도 배치될 수 있다.[46] 대리자는 이때도 '감정을 이입'하고 느낀 점을 표현하게 된다.

세대 코드 방법을 이용한 세우기 치료도 앞쪽에서 설명한 것처럼 상상에 등장한 추상적인 요소나 상징 그리고 시각적으로 떠오른 조상과의 장면을 다룬다. 이런 요소들 역시 배치될 수 있다. 성별이 다른 부모 계보의 치료에 '누구나 지니고 살아야 하는 꾸러미'로서 조상의 유산, 혹은 내용물(치료 당사자의 무의식적 지식을 기초로 은유적으로 나타나는 가문의 인생 주제)이 담긴 상자를 도입하여 이것이 누구로부터 어떤 방식으로, 그리고 왜 조상의 계보를 따라 대물림되었는지 직관적으로 관찰할 수 있게 했다. 대리자는 이런 세우기 요소에 감정을 이입하고 자신의 느낌과 생각을 표현한다.

강한 심인성 증상이 존재하는 경우에는 당사자의 만성 통증과 같은 증상도 재연에 포함되며 역시 대역이 이를 연기한다. 이 증상은 치유적인 가상 세계가 계속 더 바람직하게 발전하면서 세우기 치료가 끝날 때쯤 대부분 사라진다. 물론 이 시점을 기준으로 당사자가 증상에서 영원히 '해방'되거나 치유되는 것은 아니다.

하지만 세우기 작업을 통해 분명해진 가족 주제와 증상의 상관관계를 인식했기 때문에 치유 과정은 계속될 것이다. 또한 신체적으로 경험한 '치료약'의 효과, 즉 첫 치유 단계에서 느낀 즉각적인 신체적인 변화의 효과도 계속 유지될 것이다.

조직 세우기

신경정신과 의사 군트하르트 베버Gunthard Weber와 NLP 전문가 클라우스 그로초비아크Klaus Grochowiak가 개발한 조직 세우기는 가족 세우기에서 얻은 지식을 토대로 등장한 기법이다. 조직 세우기 기법 역시 체계적 세우기의 일종으로 분류된다. 이 기법은 한 조직의 관계 구조를 공간적으로 표현한다. 기업의 팀 구조는 물론 추상적인 질문도 공간적으로 배치될 수 있다. 기업을 성장 궤도에 올려놓기 위해 다양한 가능성을 재연하고 나면 담당자가 이를 명확히 인식하게 된다.

세우기 기법의 바탕이 되는 힘

대리 인식

여기서는 세워지는 가족 체계 속 인물의 '역할 담당자' 또는 대리자가 해당 가족 체계의 인생 주제에 적합한 신체 느낌과 감정을 이끌어내는 능력이 중요하다.[47] 심리학자 페터 슐뢰터Peter Schlötter 는 2005년 연구 논문에서 다양한 사람들이 특정한 공간적 위치의 의미를 비슷하게 경험하고 여러 특정한 위치들을 비슷한 방식으로 느낀다고 보고했다.[48]

형태형성장 이론

영국 생물학자 루퍼트 쉘드레이크Rupert Sheldrake[49]가 제기한 형태형성장Morphogenetic Field 이론은 시공간에 조직 패턴을 형성하며 자연의 형태 발달에 영향을 주는 장Field이 있다는 가설이다. 이 장은 형태를 받아들여 유기체처럼 성장한다. 쉘드레이크에 따르면 형태형성장은 일종의 기록이라서 '형태 공명Morphic Resonance'과정을 통해 발생하는 고유한 기억을 품고 있다. 그래서 이 장과 다른 장이 공명할 수 있고 더욱 커질 수 있다. 이 장은 또한 다음 세대에게 전달되기도 한다. 융의 '집단 무의식'을 연상시키는 이러한 시공간을 초월한 정보 전달은 다른 시점에 있는 다른 공간의 사건에 영향을 준다. 쉘드레이크는 이것이 가족 치료에도 해당된다고 주장했다. 논란의 여지가 많은 이론이지만 모든 대리자는 이러한 인상적인 집단 지식 현상을 경험한다.

앎의 장과 앎의 정신

알브레히트 마르Albrecht Mahr**50**가 제시한 '앎의 장Wissende Feld'은 정신 에너지의 치유 공간으로, 당사자가 영적인 힘에 이끌리는 공간이다. 이 힘은 '사람 사이를 가로지른다.' 헬링거는 개인을 초월하며 주도하고 치유하는 힘이자 인간을 치유 효력이 있는 통찰력에 이르도록 인도하는 이 힘을 '앎의 정신Wissende Seele'이라고 불렀다.

우리가 경험한 것은 이런 설명의 중간쯤 어딘가에 위치한다. 하지만 우리는 이러한 '현상'의 유익한 측면, 즉 치료 당사자에게 더 또렷한 깨달음을 가져다주고 해결의 가능성을 알게 하는 부분을 중요하게 생각했다. 개인적으로 경험한 생생한 체험이 아직 분명히 밝혀지지 않았다고 해서 단지 이것을 인정하고 사용하기 위해 심오한 영역까지 탐구하고 다닐 필요는 없다. "효과가 있으면 사용하라"는 치료 공식은 분명이 경우에 해당되는 말일 것이다.

페소 보이든 치료법

◇◇◇◇◇

페소 보이든 시스템 정신운동Pesso Boyden System Psychomotor, PBSP은 1960년대 초부터 알버트 페소와 다이앤 보이든 페소가 개발한 신체 중심 심리치료법이다. 이 방법의 가장 중요한 전제는 기본욕구 충족과 관련하여 유아기에 경험한 결핍이 신체와 감정에 저장되며 이 부분이 훗날에도 영향 끼칠 만큼 몸에 남는다는 사실이다. 그래서 치료 교육(역할 대역을 포함하는 집단 상담)을 진행하는 동안 치료 당사자는 바람직한 인물 모델을 통해 뇌의 기억 시스템에 저장된 과거 경험에 새겨진 것과 다른 치유적이고 정확한 경험을 할 기회를 얻을 수 있게 된다.[51]

앞서 여러 단락에서도 분명히 이야기했듯이 우리는 알버트 페소와 다이앤 보이든이 개발한 방법을 높이 평가한다. 치료 기법과 치료 개념을 개발하는 과정에서 이 방법의 몇몇 측면을 초석으로 삼았다.

인간의 건강한 정신과 신체 발달을 위한 기본욕구 충족이 얼마나 중요한지에 관한 기본적인 전제 외에도 우리는 페소의 마이크로트래킹Microtracking* 기법을 즐겨 사용한다. 이 기법이 치료사에게는 환자의 의식 구조와 조직을 파악할 수 있게 하며, 환자에게는 기억 및 기억과 연관된 감정에 접근할 수 있게 해 주기 때문이다.

페소에게 특히 고마운 부분은 필요에 대한 완전하고 정확한 응답이다. 바람직한 성격과 인물, 환경을 치유 과정에 도입하는 아이디어를 '발명'해 주었다. 우리는 이를 약간 변형시켜 실제 부모를 신뢰할 만하고 자녀의 필요를 충족시켜 주는 부모로 만들기 위해 온전히 충족시키는 과정에 사용했다.

우리 생각에 아이는 실제 부모에 대한 충성도가 무척 높으므로 상상 속 바람직한 '낯선 어머니' (혹은 '낯선 아버지')를 결코 받아들이지 못할 것이기 때문이다. 경험을 통해 우리는 치료 당사자에게 '상처 입

---

* 환자의 말뿐 아니라 표정과 목소리에서 드러나는 감정까지 파악하는 상담 방법

은' 조상의 온전한 치유가 특히 조상이 멀면 멀수록 더 믿기 쉬우며 그로 인해 탄생하는 온전히 보살핌 받고 충족된 어머니 또는 아버지를 이제 새로운 '진짜' 경험으로 받아들이고 인정될 수 있음을 볼 수 있었다.

또 다른 치료 기법에는 다음과 같은 것들이 존재한다.

- 게슈탈트 치료
- 트라우마 중재 기법
- NLP, EMDR**, SE***
- 연상 기법, 명상
- 통합적 신체 치료
- 최면 치료

** 안구 운동 민감소실 및 재처리요법Eye Movement Desensitization and Reprocessing

*** 신체 경험Somatic Experiencing

14장

치유를 위한 튼튼한 기반

벗어나기 위한 준비

세대 코드 교육은 모든 집단 치료 세션과 자아 발견 훈련이 그렇듯이 특별한 보호 수단을 필요로 한다. 그래야 상처 입기 쉬운 개인을 보호하고 편안하고 유익한 공동 작업을 할 수 있으며 서로에게 당당하고 서로를 존중하는 교류를 이끌어 낼 수 있기 때문이다.

가족 치료에서 '접근 전략'이라고도 부르는 이른바 '가능성 영역'[52]의 창조는 참가자에게 기대 심리를 내비치거나 강요하지 않고 치료 그룹에게 희망을 품고 변화를 환영하는 내면 태도를 만들어 주는 것을 말한다.

세대 코드의 해독은 전체를 뒤집는 엄청난 변화를 일으키며 지속적이고 성장으로 유도하는 발전을 일으키기 때문에 도중에 거의 대체로 치유와 연관된 민감한 상황이 발생한다. 따라서 공감 능력을 가진 예리한 치료사가 조심스럽고 세심하게 모든 과정을 안내해야 한다.

소그룹 치료를 즐겁게 시작하도록 이쯤에서 오랫동안 경험해 온 성과를 더 나누고자 한다.

수년간 앞서 설명한 치료 기법을 사용하면서, 교육을 진행하는 동안 거의 모든 그룹 참가자들에게서 매우 특징적인 공통점을 확인할 수 있었다. 워크숍 교육당 약 16시간 내지 20시간이 소요되는 프로그램으로 4주간 매주 주말마다 이어지는 교육에서 동기를 제공하는 요소들이 역동적인 효과를 발휘하는 과정을 시간의 흐름에 따라 간단히 설명하겠다.

1주차 교육

처음에는 여섯 명 내지 열 명의 참가자가 서로 친해지고 신뢰하고 배려하는 마음을 가지도록 분위기를 만드는 것이 가장 중요하다. 그래야만 모든 참가자가 자신의 이야기를 할 수 있고 내밀한 감정과 문제를 솔직히 드러내고 나눌 수 있다.

따라서 첫날의 중요한 주제는 이것이다.

a) 편안하고 친근하며 즐거운 분위기를 형성하여 익숙함과 신뢰감이 생기게 한다. 중요한 것은 모든 가능한 두려움과 낯선 느낌을 내려

놓게 하여 다음 치료 단계가 아주 자연스럽게 이루어지도록 해야 한다. 이제 치료 그룹 앞에서 상징 카드를 이용하여 다소 사적이고 비밀스러운 내용인 자신의 모녀 관계, 부자 관계, 모자 관계 또는 부녀 관계를 모두 공개해야 하기 때문이다. 치료사인 우리 두 사람의 의사소통과 상호작용을 통해 참가자들에게도 솔직한 태도가 전염되었다. 유머는 강력한 '소통 수단'이며 무언가를 처리하고 받아들여야 하는 건설적인 과정을 쉽게 만들어 주는 유익한 도구다.

그래서 참가자가 우리 중 적어도 한 사람과 사전에 담소를 나누는 것도 도움이 된다. 또한 누가 누구를 서로 어떻게 언제부터 알고 있었는지, 어떤 경로로 우리 교육에 오게 되었는지에 관한 정보도 이야기하게 하는 것이 좋다. 아주 분명하게 언급해야 하는 부분은 이제부터 그룹 내에서 이야기하고 들은 모든 내용을 다른 사람에게 전하지 않아야 한다는 점이다.

치료 첫날부터 참가자들은 다음의 규칙이 암시적으로 포함된 상당한 동기 유발을 받게 된다.

1. 자신과 다른 사람을 존중하라.
2. 도움의 요청을 받으면 서로 도와라.
3. 감사한 마음을 품어라.
4. 너희가 사랑받고 있고 네가 사랑받고 있다는 사실을 알아라.
5. 모두 자신의 모습 그대로 괜찮다.
6. 신체 접촉을 기꺼이 받아들여라. 하지만 너희의 거절 또한

존중받는다는 것을 알아라.

7. 새로운 것에 도전하고 시도하라.

8. 열성적인 태도를 보여라.

9. 진지하게 참여하라.

10. 확실히 표현하는 법을 연습하라. 이를테면 크게 웃고 큰 희
    망을 품어라.

이런 기본 태도는 실제로 빠르게 신뢰를 형성한다. 앞서도 말했지만
이어지는 과정을 원활히 진행하기 위해 신뢰가 분명하게 형성되어야
한다. 그러면 이른바 가능성 영역이 체계적으로 생성될 수 있다. 가장
우선되는 그룹 치료의 원칙은 다음과 같다.

1. 모두가 자기 자신과 그룹의 '영혼'에 책임을 진다.

2. 치료가 중단되는 것을 막고 에너지 흐름을 유지하기 위해 문
   제를 일으키는 쪽을 먼저 다룬다.

3. 유아적인 회귀 패턴으로 인해 치료가 중단되면 이를 인지해
   야 하고 필요한 경우 이에 관해 함께 대화한다.

4. 싫을 때는 거절한다. 다만 상대의 거절도 받아들인다.

b) 교육의 다음 일정을 알려 주거나 질문에 대답하는 시간이 첫날
저녁에 있다. 예를 들면 매일 아침 그룹 구성원의 개별 치료가 시작되
기 전에 신체 치료가 있다거나, 어떤 주제 혹은 그룹에 맞는 경험 연습

을 한다는 사실을 알려 주게 된다. 각각의 의미와 목적도 설명한다.

　c) 다음 날은 일종의 간단한 '체크인'과 더불어 전날 그리고 밤새 미처 정리되지 않은 것들을 정리하는 '주변 정리' 시간으로 시작한다. 그렇게 공간을 정리하면 길의 장애물이 사라져서 발에 걸리는 것 없이 자신을 온전히 치료에 몰입할 수 있게 된다.

　이어지는 순서는 부모와의 중요한 상황을 무대로 옮겨 보는 단계다. 이 단계에선 항상 깊은 감격의 순간이 등장하며 참가자는 우리가 '신뢰적 관점'이라 부르는 미래에 대한 긍정적이고 기대되는 전망을 품을 수밖에 없게 된다. 이 단계는 참가자들을 격려하는 것을 목적으로 한다. 이때 체험의 깊이는 마치 '달리는 기차에 올라탄 듯'한 강렬한 감각을 실제로 체험하는 것 같기 때문에 참가자는 깊이 당황하기도 하고, 심지어는 쇼크를 일으켜서 안정이 필요할 때도 있다. 그러므로 진행자는 반드시 그룹에서 보이는 현상을 주의 깊게 관찰하여 이를 상대화하고 이름 붙이며 분류하여(심리 교육) 끊임없이 균형을 잡아야 한다.

　치료 결과를 기록한 자료들, 가령 참가자가 선택한 상징 카드, 드러난 충성 명령, 그리고 이에 속하는 역할극에서 발견한 메시지들은 그 주말이 끝날 때 참가자 각 개인에게 적합한 자기성장 목적의 숙제와 함께 참가자에게 건네진다.

　참가자들은 과정을 계속 진지하게 이어 나가는 것(고정)이 중요함을 강조받고 다음 주말까지 깨달은 것을 유지한다.

d) 치료사가 지속적으로 상태를 점검하고 치료 당사자의 세계관을 이해하고 공감하려는 노력은 당사자에게 안전함과 소속감을 주며 자기 능력을 마음대로 사용할 수 있고 치료 과정에 주도적인 역할을 할 수 있다는 안정감을 준다. 마지막 단계는 한 번 더 분명하게 결단하는 기회를 제공한다. "나는 무엇을 선택하고 무엇을 버릴 것인가!"

이와 관련해서 때때로 첫 번째 교육을 마치면 어떤 참가자는 일대일 혹은 소그룹 형태로 전문적인 후속 치료를 받아야 할 필요성이 분명해지기도 한다. 또 어떤 참가자는 혼자서 자기 관리를 하거나 필요한 경우 자신이 원하는 상담사를 지명한 후 계속 연락하며 격려받기도 한다.

이어지는 과정은 특히 강력한 효과를 지닌다. '전부 노출된' 부모에 대한 개인적인 불안감, 수치심, 죄책감과 같은 특정한 공통된 반응은 물론 육체적인, 즉 신체 차원으로 표출된 표현 형태를 '정상적인 반응'으로 평가하게 될 수 있기 때문만으로도 의미가 있다고 생각한다.

2주차 교육

a) 첫날 저녁 과정은 체크인 단계가 가장 중요하다. 참가자들이 어떤 상태에 있는지 '불러와야' 하기 때문이다. 치료사는 충분한 시간을 들여 이전 과정과 관련해서 그동안 생겨난 궁금증, 비판, 회의감 등을 참가자와 나누어야 한다. 또한 그룹 치료를 통한 지원과 원동력을 제공하지 않더라도 참가자가 용기나 혼란을 느낀 것이 인식되면 그룹에서 다뤄야 한다.

b) 주말에 진행되는 조상 계보의 메시지를 확인하는 이 과정에서 치료약을 만드는 단계가 끝나고 나면 사전에 몇몇 심각한 신체적 반응을 예상해야 한다는 사실이 분명해질 것이다. 참가자의 일생 동안 감당할 수 없는 감정을 극복하기 위해 신체를 통해 이미 한 차례 은유적으로 나타났던 류마티스, 두통, 비염, 피부발진 등 '일대기적 반응'에 속하는 모든 가능한 증상이 훨씬 더 강하게 표출될 수 있다. 이른바 해방 통증 또한 이 단계에서 나타나는 현상이다. 이는 신체가 이제까지 받아들이고 저장하고 지내 온 것들이 감지할 수 있는 형태를 가지고 있었음을 의미한다. '충실한 하인' 신체가 말 그대로 '새벽 공기를 감지하고' 치료되어야 할 '훼손된 땅'을 꺼내 보이는 것이다. 진행자는 이것이 정상적인 반응임을 알리고 설명하여 참가자가 너무 충격받지 않도록 해야 한다.

이때 우리가 다루는 이야기가 뒤바뀔 수 없는 진실이 아니라 단순히 제시해 보고 함께 검증할 수 있는 가설이라는 점을 아는 것이 중요하다. 우리가 가진 좌우명은 이것이다. "가설은 어부가 물고기를 잡기 위해 던지는 그물과도 같다. 그물을 던지지 않는 사람은 아무것도 낚을 수 없다!"

c) 이어서 관찰해야 하는 것은 '오른손', 즉 전능한 능력을 지니며 변치 않는 맹세를 품었던 거창한 아이가 이제 치료약을 손에 넣고 자신감을 얻어 자신의 목표를 이루게 되는 과정이다. 아이는 지금 여기에서 과거의 부모를 아이가 당시 필요로 했던 바람직한 부모가 되게 하여 조상 계보 전체를 치유하게 된다. 이때 참가자가 큰 오해를 하면 깊은

좌절감과 분노를 느낄 수 있으며, 좌절은 다시 진정한 자신으로 나아가고자 하는 동기를 약하게 만들 수 있다. 따라서 치료 진행자는 그룹을 주의 깊게 관찰하고, 오해가 생길 경우 즉시 말하게 해야 한다. 또한 치료 전에 미리 조심할 것을 일러 주고 치료 후에도 한 번 더 강조하여 참가자가 기억하게 해야 한다.

d) 진행자는 교육이 끝난 뒤의 정체성 혼란에 관해 미리 알려 준다. 왜냐하면 더 이상 할 수 있는 것이 없기 때문이다. 참가자는 자신이 왜 인생을 살아야 하는지 깊은 의미를 잃어버리게 된다. 낯설고 공허하고 진부한 느낌이 한순간에 엄습할 수 있다. 열정적인 마음의 불이 꺼졌다! 이제부터 크게 될 새로운 불씨는 아직 알아채기 어렵다. 당연히 이 느낌은 좋거나 행복하지 않을 것이고 참가자로 하여금 모든 것을 의심하게 만들 수 있다. 따라서 이때도 진행자는 이것이 자연스럽게 생겨나는 과정이라는 것, 그래서 힘이 든다는 사실을 알려 주어야 하며 의미 있는 사례와 비유를 통해 이런 현상에 담긴 깊은 의미를 설명해야 한다.

이 단계에서 우리는 은밀하게, 말하자면 '비밀리에' 이제까지 표현할 기회를 얻지 못했던 인격적인 부분이 싹을 틔우기 시작하는 것을 계속 보아 왔다. 이 변화는 거의 감지할 수 없지만, 쉽게 사라지지 않는다고 생각했던 불만족스러운 느낌은 점점 희미해진다. 마치 산불이 지나간 자리처럼 처음에는 새카만 재만 남아 있어 황량하고 절망스러워 보이겠지만, 몇 주만 지나면 새로운 새싹이 고개를 내밀고 어느 때보다 더 신선하고 강렬한 생명의 빛을 내뿜을 것이다.

3주차 교육

a) 본 교육의 목적은 어린아이가 맺은 충성 계약을 해지하고 희생을 되돌려 받는 것이다. 이때 종종 부모를 '배신'한다는 수치심과 죄의식이 나타난다. 그래서 심리적, 내면적 느낌 그대로 이 과정에 '죽이기'라는 이름을 붙였다. 실제로 치료 당사자는 어머니 혹은 아버지가 없는 상황과 마주해야 하고, 더 이상 부모를 '구원'하는 우회로를 돌지 않고 성인으로서 자신과 자신의 삶에 책임을 지게 된다. 이 단계에서는 이제까지 치료 과정에서 얻은 결과보다도 당사자의 미숙함 그리고 결핍에 시달리면서 자신의 내면 아이의 필요를 채울 수 없게 된 무능함을 중점적으로 다루게 된다. 따라서 도움과 지원을 받아들이도록 격려하고 이것이 배신이라는 오해를 푸는 것이 중요하다.

b) 마찬가지로 당사자가 보이는 중요한 현상 한 가지는 부모 중 한 명을 '죽이고' 나서 이를 보상하기 위해 나머지 한 명에게 더 집착하는 경향이다. 긍정적인 변화를 일으키기 위해 자신을 '정화'하고 더 '넓은 시각'을 가지게 된 이 시점에서 또다시 부모의 애정에 '배부르고 싶은' 유아적인 갈망으로 되돌아가는 것이다.

c) 치료 당사자가 가족과 가문을 치료해야 한다는 사명감으로 일종의 '구원자 역할'을 맡았다고 느끼는 경우가 있다. 이러한 새롭고, 겉보기에 의미 있는 인생 목표를 찾은 듯한 느낌은 꺼진 불을 다시 피워 내어 정작 자신에게 필요한 진정한 독립성을 되찾는 것을 방해할 수 있다.

4주차 교육

a) 자신을 혹사하고 힘들게 하며, 사실상 정신적 육체적인 번아웃을 겪게 만든 표면 정체성을 벗기는 일은 거부감과 피로감을 동반하기도 한다.

b) 표면 정체성을 통해 생겨나 과도해진 인격 부분이 '구조 조정'되면 처음에는 모든 것이 '수포로' 돌아간 듯한 허무한 느낌을 받는다. 심지어 새로운 힘을 얻고 나서는 의도하지 않았어도 자신도 모르게 '마지막 보루'에 매달려 더 많은 이득을 빼앗기지 않기 위해 '투쟁'하고 싶은 유혹에 빠질 수 있다. 다시 예전으로 돌아가는 것을 방지하려면 이런 패턴 역시 매우 일반적인 반응 형태라는 사실을 설명해야 한다.

c) 치료 과정에 따르는 문제들을 중간 중간 이야기하고 논리를 구체적으로 설명해야 한다. 또한 어떤 성공적인 부분을 보고 느낄 수 있는지 알려 주는 것, 즉 인식 차원의 교육이 언제나 중요하다.

d) 교육 참가자는 한때 생존과 극복 전략으로 얻었으나 이제는 더 이상 맞지 않는 이득을 포기하는 것을 손해 보는 것과 자주 혼동한다. 자신을 희생하지 않는 것이 더 바람직하며 자신도 그만두길 바랐던 것인데도 말이다. 그래서 치료사는 언제나 다양한 설명을 통해 각각의 참가자에게 도움이 될 만한 적절한 피드백을 제공해 주어야 한다.

모든 깊은 치유 과정이 그렇지만 이 경우에도 내면에 있는 지식이 자신을 위해 어느 길이 옳은 길인지 알려 줄 것이다.

15장

아동을 구원하기 위하여

우리의 방법을 과거를 치유하는 수단으로만 사용하지 않고 지금도 부모와 충성 계약을 맺은 아동의 가정을 위해 사용하길 원하는 저자, 자비네 뤼크는 2010년부터 아동을 위한 세대 코드 개념을 발전시켰다.

가족 치료사이자 현직 아동청소년 심리상담사인 그는 어떻게 하면 이 문제를 긍정적으로 해결할 수 있는가 하는 문제를 집중해서 연구할 최상의 조건을 갖추고 있었다.

아동의 발달 단계를 자세히 살펴보면 부모의 구원을 위해 아이가 내리는 각각의 결정이 어떤 근거로 도출되었는지 분명히 알 수 있다.

아이의 정서를 이루는 성장 단계

미국 정신분석학자 에릭 에릭슨보다 인간의 정체성을 위해 인생 단계를 깊이 연구한 사람은 아마 없을 것이다. 어쩌면 그의 생물학적 아버지가, 직접 키워 준 아버지와 다르다는 사실을 그가 오랫동안 몰랐기 때문에, 아니 어쩌면 무의식중에 알았기 때문에 그랬는지도 모른다. 성인이 되어서야 에릭슨은 자신의 성을 바꾸고 그가 태어나기도 전에 에릭슨의 어머니를 버리고 떠난 미지의 덴마크인 생부에게 관심을 가졌다.

에릭슨의 심리사회적 발달 단계 모델은 1959년에 만들어졌다. 이 모델에서 에릭슨은 인간의 일생을 어린 시절부터 노년기까지 이어지는 총 여덟 개의 발달 단계로 나누었다. 각각의 단계에는 아동 혹은 청소년과 성인이 극복해야 하는 갈등이나 위기가 존재하는 심리사회적 발달 상태가 소개된다. 갈등을 해결한 개인은 다음 단계를 극복할 수 있는 충분한 도구를 갖춘다. 에릭슨은 이전 단계의 위기를 완전히 해결하지 못하면 다음 단계의 갈등 역시 잘 극복할 수 없다고 보았다.

프로이트는 이런 현상을 고착이라 불렀다. 고착은 아동 및 훗날 성인의 성숙 단계가 심리사회적 발달의 특정한 지점에 '멈춰 있는 것'을 말한다. 예를 들어 첫 번째 단계인 신뢰 대 불신 시기(프로이트에 따르면 구강기) 도중 문제가 생기면 고착이 일어나고, 발달이 멈춤으로 우울증이나 섭식 장애, 다른 중독 증상이 쉽게 생길 수 있다. 두 번째 단계에서 세 번째 단계인 자율성 대 수치심과 의심 시기로 넘어가지 못하면 정리 정돈에 집착하고 꼼꼼한 강박적인 성격이 될 가능성이 크다. 심리적인 장애가 히스테리성 혹은 강박성, 우울성 등 어떤 측면에 가까운지에 따라 장애를 가진 사람의 발달이 어느 단계에서 (부분적으로) 멈추었는지 알 수 있다. 에릭슨은 어느 발달 단계에 해결되지 못한 갈등이 있을 경우 이 갈등이 평생 지속된다고 주장했다. 다음 페이지의 표는 에릭 에릭슨에 따른 여덟 발달 단계[53]를 간단히 나타낸 것이다.

자기중심적 근본 갈등은 아동의 모든 성숙 단계에서 나타나며 단계마다 처리되어야 하는 발달 과제 및 이와 관련하여 발생하는 발달 갈등 같은 다양한 요구 사항을 가진다.

이 책은 유아기부터 사춘기까지만 집중적으로 다룬다. 왜냐하면 모든 결정적이고 영향력이 있는 계약이 바로 이 시기까지 맺어지기 때문이다. 그렇지만 성인의 발달 단계도 동일하게 중요한데, 특히 가족 역학의 이해는 가족 체계라는 특성상 무척 중요하다. 열일곱 살밖에 되지 않은 어머니는 아직 정체성을 형성하는 단계에 있으며 아마도 안정감을 얻지 못하고 타인의 인정에 의존하고 있을 것이므로, 소속감과 지지를 갈망하는 아이와의 갈등에 있어서 배우자를 찾고 가족을 형성하는 것을 인생 목표로 추구할 5년 후의 자신이 할 수 있는 만큼 잘 대응하지는 못할 것이다. 그러므로 만약 치료 과정을 통해 양육자와의 애착 관계를 적절하게 형성하고 충성 계약 및 이에 따른 세대 코드를 해독할 수 있다면, 아동이 진정한 독립성을 찾고 연령에 맞게 발달할 것이며 예정되어 있는 세대 간 대물림을 미리 끊을 수 있을 것이다.

〈에릭슨의 단계 모델〉

단계(나이)	심리사회적 갈등	중요한 관계
출생~1세 영아	신뢰 vs. 불신 trust vs. mistrust	어머니
2~3세 유아	자율성 대 수치심과 의심 autonomy vs. shame & doubt	부모
3~6세 미취학 아동	주도성 대 죄책감 initiative vs. guilt	가족
7~12세 취학 아동	근면성 대 열등감 industry vs. inferiority	이웃과 학교
12~18세 청소년	자아정체성 대 역할혼란 ego-identity vs. role confuison	또래, 역할 모델
20대 청년	친밀감 대 고립감 intimacy vs. isolation	배우자, 친구
20대 후반~ 중년	생산성 대 자기 침체 generativity vs. self-absorption	집안일, 직장 동료
50대~ 노년	자아통합 대 절망감 ego integrity vs. despair	인류 또는 "내 사람들"

단계(나이)	심리사회적 양상	심리사회적 덕목	부적응과 해로운 결과
출생~1세 영아	받고 되돌려 주기	희망, 신뢰	감각 장애, 무반응
2~3세 유아	고집과 포기	의지, 단호함	충동적, 강박
3~6세 미취학 아동	따라다니기, 놀이	목적, 용기	무분별함, 억압
7~12세 취학 아동	경쟁, 뭐든지 함께하려고 함	능력	미숙함, 게으름
12~18세 청소년	'자기 자신'이 됨, 남과 자신을 분리	신의, 충성	열광, 거부
20대 청년	상대방에게서 자신을 잃고 발견함	사랑	무분별한 성관계, 고립
20대 후반~ 중년	"성취", 남을 돌봄	보살핌	보살핌
50대~ 노년	존재해 왔기 때문에 존재하며, 죽음을 바라봄	지혜	거만한 태도, 절망

1단계: 영아(신뢰 vs. 불신)

"누가 내게 주는 것이 바로 나다."

구강감각기라고도 부르는 첫 번째 단계는 출생 후 첫 1년, 그리고 몇 개월 더 지속된다. 이 시기는 한 인간의 관계 능력의 초석이 놓이게 되는 아주 민감한 시기다. 이 시기 동안 갓난아기는 어머니와 일체감을 느꼈던 공생 관계에서 벗어나 서서히 어머니와 분리되는 것을 경험하면서 성장해야 한다. 가능하면 이 시기가 아주 천천히 진행되고 아이의 '속도'에 맞게 진행되어서 아이가 분리되는 두려움에 대처하는 법을 배울 수 있게 되는 것이 바람직하다. 이를 위해서는 이미 이 책의 다른 곳에서도 언급했듯이 신뢰할 만하고 세심한 양육자 혹은 애착 대상이 필요하다. 일반적으로는 아이에게 즉시 반응하여 기본 신뢰감을 형성하게 해 줄 어머니가 곁에 있는 것이 자연스럽다.

갓난아기가 기본 신뢰감과 약간의 불신감(경계심이 아예 사라져 버리지 않을 정도로)을 잘 형성한다면 이 단계를 잘 통과한 것이다. '나는 괜찮은 존재이며 세상은 내 욕구가 모두 충족되는 안전한 장소다'라는 느낌은 이제 처음으로 자율성을 의식하게 되는 다음 단계를 잘 통과하기 위한 좋은 기본 요건이다. 만일 이 갓난아기가 애착 상대의 반응을 충분히 얻지 못하거나 상대를 충분히 보지 못하면 아이는 어머니(또는 적절한 양육자)와 진정으로 분리되었다고 느끼지 못하게 된다. 만약 애착 대상을 신체적으로나 내면적으로 신뢰하고 이용하는 것이 충분한 수준으로 보장되지 않으면 아이는 이 중요한 발달 단계를 완성할 수 없으며 인생에 대해 낙관적인 기대와 확신을 가지는 것이 어려울 것이다. 오히려 우울하고 불안한 성격이 만들어진다. 이것은 오늘날 모두 다 알듯이 어머니의 자궁에서부터 해당되는 이야기다. 자기중심적 근본 갈등과 관련 지어 생각해 보면 본질상 의존해야 하는 갓난아기는 부모가 자신을 불안하게 하면 심지어 자신의 발달조차 기꺼이 포기할 것임을 알 수 있다.

리사의 사례(4장 참조)에서 보았듯이 그녀는 이미 어머니 배 속에서부터 자기 위치를 받아들이지 못하고 어머니와 연결되기 위해서 스스로 자궁에 자리 잡는 것을 감정적으로나 정신적으로 인정하지 못했다. 그래서 자궁으로 가는 도중에 멈춰 선 수정란처럼, 여전히 도착하지 못했다는 느낌을 가지고 있었다. 자리를 받아들일 권리를 포기하는 것은 또한 존재의 정당성을 느끼지 못하며, 인생과 자신을 연결하지 못하고, 자연스러운 주고받음과 여기서 생겨나는 사랑의 흐름을 포기하는 것을 의미한다.

안전한 공간을 찾을 수 없다면 편안함과 진정한 안정감을 느끼는 것도, 보호 속에 자신을 활짝 펼치는 것도, 신뢰를 바탕으로 삶을 성장시키는 것도 불가능하다. 그렇게 해서는 건강한 기본 신뢰감을 형성할 수 없다! 자기를 실현하고자 하는 본래의 자연스러운 삶의 욕구는 어머니를 잃을지 모른다는 급박하고 위협적인 느낌으로 인해 그 표출구가 묶여 버렸다. 모든 좋고 나쁜 감정과 상태를 표현해야 하는 것은 유아기에 해결해야 하는 전형적인 갈등이다. 하지만 그로 인해 어머니의 '정신적' 죽음을 초래하는 경우 (리사의 환상) 갈등을 극복하지 못한다. 안전한 항구, 돌아갈 집이 없으면 인간은 광활한 바다의 폭풍 속에서

표류하는 작은 보트가 된 느낌일 것이다.

자기 위치를 차지할 수 없는 운명을 함께 공유하는 어머니와 딸은 위기 공동체가 되어 같은 고통을 나눠 갖는 동질감을 형성한다. 또한 리사가 연관된 비극은 초세대적인 관점에서 보았을 때 이미 증조 외할머니 때부터 시작되었다. 겨우 두 살 때 안전한 장소를 잃어버리고 그래서 두 번째 발달 단계를 잘 완성할 수 없었기 때문이다. 어쩌면 자기의 탄생으로 어머니를 잃은 고조 외할아버지의 죄책감과 해결하지 못한 어머니 상실의 트라우마는 다른 자녀가 태어나자 맏딸(그러니까 리사의 증조 외할머니)을 가족에서 내보내는 결정에 크게 작용했는지도 모른다. 다시는 어떤 어머니도 출산하면서 죽지 못하게 하기 위해, 어머니가 될 가능성을 가진 모든 위험 요소를 방지하려는 것이었을 수 있다.

리사는 어머니에게 '부담스러운' 존재가 되어 자신의 위치와 권리를 포기(희생)했다. 가족의 일원으로 존재하고 싶은 리사의 소망이 정작 리사가 자신의 생존을 위해 의존해야 하는 어머니에게는 위협이 되기 때문이다. 이런 상황에서 어린아이는 아무것도 받지 못하고 또다시 (그 조상들이 그랬던 것처럼) 충족을 경험할 수 없다. 가족에게 결핍된, 받을 줄 아는 능력을 얻지 못한 것이다. 따라서 신뢰 대 불신의 갈등을 해결해야 하는 이 발달 단계를 (충분히) 통과할 수 없다.

우선 증조 외할머니와 외할머니, 어머니가 가상 속에서 믿을 수 있게끔 온전히 충족된 뒤에야 리사는 자신의 자리를 받아들일 수 있었다. 치료약은 리사의 어머니 쪽 조상들을 적절한 시기와 장소에서 적절한 인물에게 데려다 주었고 충분한 보살핌을 받을 수 있게 했다. 리사는 이제 고착 문제를 해결했으므로 자신의 발달 단계를 잘 통과하여 진정한 자신의 잠재력을 발휘할 수 있게 되었다.

2단계: 유아(자율성 vs. 의존성)

"내가 원하는 것이 바로 나다."

에릭슨에 따른 두 번째 단계는 항문기로도 분류되며 대략 16개월부터 3세까지 지속된다. 이 단계에서 아동은 자율성을 개발하고 종종 독립성을 획득하려는 노력과 연관되는 수치심과 회의감을 줄이게 된다. 이 시기에 부모가 자녀를 격려하고 자기효능감을 강화해 주면 아이는 자신을 신뢰하고 자기 능력을 개발하는 법을 배운다. 자존감이 증가하면 수치심과 회의감의 갈등을 해결해야 하는 빈도가 줄어들고 양육자에게서 독립할 가능성도 상상해 볼 수 있다. 작지만 극복할 수 있다는 긍정적인 분리 경험은 아이를 강하게 만들고 비록 일시적이라도 '엄마 없는 인생'이 가능하다는 것을 가르쳐 준다.

이제 이 책 280페이지 사례에 등장하는 어머니 수잔네처럼 아이를 시기적절하게 놓아주지 않고 과도하게 보호하거나 아이가 분리를 시도하도록 격려하지 않으면 아동은 자신을 신뢰하지 못하고 불안해하며 의존적인 아이가 된다. 수잔네의 경우처럼 이 단계에서 아동의 적절한 보살핌이 이루어지지 않는 경우를 세대 코드의 관점으로 보면 우선 어머니의 상처를 치유해야 하기 때문에 제삼자(가령 보육 교사나 아이의 아버지)의 긍정적인 개입도 충분한 도움이 되지 못할 수 있다. 그래서 제일 먼저 아동의 충성 계약을 파악하고 풀어야 한다. 수잔네의 딸 어린 밀라는 스스로 자신을 '파워걸'이라고 여겼지만 어머니에게서 분리되지 않기 위해 이 힘을 포기했다. 한편 수잔네는 그 자신도 어릴 때 이 단계에서 제대로 벗어나지 못했다. 수잔네는 홀로 아이를 키운 어머니가 하루 종일 일을 해야 했기 때문에 태어난 지 8주 만에 보육원에 맡겨졌다. 여기서도 충분히 성숙하지 못한 어머니가 자녀의 똑같은 발달 단계에 영향을 미치고 아동이 다음 발달 단계로 나아가지 못하도록 방해하는 것을 볼 수 있다.

세대 코드 개념을 바탕으로 어떻게 세대 간에 복잡하게 뒤얽힌 깊은 갈등을 해결할 실마리를 찾아내고 건강한 성숙 단계로 나아갈 수 있는지에 관해서는 다음 장에서 알아볼 것이다.

3단계 : 미취학 아동(주도성 vs. 죄책감)

"내가 될 수 있다고 상상한 것이 바로 나다."

이 단계는 남근기라고도 표현되는 놀이의 시기로, 약 3세부터 6세까지의 아동이 자기의 인생 과정, 재능과 속성을 놀이에 적용하며 이것들이 어떻게 기능하는지 배우게 되는 시기다. 아이는 다양한 시도를 하면서 인생의 어려움에 봉착한다. 그리고 주도권을 가지고 이를 해결하게 된다. 그러면서 자신도 역할을 수행할 수 있으며 자신의 행동에 책임을 져야 한다는 사실을 깨닫는다. 이 새로운 단계에 접어든 아이는 자신의 행동을 그 이후의 결과와 연관 지어 생각하는 법을 배우고 어째서 죄책감이 드는지 등을 이해하게 된다.

프로이트의 주장에 따르면 이 단계에서 필연적으로 어머니와 멀어지고 두 번째 양육자인 아버지에게 집중하는 오이디푸스 위기가 발생한다. 딸은 아버지의 인정을 받아야 하지만 동시에 '연인'이 되지 못하는 실망을 겪어야 한다. 그래야 알버트 페소가 이야기하는 '마술적 결혼Magical marriage'이 일어나지 않기 때문이다. 건강한 발달 과정에서 소녀는 어머니에게서 분리되어 여성의 위치를 받아들이는 반면 소년은 어머니에게서 분리된 이후 어머니의 연인이 될 수 없음은 물론 어머니와 같은 성인 여성도 될 수 없다는 '실망감'을 얻게 된다. 그래서 아들은 이제부터 자신의 중요한 롤 모델이 되는 아버지의 위치를 받아들인다. 이 단계에서 부모는 자녀가 성역할을 잘 받아들일 수 있도록 지원하고 격려하되 강요해서는 안 된다. 아이는 이제 자신의 미래를 상상할 수 있고 자신이 상처를 입을 수도 있다는 사실을 깨닫는다. 따라서 발전하는 것에 대한 두려움이 생기는 시기이기도 하다. 하지만 그와 동시에 아이는 도전할 것을 찾으며 두려움에 직면하고 싶어 한다.

아이가 잘못된 상상으로 인해 너무 깊은 죄의식을 느끼거나 자신의 상태를 만족스럽게 받아들이지 못하면 강한 억압이 생겨나게 되고, 어쩌면 아예 자발적으로 아무것도 하지 않으려 할 수도 있다. 그러나 '죄의식'과 자기 절제와 자책이 너무 부족하면 과도한 자신감 때문에 주변을 생각하지 않는 무절제한 행동을 하게 되기도 한다. 그러면 다른 사람을 희생시켜 가면서 계획과 목표를 이루려 하기도 하고 부적절한 형태로 위험을 즐기는 사람이 될 수 있다.

적절히 목표를 지향하는 수준으로 균형이 이루어질 때 아이의 성숙 단계가 원만히 진행되었다고 볼 수 있다. 만일 여자아이가 "나의 여성적인 능력으로 아버지를 좋은 남편으로 바꾸어 아내(어머니)를 좋아하고 사랑하며 사랑을 표현하도록 만들겠다"고 충성 계약을 맺는다면 이 발달 단계는 이른바 왜곡된 오이디푸스적 삼각관계에 고착될 위험에 있는 셈이다. 이렇게 여자아이 혹은 남자아이는 부모의 부족한 부분을 보상하려고 한다. 남자아이의 경우에는 이런 계약을 맺기도 한다. "남편이 어떻게 아내(어머니)에게 잘해 주고 그녀를 기쁘게 해 줄 수 있는지 내가 아버지에게 보여 주겠다." 이런 방식으로 자연스럽게 아이에게는 동성 부모에 대한 커다란 라이벌 의식이 생기며 이에 따른 죄책감을 경험하고 그 부모에게서 멀어지게 된다. 딸은 자신을 아버지의 '더 나은' 배우자로 여기고 아들은 자신을 어머니의 '진정한' 배우자로 여긴다. 만약 아이가 갑자기 부모에게 중요한 존재가 되어 아이의 자신감을 인정받게 되는 이득이 생기고 나면 나중에 이 역할을 포기하는 일이 특히 어려워진다. 특히 어릴 때 이성의 부모에게 칭찬과 인정을 경험하지 못한 부모는 자기 자녀에게 헌신이 담긴 애정을 받음으로써 간접적인 만족을 얻기도 한다.

우리는 자기 발달 단계의 특징적인 갈등을 스스로 잘 해결하지 못한 부모가 동일한 발달 단계에 있는 자녀에게 좋은 해답이 될 수 없다고 단호히 말한다. 전쟁으로 인해 아버지를 만나 보지 못한 여성은 성인이 되어서도 인정받지 못한 '아버지의 딸'을 내면에 품게 되며 어머니가 되면 자신의 아들을 통해 이 상황을 '만회'하려고 한다. 충분히 대안적인 아버지가 없거나 어떠한 이유로든 아버지의 자리가 채워지지 않으면 이 갈등은 전혀 혹은 충분히 해결될 수 없다. 그 결과 아이는 어머니에게서 떨어지지 않고 의존하게 된다. 성적인 측면에서 이것은 발기부전이나 성적 집착, 불감증 등으로 표출될 수 있다.

이 단계의 원만한 성숙이 이루어지지 않으면 아이의 발달에 지장이 생기는 것은 물론 훗날 성인이 되어 행복한 결혼 생활을 누리지 못할 수 있다. 세대 코드를 통한 해결 방법은 부모를 온전히 충족시키고 아이 자신의 욕구도 바람직하게 채우기 때문에 이 성숙 단계 또한 완전하게 완성할 수 있다. 그러면 아이는 용기와 명확한 시각, 책임 의식을 얻을 수 있고 특히 자신과 타인의 한계를 잘 알게 될 수 있다.

4단계: 취학 아동(근면성 vs. 열등감)

"내가 배우는 것이 바로 나다."

잠재기에 해당하는 6세부터 12세까지의 시기에는 사회가 아이에게 바라는 사회성을 기르는 과제가 주어진다. 특히 아이는 능력 있는 사람이 되고자 하는 욕구를 키우게 되며 이전까지 놀이를 통해 시늉만 했다면 이제 현실이 어떻게 돌아가는지 보고 배우게 된다.

이 시기에는 성공의 경험이 중요하다. 이제 성장하는 아이에게 긍정적이거나 부정적인 영향을 끼치는 것은 부모나 가족 구성원뿐이 아니다. 따라서 세심하지 못한 선생이나 동급생의 거절이 아이의 자존감을 떨어뜨릴 수도 있다. 또 다른 성인의 인정이 아이로 하여금 자신의 능력을 발휘하고 자기가 행한 업적에 대해 성취감을 느끼게 할 수도 있다. 이 단계에서는 배움의 즐거움도 느껴야 한다. 그러나 부모의 야심 때문에 활발한 아이의 열정과 노력이 성취의 압박이 되고 아이가 부모의 우수한 꼭두각시로 변하면 안 된다.

이런 변화는 분명하지 않게 일어난다. 왜냐하면 아이가 부모 상처 뒤에 있는 부족했던 어린 시절의 인정과 보상에 대한 갈망을 무의식중에 인지하고 자신의 성취욕구와 부모의 야망을 더 이상 구분하지 못하기 때문이다. 그리고 아이는 부모가 기대하기 때문이 아니라 순수하게 부모를 사랑하는 마음에서 그들이 원하는 대로 행동한다. 만약 자녀의 업적과 재능에 부모가 너무 많은 관심을 보이면 아이는 자신을 성취와 업적으로 평가하는 일방적인 자신감을 쌓게 되고, 두려움이나 결핍감 같은 자신의 '약한' 측면을 내비치면 안 된다는 생각을 가지게 된다. 그러면 너무 이른 시기부터 아이는 더 이상 아이가 아니라 우수함을 빛내야 하는 부담을 안게 될 수 있다.

경쟁적인 스포츠나 음악 분야에서 뛰어난 재능을 보이는 아이들에게서 걱정 없고 편안한 어린 시절을 희생한 채 이런 부담을 안은 모습을 드물지 않게 보게 된다. 이러한 과거의 천재들에게서 훗날 번아웃 현상이 나타나는 것은 어린 시절의 경험과 관련이 있다. 자신들의 야심을 채우기 위해 아이를 자극하는 데 눈빛을 빛내는 부모가 적지 않다. 아이는 노골적으로 강요받은 적이 없더라도 계속해서 더 잘하고 더 빠르게 해야 한다는 커다란 압박감을 가지게 된다. 이런 아이들은 중간에 멈출 줄을 모른다. 더 이상 실제 성공이 아니라 성취해야 한다는 야심이 그들을 조종하기 때문이다.

아이는 과도한 야망을 불태우는 사례가 되거나 아버지와 무의식중에 맺은 충성 계약을 보이기도 하지만 반대로 사람들이 자신을 열등하고 무능하다고 생각한다고 느끼기도 한다. 이들은 스스로 신뢰하지 않고 빠르게 포기하거나 문제에 직면하는 것을 아예 시작조차 하지 않으며 좌절감을 키우거나 무기력한 사람이 된다.

배우는 즐거움이 삶의 동기가 되고 의무감과 성취 욕구가 균형을 이루며 창의적인 에너지를 만들고 과도한 열정은 부드럽게 될 때 성숙 단계가 원만히 이루어질 수 있다.

5단계: 청소년(자아정체성 vs. 역할 혼란)

"내 모습이 바로 나다."

이 단계는 대략 12세에 시작하여 18세와 20세 사이에 끝나는 청소년기 혹은 사춘기다. 최근 과학적 지식에 따르면 이 단계는 출생 전 단계를 제외하고는 성호르몬이 가장 강하게 분비되어 유전자 스위치를 켜거나 끌 수 있는 단계다. 이 시기에 아이의 뇌는 구조를 바꾸면서 완전히 변형되며, 모든 부모가 알고 두려워하는 청소년의 혼란스러운 감정 상태가 시작된다. 이 시기의 청소년은 자아 정체성을 발견하고 역할 혼동을 피하는 법을 배우게 된다. 그러나 어떻게 해야 내가 누구며, 사회

환경에 적응하는 법을 알 수 있을까?

이 시기에는 이제까지 경험한 모든 것을 종합하여 하나의 통일된 자아상을 형성하고 사회에서 중요한 역할을 할 수 있다고 여겨질 때까지 성장해야 한다.

이 시기에 특별히 중요한 과정은 아이가 어른이 되어 겉보기에 아무 능력이 없는 아이와 표면적으로 더 능력 있고 책임 있어 보이는 성인의 차이를 더 잘 알게 되는 과정이다. 이때 여러 의식들이 도움이 된다. 어른들은 "나는 누구인가?"를 묻는 청소년기 아이들을 진지하게 바라보고 그들이 고유한 길을 발견할 수 있도록 도와주어야 한다. 에릭슨은 아이들에게 일종의 '타임아웃Time out'을 주어 긴 여행을 하고 휴식하면서 자기 자신을 찾게 해야 한다고 제안했다.

이제 풀리지 않은 자기중심적 근본 갈등이 자아 정체성에 얼마나 큰 영향을 끼치는지 쉽게 떠올릴 수 있다. 만일 내가 나도 모르게 조상의 기대와 갈망, 죄의식을 해결하기 위해 헌신하고 있다면 나는 과연 누구일까? 우리는 열네 살부터 열일곱 살까지의 청소년들의 치료 과정에서 '부드러운' 버전의 세대 코드 치료를 적용했다. 그러자 아이들이 자기 자신을 찾는 과정에 매우 유익한 도움을 줄 수 있었다. "갑자기 제가 가야 할 길이 분명해졌고 저는 방향을 바꾸었어요. 이제 저는 행복한 부모님을 뒤로하고 제 미래를 향해 나아갈 수 있게 되었어요." 성적에 대한 압박감 때문에 상담실을 찾아와 아버지와의 코드를 해결하게 된 열일곱 살 소년의 말이다.

이 시기를 잘 극복하지 못하면 자아 정체성 과잉이 생겨난다. 이런 유형의 사람은 한 가지에 지나치게 빠져들며 자신과 다른 것에 관용이 없이 그것 한 가지만 진리인 것처럼 이상화하는 현상을 보인다. 또는 정체성이 혼미해지는 경우도 있다. 이들은 자존감 부족으로 다른 사람들 앞에서 몹시 움츠러든다. 그렇지 않으면 실종된 자아 정체성을 대체하기 위해 종교적 숭배 집단, 군사 조직, 또는 평범하지 않은 구성원이나 목적이 있는 집단에 가입하는 경우도 있다. "아무도 되지 못하느니 악인이 되는 편이 낫다." 어쩌면 이것이 독일을 비롯한 여러 나라 청소년들이 IS와 같이 몸과 정신을 황폐하게 만드는 급진적인 조직에 가입하는 이유일지 모른다.

섭식 장애가 있는 소녀와 젊은 여성을 상담할 때도 유사한 현상을 관찰했다. 이들은 자신이 없다는 느낌을 받는 것(혹은 자신은 가질 수 없다고 생각하는 것)보다 차라리 매일 죽음에 '스치는' 편을 택했다. 이 젊은 여성들의 충성 계약 뒤에는 종종 자기 자신을 극단적으로 공격한 조상의 비극적인 운명이 보일 때가 있다. 자녀를 위해 굶어 죽은 어머니, 강간당한 소녀, 그리고 아이를 잃거나 죽을 고비를 넘긴 어머니들 말이다. 이들은 살아남기 위해 트라우마 환자들에게서 종종 보게 되는 생존 전략을 택할 수밖에 없었다. 상황을 더 이상 견딜 수 없을 때는 정신, 즉 자아가 신체를 떠나며 그러면 죽은 신체, 다른 이들에게 아무것도 줄 것이 없는 텅 빈 영혼의 껍데기만 남는다.

따라서 이렇게 끔찍한 외상을 입은 조상들의 영혼을 우선 가상 세계에서 치료약으로 치유하는 것이 필수적이다. 그래야 영양이 풍부한 생명의 혈액을 탯줄에 다시 공급할 수 있고 다음 세대에게 병적이고 고통스러운 트라우마 유산 대신 맛있는 삶의 영약을 물려줄 수 있기 때문이다. 그래야 아이의 건강한 성장이 가능하며 예민한 시기도 잘 극복할 수 있다. 하지만 이렇게 심각한 경우를 해결하려면 반드시 경험 많은 전문가를 통한 집중적인 치료가 필요하다.

자녀를 다시 보다

자녀가 무엇을 진정으로 필요로 하는지 부모가 분명히 알게 하고, 동시에 사랑과 행복에 도달하게 해 주는 도구를 건네주도록 하는 것이 세대 코드 개념의 목적이다.

밀라의 비밀스러운 힘에 대하여

이 사례는 독일 통일 전에 옛 동독에서 어머니와 단둘이 살며 성장한 수잔네의 이야기다. 수잔네의 어머니는 출산 후 8주 만에 수잔네를 탁아소에 맡겼다. 당시에는 일반적인 일이었다. 독신 여성은 하루 종일 일을 해야 했고 그래서 아기의 안정된 애착 형성을 위해 가장 중요한 첫 1년간 수잔네는 어머니와 충분한 애착 기간을 가질 수 없었다. 게다가 아버지 대신 신뢰할 만한 대상도 없었다. 수잔네는 생부와 전혀 만난 적이 없었다. 수잔네는 멀게 느껴지고 냉랭한 어머니와의 관계로 무척 괴로워했고 어떻게든 관계를 변화시키기 원했다.

그녀의 딸 밀라가 태어났을 때 수잔네는 당연히 집에 머무르며 자신이 어머니에게 그러길 바랐던 대로 모든 관심을 아이에게 쏟았다. 수잔네는 그녀 스스로 어머니와의 이른 분리로 상실과 이별을 두려워했기 때문에 자신의 딸을 시기적절하게 '놓아주지' 못했다. 게다가 딸이 느끼는 모든 두려움에 과도한 반응을 보였다. 그렇게 수잔네는 밀라의 회피 행동을 철저하게 놓아두었다. 아이가 세 살이 되어 유치원에 가게 되었을 때 아이가 엄마와 떨어지며 울음을 터트리자 아이를 다시 집으로 데려왔다. 그녀는 자신의 아이만은 절대 자신이 어릴 때 느꼈던 외로움과 버림받은 느낌을 느끼지 않길 바랐다.

수잔네는 자신의 과거와 아이의 인생을 혼동하고 있는 것이 분명했다. 그래서 밀라는 건강한 발달을 위해 중요한 긍정적인 분리 경험을 하지 못했고, 지지와 자율성에 대한 기본욕구를 충분히 충족하지 못했다. 그녀의 어머니가 이 기본욕구에서 결핍을 경험했기 때문이다. 너무 일찍 자신의 어머니에게서 분리되었고 아버지의 빈자리도 채워지지 않아 수잔네의 어린 시절은 고통스러웠다. 그 때문에 그녀는 자신의 딸이 불안감이나 분리의 고통을 느낀다고 생각되면 아이가 실제로 어떤 지원을 필요로 하는지 알아보지도 않고 자신이 어린 시절에 바라던 방식으로 대응했다. 게다가 자신과 헤어지는 것이 어머니에게 얼마나 끔찍한 일인지 느낀 밀라는 유치원에 들어가야 하는 순간에 매달리는 행동을 보여 자신의 어머니가 (새로운) 이별로 고통받지 않도록 '배려'했다. 아이가 어머니의 가장 아픈 부분을 보호하려 한 것이다. 어머니는 그녀 자신의 어머니보다 더 좋은 어머니가 되고자 했고 무의식적으로 자신의 결핍을 아이에게 전달했다. 그렇게 그녀의 상처를 아이가 감지하고 무의식적인 사명이 딸에게 주어졌다.

항상 곁에 있는 어머니를 갈망했던 어머니가 이제 자식에게 '달라붙게' 되었다. 이를 통해 아이는 어머니가 당시에 원하던 대상이 되어 버렸다. 그렇게 아이는 어머니를 '돌보게 되고' 이른바 충성 계약을 맺게 된다. 이 사례의 어린 소녀는 스스로 결정을 내리도록 격려하는 어머니, 이별의 고통에 대처하도록 안전감을 주는 어머니, 분리의 두려움을 극복할 줄 아는 어머니가 필요했을 것이다. 다정하고 아이를 보호하는 어머니였을 것이 분명한 수잔네는 자신의 아이에게 그녀 어머니보다 더 나은 어머니가 되려고 행동했지만, 이 경우는 잘못된 결정이었다. 자녀를 대하는 데 자기 어머니와의 경험을 가장 중요하게 생각했기 때문이다.

부모를 동반한 아이의 아동 치료

자녀를 위한 세대 코드를 이용하여 이 가족을 치료하는 과정은 부모자녀 상담으로 시작했다. 이를 통해 부모는 어린 딸에 대한 분명한 관점을 얻게 되었고 우리는 첫 번째 진단을 위해 필요한 정보를 모을 수 있었다.

밀라는 겨우 네 살이기 때문에 상담 도구로 놀이를 이용했다. 발달 단계에 따른 아동의 두려움 주제를 다루기 위해 개발된 놀이 '겁 많은 꼬마 토끼'는 실제 토끼 손인형과 놀이치료 기전을 이용하여 두려움이라는 주제와 두려움에 대한 아동의 반응을 토끼와의 동일시를 통해 알아볼 수 있는 방법이다.

여기서 '바람직한' 모습의 부모 토끼는 호기심이 많지만 두려워하는 꼬마 토끼의 기본욕구(소속감, 안전, 음식, 지지, 경계선)를 적절히 충족해 준다.

아이에게 아이들이 두려워하는 다양한 존재가 배추밭의 배추 밑에 숨어 있다가 갑자기 튀어나오는 장면을 보여 주었다. 이를 통해 아이는 흥미와 호기심을 품고 두려운 주제에 접근했고, 나는 즉시 내적 자원을 겨냥한 질문을 던졌다. 이와 동시에 감정 중심의 대화 기법(알버트 페소가 개발한 마이크로트래킹)을 이용하여 아이와 아이의 감정을 그대로 모방하여 보여 주었다.

다른 아이들과 마찬가지로 밀라도 엄마 토끼가 꼬마 토끼에게 어떤 조언을 해 주어야 하느냐는 질문에 자신의 해결책을 재빨리 말했다. 역시 각자의 꼬마 토끼를 하나씩 연기하는 부모도 이런 방식으로 자신들의 두려움을 표현하고 조언을 구하는 과정에 동참하게 된다. 진단을 위해 무척 중요한 순간이다. 이 가족은 아이 어머니가 꼬마 토끼 하나만 연기하고 싶어 했으므로 내가 처음에 엄마 토끼를 연기하는 동안, 아이 아버지가 자신의 꼬마 토끼에 더해 아빠 토끼 역할을 추가로 맡았다.

부모님 없이 배추밭에 나가는(자율성과 자기 개발 충동) 굉장한 모험에서 꼬마 토끼는 아이의 전형적인 두려움을 내비친다. 여기에는 부모와 떨어지는 두려움도 등장한다. 꼬마 토끼가 '자신의' 두려움을 어떻게 대처할지 방법을 찾지 못하는 동안에는 어머니의 손가방이나 아버지의 백팩(안전한 항구)으로 돌아갈 수 있다(혹은 돌아가야 한다.) 여기서 꼬마 토끼는 보호받으며 부모로부터 어떻게 하면 두려움을 극복할 수 있는지 조언을 얻는다. 만약 부모 토끼가 잘 모르거나 적절하지 못한, 즉 도움이 되지 않는 조언이나 생각을 말하는 경우에는 치료사가 개입하여 이를 바로 잡아 주어야 한다. 예를 들어 개나 여우를 만나면 어떻게 해야 할지 모르는 상황인데 꼬마 토끼에게 두려움을 버리라는 조언은 의미가 없다. 꼬마 토끼가 개와 여우를 두려워하는 것은 당연하며 빠르게 안전한 곳으로 도망쳐야 한다. 에릭슨이 잘 설명했듯이 발달 단계의 성숙이 실제로 이루어지는 것은 아이가 극단으로만 치닫는 것, 그러니까 끝없이 용감하게 구는 것, 더 적절히 말하면 거만하게 행동하는 것을 더 이상 하지 않을 때다. 여기서 성숙한 행동은 용기와 적당한 두려움일 것이다.

이 놀이의 또 다른 이점은 새로운 학습 경험의 기회를 통해 자기효능감을 전달할 수 있는 것이다. 꼬마 토끼가 배추밭에 나가기 위한 조언을 얻고(긍정적인 학습 경험) 이를 도움으로 받아들이면 이제 이 조언을 부모와 치료사가 함께 '연습'할 수 있다.

이 가족의 경우에는 '격려를 받으라'는 조언이었다. 나는 이 시점에서 가족의 세대 코드가 이미 드러난 것과 부모의 어린 시절 경험을 교정함으로써 부모와 아이의 행동에 새로운 가능성이 생겨났다는 사실을 강조하고 싶다. 밀라는 이제 그 공간에서 부모를 자기의 격려자로 세울 수 있게 되었고, 두려움을 극복하기 위해 딸인 자신에게 얼마나 부모의 격려가 필요한지 알릴 수 있었다. 그러고는 실제로 유치원에 갈

때 생기는 갈등을 두려운 문제로 선택했다. 어쩌면 밀라의 부모가 상담 이유로 그것을 언급했기 때문일 것이다. 이제 밀라는 부모에게 정확히 어떻게 자신을 격려해야 하는지 설명했다. 두 사람은 밀라의 등을 쓰다듬어야 했고, 아버지는 어머니를 팔에 안고 있어야 했다. 그런 후에 아버지는 밀라에게 "헤이, 파워걸, 너는 잘 해낼 거야!"라고 말하고 어머니에게 "밀라는 강한 아이야, 아무 걱정하지 않아도 돼!"라고 말해야 했다. 밀라의 아버지가 이것을 무리 없이 재현해 내자 '파워걸' 밀라의 얼굴이 빛났다.

밀라에게 아버지에게 파워걸이란 소리를 듣는 것과 어머니도 이제 그 사실을 아는 것이 얼마나 좋은지 물어보았다. 밀라는 불안해하며 조심스럽게 어머니를 바라보았고 치료사는 그 모습을 똑같이 따라해 주었다. "엄마도 그 사실을 이제 안다고 생각하면 불안한 마음이 드는 거니?" 밀라는 고개를 끄덕였고 아이 어머니가 말을 꺼내기 전에 다시 밀라에게 엄마가 그 사실을 믿지 못하는 이유가 뭐라고 생각하는지 질문했다. "엄마는 늘 걱정해요." 아이는 재빠르게 대답하고는 걱정스럽게 마치 죄지은 듯이 어머니를 바라보았다.

"혹시 엄마에게도 딸이 파워걸이라는 사실을 아는 아빠가 필요했을까?" 치료사가 물었다. "엄마는 파워걸이 아니었어요." 밀라가 말했다. "그리고 엄마에겐 아빠가 없었잖아요."

"그러면 엄마가 파워걸이었으려면 뭐가 필요했을 것 같니?" 다시 물었다. 우리는 밀라가 머릿속으로 어머니의 결핍에 대한 무의식적인 지식과 치료적 개입으로 생겨난 해결 가능성을 이리저리 궁리하느라 몹시 집중한 모습을 볼 수 있었다.

"딸을 사랑하는 아빠요, 우리 아빠처럼요." 밀라는 무척 기쁜 목소리로 소리치면서 아버지의 손을 어머니의 팔위에 얹었다.

치료사는 다시 토끼 인형을 손에 잡으면서 천천히 밀라의 아빠는 어머니의 남편이지 아버지가 아니라고 말했다. 그러고 나서 어머니가 조금 전에 잡고 연기한 꼬마 토끼 인형을 집어 들었다. 짧은 인형 놀이를 이용하여 밀라에게 어린 시절의 어머니를 '돌보는' 장면을 다음과 같이 연출해 보이며 조심스럽게 밀라의 해결책을 적용했다.

"이제 만약 엄마가 어린아이고 여기에 엄마가 원하던 아빠가 있다고 하자. 아빠가 이렇게 말할 거야. '나는 너를 너무 사랑하고 언제나 네 곁에 있을 거야!'" 밀라가 고개를 끄덕였고 나는 다시 한번 밀라가 이러한 어머니의 보살핌을 얼마나 바르게 여기는지 물어보았다. 이렇게 대행된 어머니의 온전한 충족은 이제 새로운 '지식'으로 저장되었고 밀라의 분리불안증도 이미 상당한 부분이 해결되었다.

지금까지의 과정에서 매우 소극적이었던 부모가 이제 말을 꺼내기 시작했다. 이들은 방금 전의 경험에 무척 감동받았고 밀라의 어머니는 딸의 분리불안과 자신의 상실감의 연관성을 이해하게 되었다.

두 사람은 특히 딸이 가진 '지식'에 굉장히 놀랐다. 어머니 수잔네가 밀라에게 말했다. "엄마는 이제 네가 파워걸이라는 사실을 알았어. 내가 그걸 믿지 못한 이유는 내가 파워걸이 아니었기 때문이야."

밀라의 아버지는 딸의 손을 잡고 이렇게 말했다. "아빠가 너를 얼마나 강한 아이로 생각하는지 이제부터 더 자주 말해 줄게. 그리고 나는 네가 무척 똑똑하다고 생각한다. 네가 무척 자랑스럽구나!"

내적 자원에 기반을 둔 방식을 이용하면 이 사례처럼 첫 상담부터 부모와 자녀 사이에 감동적이고 새로운, 그리고 지속적으로 영향을 끼칠 관계가 생성될 수 있다. 부모는 자녀를 더 잘 이해할 수 있는 기회를 얻는다. 또한 아이는 치료사의 감정 모방을 통해 자신을 바라볼 새로운 기회를 얻을 수 있고 자신의 감정에 접근할 수 있게 된다. 우리 방법에는 여러 가족 치료 학파의 특별한 대화 기법이 섞여 있어서 자신의 행동이나 아이의 행동을 새롭게 바라보도록 도움을 준다. 부모는 자녀의 정신적 경험 세계와 감정적인 필요를 들여다볼 수 있게 된다. 다음 과정에서 부모는 아이가 보이는 증상의 초세대적 의미를 깨닫고 더 깊은 차원에서 이해할 기회를 가지게 될 것이다.

부모가 되돌아보는 부모의 모습

이 상담은 부모의 일생을 집중적으로 다룬다. 조상에 관해 이야기하고 나면 부모들은 이미 첫 상담부터 자신들의 일생과 자녀를 대하는 행동에 담긴 중요한 연관성을 이해하게 된다. 자신을 되돌아보고 깨닫는 능력은 저마다 다르지만 부모는 자신이 자녀에게 어떤 기대와 갈망을 품었는지 그리고 이것이 아이의 세대 코드에 어떤 영향을 끼쳤는지 알게 된다.

부모를 이해하기 시작하면 자신의 자녀에게 어떤 '상처'를 입혔는지 더 잘 깨달을 수 있다. 이러한 가계나무 치료를 위해 우리는 세대 코드를 이용한 치료 놀이인 '강한 뿌리Starke Wurzeln®'를 도입했다(16장 참조). 내적 자원을 강화하고 부모 자신과 아이의 잠재력을 깨닫게 되면 부모 자신의 그늘을 제대로 볼 수 있게 될 것이다.

여러 가지 기법과 다양한 상담을 이용한 명확한 방향 제시

자신의 어린 시절 경험이 교정되는 것을 체험한 부모와 양육자(입양 혹은 수양부모, 친척 혹은 다른 중요한 관계인물)는 자신의 욕구와 자녀의 필요를 구분하는 법을 배우게 된다. 개인적인 어린 시절 경험과 그 결과 생겨난 자녀로의 전이를 깨닫고 인식하는 과정은 부모가 자녀를 있는 그대로 바라보고 이해하도록 돕는다.

부모는 인간의 기본욕구 및 개인적인 필요와 관련된 자신의 감정을 더 잘 알게 된다. 이제 자녀가 두려움, 기쁨, 분노, 질투, 좌절, 분리불안, 그리움 같은 감정에 대응할 수 있도록 도움을 줄 수 있게 된다. 놀이 훈련이 각각의 감정과 필요에 대한 적절한 '대답'을 발견하는 데 도움을 준다. 이 부모는 이제 다시 자녀의 필요에 적절히 대응하게 될 것이다!

확실한 자기 인식을 위한 놀이 훈련

애착 및 관계 능력을 늘려 주는 놀이를 통한 부모·자녀 코칭은 2013년에 필자 자비네 뤼크가 보육원, 부모센터, 상담센터, 초등학교,

아동청소년 정신클리닉 등의 실무자들을 위해 개발한 것이다.

'약국 놀이 Spiele Apotheke'는 가족이 확실한 자기인식을 경험하고 공감 능력을 개발할 수 있게 해 주는 훈련이다. 부모와 자녀는 놀이를 통해 자기감정과 친해지고 이를 표현하고 소통하는 능력을 기르게 된다.

내적 자원을 기반으로 하는 놀이 내용과 원리는 그 자체로도 치료적인 개입이며 새로운 경험을 가져다준다.

예를 들면 학습 훈련 '화내는 양'을 부모·자녀 상담, 가족 또는 커플 치료에 사용하면 새로운 논쟁 문화를 '연습'해 볼 수 있다. 참가자는 놀이를 하면서 체계적 가족 치료의 전통적인 기법인 '적극적인 경청'을 배우게 되고 대화 상대를 새로운 시각으로 바라보게 된다. 심각한 갈등의 경우도 이 방식으로 원활하게 해결된다.

'약국 놀이'의 여러 기법은 아이의 필요에 꼭 맞는 해답을 주는 한편, 모든 가족 구성원이 서로 다름을 알고 각자의 필요에 섬세하게 대응할 수 있게 해 준다. 또한 치료 놀이를 이용한 부모·자녀 코칭은 분노나 걱정, 갈등과 같은 괴로운 주제를 긍정적이고 건설적으로 경험하게 하고 해결책을 발견할 수 있게 돕는다.

개인적, 공통적 의식의 개발

인간은 안전과 보호를 느끼기 위해 의식을 특별한 필요로 한다.

▪ 의식은 과도기에 도움이 된다.

- 의식은 안정감과 지지를 제공하며 가족의 연대 그리고 나 및 우리 감정을 강하게 만들어 준다.
- 의식은 인간과 삶을 구성하는 데 도움을 준다.
- 의식은 일상의 과정과 의무를 더 쉽게 수행할 수 있게 한다.
- 의식은 변화를 촉진하고 과거를 내려놓게 한다.

부모와 자녀 혹은 배우자가 함께 개발한 각각의 의식은 새로이 얻은 능력을 강화시키고 이것이 지속적으로 효과를 발휘하게 해 준다.

앞서 다루었던 어린 밀라의 경우에서 어머니와 아이는 유치원에 가기로 한 밀라의 새 출발을 지원하기 위해 지난 상담 후에 '약국 놀이' 중에서 놀이 의식인 '마음 연결 쿠션'을 빌려갔다. 이것은 두 개의 작은 쿠션으로, 주머니를 열면 하트 모양의 장난감을 꺼낼 수 있다.

이 작은 도구는 의식을 통해 에너지가 충전되며 이별과 독립, 사랑과 관계에 대한 주제에서 어머니와 딸이 마주하게 될 갈망과 그리움 등의 문제를 잘 극복하게 해 줄 것이다.

충전이 끝나면 주머니 속 하트를 서로 교환한다. 이렇게 아이는 어머니에게서 아이에 대한 어머니의 사랑을 상징하는 충전된 마음을 받고 어머니도 같은 것을 아이에게 받는다. 하트 외에도 사진이나 머리카락 등 위안을 줄 수 있는 개인적인 작은 소품을 주머니에 넣어 서로 교환할 수 있다.

이 의식에서 중요한 것은 아이뿐만 아니라 어머니(또는 해당하는 양육자) 역시 아이에게 위로받는다는 것이다. 어머니가 위로받는다는 사실을 알게 된 아이가 안정감을 찾듯이 어머니도 같은 도움을 받게 된다. 가장 바람직한 것은 상담 치료를 통해 어머니(양육자)의 이상적인 보살핌이 사전에 이루어지는 것이다. 우리가 바람직한 엄마 토끼 흉내를 냈던 것처럼 말이다. 그러면 아이는 이제 어머니를 돌보는 일이 자신의 의무가 아니라는 것을 이해하게 된다. 올바른 방향에 관한 이 정보는 무의식적으로 유전된 지식과 만나 아이가 어머니(또는 다른 양육자)를 위해 떠맡았던 '역할'을 내려놓게 만든다. 하지만 아이에게 이런 놀이 의식을 경험할 기회를 주는 것은 중요하다. 왜냐하면 그래야 어머니에 대한 걱정에서 벗어나 자신의 삶(유치원 생활)에 집중할 수 있기 때문이다.

이제 상대의 마음이 내 주머니에 있고 내 마음은 상대의 주머니에 들어 있다. 걱정이나 염려가 생길 때마다 어머니와 딸은 마음 연결 쿠션을 안고 서로를 보지 않아도 자신과 상대가 연결되어 있다는 것을 기억할 수 있다. 사진이나 머리카락, 또는 직접 그린 그림 등이 이 과정에 도움이 된다.

모녀는 3주 동안 매일 마음 연결 쿠션으로 서로를 확인했고, 그 뒤에는 쿠션을 되돌려 주었다. 밀라의 말이 무척 흥미로웠다. "저와 엄마는 이제 이게 필요 없어요. 진짜 마음이 충전되어 있거든요." 두 사람은 자기들만의 새로운 의식을 개발했고 완전한 둘만의 의식을 매일 아침 유치원 앞에서 치렀다. 서로의 진짜 마음 위에 손을 얹고 사랑을 충전해 주는 의식이었다. "배터리처럼 하루 종일 오래가요!" 밀라가 만족스러운 표정으로 작별 인사를 했다. 밀라의 어머니는 이 경험 후에 아직 해결하지 못한 자신의 중요한 발달 단계를 회복하기 위해 세대 코드를 풀기로 결심했다.

아이와 가족의 새로운 관계

세대 코드는 독일 체계적 치료 상담 및 가족 치료 협회Deutschen Gesellschaft für Systemische Therapie, Beratung und Familientherapie, DGSF의 승인하에 이루어지는 체계적이고 통합적인 치료 접근법이다. 오랜 기간 완벽한 치료를 위해 보완을 거듭하며 발전해 온 다양한 가족 치료 방법 중 하나다. 이번에는 특별히 가족 상담의 환경 조성에 관해 자세히 이야기하고자 한다. 가족 치료에는 실제 가족이 참여한다. 가족 구성원 전부 참여하는 바람직한 경우도 있고 조부모님과 같은 다른 세대가 동참하는 경우도 있다. 물론 이런 일이 흔하지는 않다.

개인의 심층심리적 관점과 내면심리의 동역학을 포함시키는[54] 통합적 치료 기법의 대가, 마르틴 키르셴바움 박사에게 가족 치료를 배우고 난 뒤 가족을 대할 때는 언제나 통합적인 접근법을 중요하게 사용해 왔다. 그래서 다양한 가족 치료 학파의 이론과 기법을 작업에 많이 적용시켰다. 이렇게 풍부하게 찾아낸 가능성들을 모은 이른바 '운명의 수레바퀴'라고 부르는 가족 치료 기법을 지금부터 소개하려 한다.

운명의 수레바퀴는 16장에서 소개할 '강한 뿌리' 놀이를 변형시킨 두 가지 형태 중 하나다. 이 치료 수단의 원리는 놀이를 이용한 세대 코드 치료와 유사하다. 이 단순한 놀이는 사람들에게 '가족 문제의 대물림' 현상을 알리고, 가족 치료에 지속적으로 참가하게끔 동기를 제공하기에 더할 나위 없이 훌륭한 도구다.

다음은 상담 치료에서 있었던 한 가지 일반적인 사례다.

스베아와 갇힌 꽃봉오리

꽃봉오리에 갇히게 될 위험이 꽃을 피우는 위험보다
더 고통스럽게 느껴지는 날이 있었다.
_아나이스 닌 Anais Nin

스베아는 13세 때부터 식욕부진증을 앓았던 젊은 여성으로 19세가 되어 처음으로 도움을 얻기 위해 상담실을 찾아왔다. 그녀는 자기 가족을 치료 과정에 초대하고 싶어 했다. 이 젊은 여성은 과거 인격적으로 많은 공격과 침해를 받았고, 그 때문에 사람에 대한 불신이 매우 컸다. 그녀는 지난 몇 년간 사회와 단절되어 친구도 없이 자신이 좋아하는 조랑말을 위해서만 살았다. 또 힘들어하는 어머니를 위해 집안일을 도왔다. 몇 년째 학교에 가지 않았다. 스베아는 모든 일에 자신감이 없었고 학교가 두려웠다. 그런 그녀를 부모는 계속해서 압박했다. 어느덧 나이는 19세가 되었지만, 아무런 미래 계획이 없었기 때문이다. 스베아는 한편으로는 '부모가 딸만 바라보지 않고 이제는 자신들을 챙기기를' 바랐다. 하지만 어떤 경우에도 그런 마음을 내비쳐서 부모가 잔소리할 계기를 만들고 싶지 않았다. "가슴속에 두 가지 마음이 존재해요."

스베아는 이미 여러 차례 병원에 가 보고 상담을 받았다. 하지만 아무런 도움을 얻지 못했고 증상의 심각성도 그대로였다.

운명의 수레바퀴

첫 번째 가족 상담에서 '강한 뿌리' 놀이 중 하나인 '운명의 수레바퀴' 게임을 했다. 게임을 하는 동안 가족에게 일어나는 의문을 치료적인 의미에서 더 심화하지 않고 단순히 대응하게 두었다. 스베아의 부모는 처음에는 (오로지) 게임으로 딸을 치료하는 것을 미심쩍게 여겼으나 흔쾌히 놀이에 동참했다. 가족에게 게임 도중 등장하는 질문이 한계나 부담을 주는 경우 원치 않으면 대답할 필요가 없다는 것을 사전에 분명히 설명했다. 걱정과 달리 첫 상담에서 이미 모든 가족 구성원이 새롭고 유익한 깨달음을 얻었다.

운명의 수레바퀴 게임에서는 모든 참여자가 가족 구성원에 대한 질문에 답을 하게 되며 참여한 다른 구성원에게 직접 질문을 던질 수도 있다. 가령 "누구누구는 어떤 방식으로 너의 뿌리를 강하게 했을까?" 같은 내적 자원 중심의 질문은 긍정적이고 신뢰를 강화하는 분위기와 환경을 만들 수 있다. '가족을 조각품으로 표현하라'라는 과제에서 가족들은 자신의 특정한 부분이 '알려지는' 아니 '폭로되는' 것을 느꼈지만 무척 즐겁게 웃었다. 스베아의 남동생이 어떤 동화 속 주인공과 비슷하냐는 질문에는 놀랍게도 가족 전부가 똑같은 대답을 해서 신뢰가 가득하고 친밀한 분위기가 생겨났다. 모두가 다음에도 다시 오겠다고 했으며 스베아 또한 다소 마음이 편해지고 희망을 느끼는 것 같았다. "어쩌면 이번 치료로 우리 가족을 다시 생각하게 될지 몰라요." 스베아가 작별 인사를 하며 말했다.

다음 번 상담에서 우리는 외할머니의 고통스러운 어린 시절에 관해 듣게 되었다. 스베아의 증조 외할머니는 남편이 계속 외도를 저지르자 스스로 목숨을 끊었다. 스베아의 어머니는 당시 다섯 살이었고 그녀의 어머니, 즉 스베아의 외할머니는 스물다섯 살이었고 두 번째 아이를 임신하고 있었다.

상담에 참여한 가족 구성원들은 금세 이 사건이 당시 다섯 살이었던 스베아의 어머니에게 얼마나 영향을 주었을지 깨달았다. 그리고 그녀가 어째서 그렇게 다른 이들의 안녕에 신경 쓰면서 정작 자신은 돌아볼 수 없었는지 이해하게 되었다. 이 의미를 더 구체적으로 납득하기 위해 다섯 살 어린아이가 어떤 발달 단계에 있으며 이런 사건이 어떤 악영향을 끼치는지 설명해 주었다. 또한 스베아의 어머니에게서는 당시 그녀의 어머니와 어떤 충성 계약을 맺었는지 알아냈다. 에릭슨의 이론에 따르면 다섯 살 아동은 세 번째 발달 단계에 있으며 주도성과 죄책감 사이의 갈등을 극복해야 하는 시기다. 어머니에게만 붙어 있던 아이가 천천히 어머니에게서 떨어져 아버지에게 관심을 주는 시기다. 성숙한 단계로 올라가려면 이 시기의 오이디푸스 콤플렉스를 잘 해결해야 한다. 또한 이 단계에서는 정의감과 죄책감을 동반하는 유아적인 도덕성이 생겨난다.

이 발달 과제를 잘 해결하지 못하면 고착을 거쳐 만성화된 형태의 두려움과 죄책감이 생겨나고 자신의 소원과 갈망, 인생 목표를 이루는 것을 스스로 금지하는 자기통제 현상이 생긴다. 당시 다섯 살 가량의 성숙 정도를 지녔던 스베아의 어머니는 이기적인 사람이 되지 않고 어머니를 절대 떠나지 않겠다고 결심했다. 부모화, 즉 부모의 마음을 품게 된 그녀는 그때부터 슬퍼하는 어머니를 돌보았고, 자기 어머니의 죽음으로 우울증에 빠진 어머니 대신 어린 남동생을 책임져야 했다. 그러기 위해 자신의 욕구, 특히 자율성과 자기 개발의 욕구부터 건강한 경계 설정 노력까지 모두 억눌렀다.

치료 상담을 통해 겉보기에 부족한 것이 없어 보이는 어머니 뒤에 어떤 의미 있는 과거가 숨어 있었는지 그리고 이 어머니가 가족 구성원의 문제에 왜 끊임없이 과도한 걱정을 하는지 이해하게 된 가족들은 이제 어머니의 태도를 새로운 시각으로 바라보게 되었다. 스베아는 어머니에게서 자신의 태도와 비슷한 점을 발견했고 스스로 얼마나 자신의 성장, 특히 여성이 되는 과정을 '막았는지' 깨달았다. 시위하듯이 자신의 인생을 포기하고 계속해서 어머니를 돕고 어머니 곁을 지키려고 했던 스베아의 삶은 마치 어머니의 행동을 거울처럼 그대로 보여 주려는 것 같았다. 식욕부진증은 소녀가 여성이 되는 신체 발달을 막기도 하지만, 자기 자신을 엄하게 억압하고 처벌하려는 태도를 보여 준다. '어머니의 양분'으로 보살핌 받는 것에 '싫다'고 거절하며, 또한 남성의 관심에 대해서도 '싫다'고 거절하는 가짜 독립심은 어머니 쪽 조상 계보에 대한 철저한 충성도를 보여 준다. 상담 막바지에 이르러 스베아의 부모는 처음으로 딸이 아프게 된 이유를 알게 되었다고 이야기했다. 스베아 역시 처음으로 부모에게 이해받는 느낌을 받았다.

이런 연관성을 깨달은 덕분에 스베아는 마침내 부모에게 받은 자신의 상처를 이야기할 수 있었다. 지난 몇 년간 부모가 절망하고 두려워하며 딸을 이곳저곳 병원과 상담실에 밀어 넣었을 때 그런 일방적인 처분에 자신이 얼마나 괴로워했는지 이야기했다. 입원과 음식물 강제 섭취, 집에서 멀리 떨어져야 하는 처분은 스베아를 무력하게 만들었고 부모와 그녀 사이에 깊은 골을 만들었다.

적절한 시간과 장소에서 적절한 사람에게 필요한 방식으로 '보살핌'을 받아야 한다는 치료약의 원리를 설명해 주었다. 그러자 스베아의 부모는 이제까지 자신들의 걱정으로 정작 딸의 위기 상황을 제대로 파악하지 못했다는 사실을 깨달았다. 바람직한 이상적인 부모는 이 시기에 딸이 정말 무엇을 받아야 했을지 '보여 주었다.'

가계나무 그림 위로 이른바 '치료의 돌'을 놓고 모든 과정을 놀이처럼 진행했음에도 무척 진지하고 감동적인 결과가 나왔다. 그리고 '건강하고 양분을 빨아들일 준비가 된 뿌리' 덕분에 얼마나 새로운 치유적인 충족이 일어날 수 있는지가 드러났다. 상담 막바지에 이르러서는 가족 전부가 놀이에 적극적으로 참여해서 과정에 깊이 몰입해 있었다.

그다음 상담에서도 이 놀이를 사용했다. 한 번은 모든 가족 구성원이, 또 한 번은 스베아와 부모 중 한 명이 놀이를 진행했다. 상담이 계속 이어지자 각각의 기법을 심화하여 집중적이고 체계적인 내면 심리치료를 진행했다. 어쩌면 가장 중요했을 상담을 통해 나는 스베아에게 말이 얼마나 소중했는지, 그녀가 얼마나 가짜 독립심 뒤에서 외로움과 버려진 느낌을 많이 받았으며 인간적인 부모를 통한 보살핌이 없었는지 알게 되었다. 말이 지닌 특징을 이상적인 아버지에게 전달한 뒤에 스베아는 처음으로 다시 뭔가를 받아들일 수 있게 되었다.

무척 감동적인 치료 과정이 끝나고 마침내 아버지는 딸에게 적합하고 필요한 방식으로 딸을 위로했다. 그렇게 딸의 옛 고통에 접근하는 것이 가능해졌다. 스베아의 인생 첫해의 기억은 비교적 긍정적이었지만, 이후 여동생이 태어나는 끔찍한 경험을 했다. 이 시점에서 상상을 통한 '시간 여행'으로 당시에는 결핍되었던 가상의 충족과 보살핌이 한 번 더 이루어질 수 있었다. 스베아의 부모가 증인이 되어 당시 세 살 혹은 네 살이던 딸이 스스로를 거부하고 혼자 내면으로 숨는 것을 보았다. 현재는 당시 중단되었던 대화가 다시 이어지게 되었기 때문에, 스베아 내면의 조종사(주도하는 성인 자아)는 어린 스베아에게 부모에게 다가가 자신의 힘든 상황과 분노를 고백할 기회를 다시 가져다줄 수 있었다.

이전의 작업을 통해 이제 스베아의 부모도 당시에 자신들이 왜 딸을 적절히 보살피지 못했는지 이해하게 되었으므로 가상의 과거에서 이를 다시 회복하는 것이 가능했다. 부모와 딸은 신뢰와 애정이 있는 좋은 부모 자녀 관계가 만들어지지 못했다. 하지만 관계가 어그러진 바로 그 지점에서 다시 만났기 때문에 스베아와 부모 사이에 매우 감동적이고 새로운 관계가 세워졌다. 그 결과 스베아는 중요한 발달 단계를 잘 완성하고 조금씩 자신의 속도대로 그녀의 거부감을 내려놓고 자율성으로 나아가는 진정한 첫 걸음을 떼기 시작했다.

이제 마침내 '스베아 꽃봉오리'가 열리게 되었다. 앞으로 그 존재의 꽃이 완벽하게 아름다운 모습을 활짝 피울 수 있을 것이다.

친부모의 커다란 영향력

×××××

트라우마의 대물림 현상의 중요성은 사회교육학 분야에서도 점점 더 각광받는 연구 주제가 되고 있다. 몇 세대에 걸쳐 가족에게 학대받고 방치되어 사회 구제 지원을 받아야 했던 가족들의 기록물에서 아이를 문제의 가족 체계에서 꺼냈음에도 아이가 원래 가족의 영향을 받는 것을 확인할 수 있다.

생물학적 부모를 모르거나 만날 기회가 거의 없는 입양 또는 수양 아동에게서 세대 코드가 어떤 효과를 발휘하는지, 그리고 이 아이들이 두 (또는 그 이상의) 가정에서 성장하면서 둘 이상의 서로 다른 충성 계약을 맺는 것인지 알기 위해 우리의 경험과 이론적 가설을 찾아보았다. 후성유전학과 신경가소성의 발견을 기초로 가족 주제의 후성유전학적 대물림이 존재한다고 생각했고, 만약 생물학적 부모 아래서 성장하지 않는다면 그것이 후손 안에 내재될 것이라고 생각했다. 예를 들면 이 아이들이 매우 어릴 때 생물학적 부모에게서 떨어졌다 해도, 아니면 바로 그 때문에[55] 이미 정신적으로 영향을 받았음을 의미한다.

출산 전후 유아의 생애 초기 정신적 외상은 훗날 아이의 심리적 스트레스 탄력성에 중요한 역할을 담당한다. 수양 및 입양 아동 중 많은 아이들이 심리사회적 문제를 지닌 힘든 가정에서 태어난다. 괴로운 상황을 견디는 어머니의 넘치는 스트레스 호르몬이 태내의 아이에게 정보를 전달하고 이 정보는 아이의 정신적인 안정성에 평생 각인되어 영향을 끼친다.

드벨리스De Bellis, 케샤반Keshavan, 클라크Clark 등은 1999년 진행된 연구에서 학대와 방치를 경험하고 외상 후 스트레스 장애PTSD를 보이는 아동과 청소년들이 정상적인 가정에서 애정을 받고 자라난 아이들보다 더 작은 뇌를 가졌다고 보고했다.[56] 이 아이들은 특히 감정의 처리와 조절에 관련된 영역에서 큰 결핍을 보였다. 아이가 충격적인 사건이나 정신적 외상을 가진 양육자를 경험한 시점이 이르면 이를수록, 즉 트라우마의 영향을 더 오래 받을수록 뇌의 해부학적인 변화가 더 크다. 이런 아이들의 트라우마 장애의 전형적인 증상은 대개 회피행동, 과잉반응, 트라우마의 반복적 경험이며, 이는 다시 과격하게 공격하는 침입처럼 경험되고 감정조절 장애를 일으킨다.

수양 아동과 실제 부모 곁에서 성장하는 아동을 비교해 보았다. 그러자 수양 아동은 아침에 일어난 지 30분 후의 타액 샘플에서 상당히 낮은 코르티솔 수치를 보였지만, 오후와 저녁의 코르티솔 수치는 두 그룹 사이에 아무런 차이가 없었다.[57] 수양 아동은 대조 집단(14퍼센트 및 11퍼센트)에 비해 많은 경우 코르티솔 수치가 낮거나(38퍼센트) 높을(18퍼센트) 수 있다. 낮은 코르티솔 수치는 긴 시간 코르티솔 수치가 높았던 적이 있음을 암시한다. 이는 트라우마가 있는 아이들의 스트레스 수준이 상당히 높다는 것을 의미한다.

전문가들은 흔히 수양 아동에게서 애착 장애를 발견한다. 이것이 수

양 자녀와 수양부모 사이의 관계 형성에 안 좋은 영향을 주는 것을 보게 된다. 체계적인 관점으로 보면, 아이는 자신의 트라우마 증상과 결여된 애착의 상호작용으로 인해 새로운 부모와 강한 마찰을 일으키게 되며 최악의 경우에는 이로 인해 새로운 트라우마가 발생할 수 있다.

'2차 충격The second hit'이라고 불리는 이 현상은 이미 트라우마를 가진 아동이 수양가족 밑에서 새로운 학대를 경험할 때 발생한다. 수양 및 입양 부모는 자신이 성장한 배경을 바탕으로 무척 스트레스가 많고 대체로 행동에 문제가 있는 아이를 대하게 된다. 수양부모가 아이에게 갖는 기대가 실제 관계와 멀면 멀수록 양쪽의 충돌은 격렬해진다.

아이의 무의식적 충성도는 생물학적 부모와 사회적 부모 사이에서 충성의 갈등을 일으킨다. 데려온 아이가 매우 어리다면 애정 많은 수양 가족의 긍정적인 영향이 교정 효과를 발휘할 수 있다. 하지만 아이의 나이가 많을수록, 원래의 가정에서 겪은 경험이 아이의 기억에 더 많이 단단히 저장되며, 트라우마가 있는 어른의 영혼 캡슐이 아이 내면에 보관되어 있을 것이다. 내면의 갈등은 늦어도 청소년기에 표출되며 자살 시도, 자해 행동, 중독, 섭식 장애, 반사회적 행동 등의 극단적인 증상을 빈번히 일으킨다. 만약 이런 아이들에게 그들의 생물학적 기원을 부정하거나 '끊어' 버려도 이들은 무의식중에 더욱 더 충성을 지키려고 할 것이다.

아이는 자신의 유전적 측면과 연결되어 있어야 스스로의 진정한 정체성을 개발할 수 있다. 아이의 원래 가족의 역사와 마찬가지로 중요한 무의식적인 충성 계약 외에 수양 또는 입양 가족과의 경험도 당연히 아이의 발달에 중요한 역할을 한다. 사회적 부모를 향한 애정과 이들에게 의존해야 하는 아이의 본성은 여기서도 자기중심적 근본 갈등을 형성하며 아이로 하여금 유아적인 충성 계약이라는 임시 해결책을 찾게 만든다. 이런 아이들은 많은 경우 의붓 또는 입양 부모에게 강한 연민을 품는다. 그래서 이런 상황의 성인을 상담할 때는 언제나 친부모와 양부모를 함께 고려하여 두 부모의 자리를 다 보전해 주어야 한다.

하지만 관계의 질과 상관없이 사회적인 어머니와 사회적인 아버지는 이들이 유전적인 조상 계보에 속하지 않았다는 사실을 분명히 드러내는 체계에 자리를 잡는다. 바람직한 경우에는 이런 치료 과정을 통해 과거의 안 좋은 경험, 대체로 무의식적인 거절과 버려진 경험에 치유적인 효과를 발휘하는 새로운 깨달음을 얻을 수 있다.

세대 코드 방법은 또한 아이가 아직 어리거나 여전히 입양 가족과 함께 살고 있는 경우의 수양 및 입양 가족을 위한 예방으로 사용하기에 적합하다. 입양 부모는 자신들의 인생 치료를 통해 아이의 문제와 거리를 두고 더 잘 이해하게끔 도와주는 중요한 상관관계를 배운다. 자신의 코드를 해독하고 부모와 맺은 충성 계약을 해결하는 사람은 수양 자녀를 통해 자신의 결핍과 소원을 충족하거나 조상에게 보상하려고 하지 않을 것이다. 그저 순수한 시각으로 장애물 없이 아이를 대할 수 있을 것이다. 그러면 사회적 부모는 고통스러워하는 아이에게 진정한 도움이 되어 줄 수 있다.

부모의 이혼이나 한 부모의 죽음으로 원래 가족에 끼어든 의붓 부모와의 치료에서도 '양쪽' 어머니 또는 아버지와의 세대 코드 해독이 매우 의미가 있다.

이때는 각 세대 코드 해독에 분명한 시간차를 두고 순서대로 의붓부모와 함께 치료 진행이 가능하다. 처음에는 친부모와의 코드를 해결하고, 두 번째 시간에 의붓 부모와의 충성 계약을 해결하는 것이다. 한 가지 사례를 살펴보며 더 잘 이해해 보도록 하자.

현재 42세 여성인 야나는 다섯 살 때 친어머니가 암으로 세상을 떠났다. 야나가 여덟 살 때 야나의 아버지가 두 번째 결혼 생활을 시작해 야나에게는 의붓어머니가 생겼다. 이 여성은 마치 "내 어린 시절 하늘에 뜬 별 같았다"고 야나는 자신에게 서슴없이 마음을 열고 다가온 새어머니와의 첫 만남을 설명했다. "저는 마침내 이 세상에서 내가 더 이상 혼자가 아니라는 느낌을 받았어요." 드디어 외로움을 떨쳐 낼 수 있게 된 야나는 자신의 인생에 나타난 '천사 같은 엄마'를 '진짜' 엄마와 같이 열정을 품고 온전히 친밀하게 받아들였다. 하지만 불행히도 새어머니마저 교통사고로 세상을 떠났고, 야나는 열세 살의 나이에 또다시 엄마 없는 아이가 되었다. 나중에 야나는 새어머니가 사고를 당한 날 낙태를 하기 위해 가던 중이었다는 것을 알게 되었다. 사실은 그럴 마음이 없었지만, 자녀를 더는 원치 않았던 아버지에 대한 애정 때문이었다고 한다.

두 번째 어머니를 향한 충성은 만일 야나가 이 관계를 그 어떤 다른 관계와도 비할 수 없는 아주 중요하고 고귀한 관계로 여긴다면 새어머니를 영원히 가질 수 있을 거라는 굳은 믿음으로 단단히 봉인한 충성 계약으로 바뀌었다. 이 계약도 세대 코드 개념으로 해지하고 풀 수 있었으나 워낙 구속력이 강해서 심지어 생모와의 계약보다도 더 삶의 질을 제한할 정도였다. 하지만 자세히 관찰해 보면 두 어머니와 맺은 계약은 충격적이며 존재를 뒤흔드는 상실의 경험과 깊이 연관되어 있다. 여기서도 두 어머니를 비극적으로 잃은 시점의 당시 아이의 발달 단계를 알아보는 것이 도움이 될 수 있다.

생모가 세상을 떠났을 때 야나의 나이는 다섯 살, 즉 자율성을 쌓는 중요한 발걸음을 내딛기 위해 어머니로부터 자신을 분리하여 아버지에게 관심을 보이기 시작하는 단계다. 이때의 꼬마 야나는 아이들에게서 종종 보이는 것처럼 어머니가 죽은 책임이 자신에게 있다고 생각하고 자신의 자율성 추구 노력을 죄짓는 것처럼 여겼다. 이것은 두 번째 어머니가 죽었을 때 야나가 왜 그렇게 자율성을 억압하는 충성 계약을 맺었는지 잘 설명해 준다. 그렇게 열세 살의 야나는 내면의 다섯 살짜리 소녀와 무의식적으로 연결되어, 그러한 독실한 사랑과 절대 다른 사람과 관계 맺지 않겠다는 금지의 맹세가 마술 세계의 원상복귀 주문처럼 효력을 발휘할 것이라고 믿었다. 이 치료 작업이 끝나고 야나는 비로소 두 어머니를 위해 슬퍼할 수 있었고, 이들의 너무도 이른 죽음을 그녀 삶의 일부로 받아들일 수 있었다. 야나는 이제 지구상의 어떤 관계도 맺을 수 있다. 그러려면 애정과 이해심을 품고 상실의 두려움과 마주해야 하지만 이제 야나는 타인과 만족스러운 관계를 경험할 수 있을 것이다. 또한 야나는 관계를 유지할 진짜 이유가 없어도 관계에서 벗어나지 못하고, 분리하지 못하고, 정말로 헤어지지 못하는 그녀의 패턴을 깊은 차원에서 이해하고 받아들이고 정리할 수 있게 되었다.

5부

병든 뿌리 치료

16장

놀이를 통한 뿌리 치료

오랫동안 각종 증상, 정신적 문제나 부부, 가족 간 갈등에 관한 내 지식과 세대 코드의 유익한 관점을 정신치료나 심리학을 낯설게 느끼는 사람들에게 알릴 수 있는 단순한 해결책을 찾고 있었다. 이를테면 자녀가 정신적 증상을 보이지만, 부모 스스로는 아는 것이 없어서 처음으로 심리치료 상담실을 찾은 부모 같은 이들에게 말이다. 때때로 부모들은 청소년센터나 주치의 같은 제삼자를 찾아가게 되고 치료를 기대하고 마음을 열기보다는 거부감만 느끼고 돌아온다. 치료 기법을 놀이판의 형태로 만들려는 아이디어는 우연히 얻게 되었다. 서로의 지지에 힘입어 우리는 상담 치료를 위해 '강한 뿌리'라는 놀이를 개발하기로 결정했다. 이런 '놀이'가 실제로 가족과 부부, 일대일 상담이 가능하며 세심한 일생 치료 방법과 진단이 가능하리라고는 상상도 하지 못했다.

세부적인 시험 단계에서 이 놀이는 우리에게 계속해서 새로운 영감을 주었을 뿐 아니라 환자와 부모, 부부에게 빠르게 도움을 주는 인상적인 통찰력을 제공했다.

이 도구를 이용하면 정체성을 형성하는 세대 코드에 초점을 맞추고 환자의 무의식적이고 의식적인 지식을 활용하는 것이 가능해진다. 또한 집중적인 질문을 통해 짧은 시간 내에 초세대적인 심층심리학을 기반으로 하는 포괄적인 가족 치료 진단이 가능해진다. 동시에 이 놀이는 이미 최초의 내적 자원을 강화하는 치료 효과도 지니고 있다.

치료의 돌은 이른바 '새로운 기억'을 형성하도록 도움을 준다. 예술적인 그림의 상징이 담긴 잠재력의 돌은 내적 자원을 시각적으로 표현해 주며 환자 혹은 가족의 진정한 잠재력 실현을 가능하게 한다. 나무로 만들어진 무척 아름다운 뿌리와 나뭇잎은 지금 보살핌을 받는 뿌리(우리의 조상)인 소속감, 음식, 지지, 안전, 경계선에 대한 기본욕구를 충족시키기 위해 어떻게 다시 양분을 충분히 빨아들이는 상태가 되는지를 인상적으로 보여 준다.

'강한 뿌리' 놀이의 성공 사례

놀이를 구성하는 요소

꽃은 자신의 잠재력을 개발하는 가능성을 상징한다. 꽃잎의 다양한 색상은 인간의 여러 기본욕구인 소속감, 음식, 지지, 안전, 경계선을 각 각 나타낸다. 뿌리를 통해 각각의 기본욕구를 적절하고 충분히 충족시 키면 해당되는 잠재력을 '꽃피울 수' 있다. 나무로 된 꽃잎은 계속해서 놀이판의 해당하는 그림 위에 놓인다.

나무의 뿌리는 무엇인가 받아들이고 섭취할 수 있는 조상의 능력 을 표현하며 꽃잎과 마찬가지로 채워야 하는 기본욕구가 할당되어 있다. 상처가 있거나 병든 뿌리는 이러한 기본욕구를 충분히 만족시 키지 못한다. 이런 뿌리가 치유되거나 다시 활동하게 되면, 생명의 흐 름이 다시 흐르게 되고 해당하는 꽃잎도 자연의 원리에 따라 꽃을 피 우게 된다.

놀이를 진행하는 동안 뿌리는 가계나무 그림의 적절한 위치에 놓인다.

꽃송이가 있는 나무는 자신의 가계나무를 보여 주며 가계도처럼 구 성되어 있다. 환자는 여기서 아이, 손자, 증손자이며 부모나 형제가 될 수도 있다.

준비된 여러 인물 그림 중에서 '적당한' 것을 골라 가계나무 그림 위 에 붙일 수 있다. 그렇게 하면 자신의 조상들을 한눈에 빠르게 알아보 는 데 도움이 된다. 물론 해당 인물의 진짜 사진을 사용하면 훨씬 더 좋 을 것이다.

이렇게 '놀자'

1 처음에는 환자가 상담 혹은 치료를 받게 된 동기, 증상, 궁금증 등을 충분히 이야기한다. (예시: H는 자신의 사춘기 아들과 거리를 두는

일이 왜 그렇게 어려운지 알고 싶다.)

2 환자가 인물 주사위를 던지고 자신의 조상 계보에서 한 명을 고르면 놀이가 시작된다. 예를 들면 H가 주사위를 던지자 '할머니'가 나왔고 그래서 어머니 쪽 계보의 증조 외할머니를 선택했다. 원하는 사람은 지금도 인물 그림을 골라 가계 나무의 지정된 자리에 둘 수 있다. 하지만 준비가 된 경우에 가장 효과가 좋은 것은 당연히 해당 인물의 진짜 사진을 놓는 것이다. 그래야 환자가 자신의 가계 나무를 더 잘 알아볼 수 있다.

3 이제부터는 색상이 있는 주사위를 던져 질문할 분야를 선택한다.

노랑: 조상의 명령
이 분야의 질문은 여러 세대에 걸쳐 대물림된 메시지, 명령, 가족 규칙, 전제에 관한 내용이다.

빨강: 사과는 뿌리에서 멀지 않은 곳에 떨어진다
이 질문들은 가족 역사에 나타난 유사성, 공통점, 반복을 드러내며 이를 깨닫도록 도와준다.

주황: 가문의 역사
이 질문들은 조상 이야기를 시간 순서로 정렬하고, 해당 인물 각각의 인생 상황을 그 당시 시대적, 사회적, 규범적 그리고 정치적 배경에서 이해하게 한다.

초록: 기쁨과 슬픔

이 질문들을 통해 조상이 겪었던 충격적이고 힘든 사건이 드러나고 이 사건이 지니는 중요성과 가족의 내적 자원을 치료 당사자가 알게 된다.

파랑: 숨겨진 지식

동화, 신화, 상징, 은유적인 그림을 통해 집단 무의식과 연관된 개인의 무의식적인 지식을 알게 된다.

이를 통해 폭넓은 치료를 가능하게 하는 중요한 관점 변화가 생긴다. 자신의 현재 존재에 관한 새로운 깨달음이 벌써부터 해방 효과를 준다.

④ 환자는 질문을 크게 읽는다. 이제부터 이어지는 질문 단계에서는 선택한 인물의 과거 이야기가 밝혀지며 가족의 다른 구성원에도 분명한 영향을 끼칠 것이다. 질문은 물론 환자의 현재 상황과 놀이를 시작할 때 했던 질문들을 바탕으로 이루어진다. 이 단계는 동반한 치료사의 집중적이고 심화된 질문으로 보완이 가능하다.

가능한 질문들

▪ 이 인물은 언제 살았나?

- 이 시기에 이 인물의 인생에 어떤 일이 일어났나?

- 정치적 상황은 어떠했나?

- 이 인물에 관한 사건이나 이야기, 또는 이 인물이 어렸을 때 생긴 사건이 있는가?

- 이 인물의 부모, 형제, 조부모와의 관계는 어땠는가? 이 사람에게 충격적인 경험, 병적인 증상, 정신적으로 고통스러운 일이 있었는가? (전쟁, 배고픔, 사고, 상실, 질병 등)

예시

H는 질문을 읽는다. "이 인물이 사랑하던 사람을 잃은 적이 있는가?"

H는 자신의 증조 외할머니가 전쟁으로 두 아들을 잃은 것을 기억했다. 그래서 그녀에게는 딸(H의 외할머니)만 남았다. 외할머니는 그 사건에서 벗어나지 못하고 '비참한' 일생을 보냈다.

5 치료의 돌과 잠재력의 돌 사용하기: 질문 단계를 통해 결핍과 고통스러운 사건을 확인할 수 있었다. 치료사는 즉시 '응급상황'임을 알리고 해당하는 조상 그림 위에 치료의 돌을 올려 가족이 충격적인 사건에 너무 깊이 몰입하지 않게 하는 한편, 내적 자원을 기반으로 하는 해결책에 집중하게 만든다.

치료의 돌은 결핍과 트라우마, 상실, 공허의 경험에 완벽히 꼭 맞는 이상적인 해결책을 준다고 정의된다. 치료의 돌을 사용하면 '새로운 기억'의 가능성을 미리 보여 주게 된다. 조상이 '치유되는' 것을 경험함으로써 중지되고, 발달하지 못하거나 희생되었던 조상의 잠재력을 발견하고 개발하는 일이 가능해진다. 이것은 잠재력의 돌을 통해 가시적으로 구현된다. 우리는 이 가상 경험을 통해 온전히 충족된 조상이 이제 자녀에게 필요한 부모가 되었을 거라고 믿을 수 있다. 그러면 치료약을 거친 이 잠재력이 다음 세대로 전달되고, 그전까지 불가능하게 보이던 가능성을 펼칠 수 있게 된다.

예시

H의 증조 외할머니가 전쟁으로 두 아들을 잃었을 때 H의 외할머니는 열세 살이었다. (질문: "이 사건이 가족에게 그리고 특히 H의 외할머니에게 어떤 영향을 끼쳤나? 증조 외할머니에게 무엇이 가장 필요했을까? 어떤 도움이 있어야 했나? 증조 외할머니에게 가장 적절한 보살핌은 무엇이었을까?")

H는 자신의 외할머니가 무척 '강하고' 완고한 여성이었던 것을 기억했다. 어머니로서 그녀는 무척 엄격했고 H의 어머니가 어릴 때 거의 자유를 허락하지 않았다. 이미 자세히 살펴보았듯이 증조 외할머니는 상실과 슬픔의 감정에 시달렸기 때문에 자신의 13세 딸(H의 외할머니)의 청소년기를 적절하게 돌볼 수 있는 상태가 아니었다. 이제 스스로 어머니가 된 외할머니는 어찌해야 할지 모르고 자신의 딸(H의 어머니)을 엄하게 대하며 거의 애정을 주지 못했다.

이제 치료사는 환자에게 정확한 '반전'을 설명한다. "이 치료약을 들고 이제 증조 외할머니가 그 당시 절실하게 원하던 것을 가질 수 있었다고 상상해 보세요." 그리고 환자에게 '제안'한다. "환자의 증조 외할머니가 만약 전쟁 없는 시대에 살았다면 어땠을까요? 만약 그녀가 아이들을 잃을 필요가 없었고 모든 아이를 잘 키울 수 있었다면 어땠을까요? 그랬다면 그녀와 그녀의 가족이 어떻게 달라졌을 거라고 생각하나요?"

이런 바람직한 치료약을 통해 외할머니가 경험했을 상황 또한 상상할 수 있다. 이 시점에서 대부분의 경우 만약 그랬다면 환자는 외할머니가 완전히 달랐을 수 있었다고 생각하게 된다. 그래서 H의 상상에도 이제 새로운 모습의 외할머니가 등장했으며 특별히 자신의 어머니에게 새로운 모습의 어머니가 생겨났다.

⑥ 잠재력의 돌 사용하기: 잠재력의 돌에 담긴 다양한 상징적인 모티브를 이용하면 다른 가능성이 '눈에 보일 정도로' 분명해진다. 환자가 적당한 상징을 직접 고른다. 이제 치료사가 잠재력의 돌을 들고 가계 나무 전체를 '지나간다.'

예시

외할머니의 어머니는 슬픔이 없었을 것이고, 딸의 사춘기에 애정을 품고 경계선을 존중해 주고, 방향을 제시해 주며 자녀를 청소년으로 바라볼 수 있었을 것이다. 증조 외할머니는 더 이상 슬픔을 위로하기 위해 딸을 필요로 하거나, 자신의 욕구를 채워 줄 수단으로 딸을 바라보지 않았을 것이다. 그래서 외할머니는 죄책감을 느낄 필요가 없었고,

자율성을 추구해도 괜찮다고 생각했으며, 다정하고 한결같은 어머니와 배우자가 될 수 있었을 것이다.

이것은 이제 H의 어머니에게도 이어진다. 만약 그렇게 온전히 충족된 어머니를 가졌더라면, 그녀는 잔인할 정도로 엄격하지 않고 적절한 경계선을 만들어 주는 어머니 밑에서 걱정 없는 어린 시절을 보냈을 것이다. 이 단계에서는 무엇이 어떻게 달라졌을지 정확히 하나하나 이야기하는 것이 중요하다. 그래야 이 모든 것을 상상할 수 있고 믿을 수 있다.

이제 이 어머니에게서 잠재력의 돌을 받아 놀이판의 적절한 장소에 올려야 한다. 외할머니에게 잠재력의 돌을 사용했던 과정을 직전 인물(환자의 어머니)에게도 반복한다. 우리의 예시에서 H는 자신의 어머니가 자신의 경계선을 존중해 준 적이 없음을 깨달았다. 그 자신의 어머니에게 시달렸던 그녀는 자신의 딸(H)에게 이를 반복하고 싶지 않았다.

치료약 추가하기

모든 세대에는 정체성 형성에 추가적으로 영향을 준 다른 주제가 존재한다. 따라서 치료약을 추가로 사용하는 것이 필수적이다. 우리의 예시에서 H에게는 오빠가 있었는데, H는 어릴 때 오빠가 자신을 학대한다고 느꼈다. 부모는 그녀를 충분히 보호하지 않았고, 그래서 그녀는 자신의 경계선을 침해하는 오빠의 공격을 속수무책으로 받고 견뎌야 했다.

치료사가 H에게 추가적인 치료약을 처방했고, 이번에도 치료의 돌을 이용하여 눈에 보이게 치료를 진행했다. 온전히 충족된 어머니만으로는 H에게 더 나은 보호를 제공할 수 없기 때문에 이번에는 H가 스스로를 '보호받은 아이'로 느낄 수 있도록 바람직하게 경계선을 그어 주는 아버지가 필요했다. 치료약의 문구는 이렇게 만들 수 있다. "환자에게 필요했을 아버지는 이렇게 말했을 것입니다. '내가 너의 오빠나 다른 누구도 너의 경계선을 침범하지 못하게 했다. 내가 너를 보호했다.'"

이제 H에게 질문이 주어진다. "그랬다면 환자분에게 어떤 상황이 펼쳐졌을까요?"

그녀는 어떤 잠재력을 펼칠 수 있었을까?

7 처음 질문으로 되돌아가기: 이 시점에서 환자를 상담실로 이끈 질문으로 되돌아가서 이제까지 처음 질문에 관한 어떤 깨달음을 얻었는지 다시 묻는다.

H는 자신이 제대로 배운 적이 없기 때문에 아들의 경계선을 충분히 존중하지 못한다는 사실을 깨달았다. 또한 H는 자신이 아들에게 가끔씩 어릴 때 자신을 공격하는 오빠에게 느꼈던 무력감을 느끼는 것을 알게 되었다.

이제 잠재된 가능성을 알았기 때문에 H는 이 주제를 새롭게 대할 수 있다. 그녀는 자신을 더 잘 알게 되었고 자신을 더 강하게 느꼈다. 이 새로운 느낌은 반드시 신체에, 환자가 이 느낌을 가장 강하게 느끼는 부분에 '정착'되어야 한다.

⑧ 뿌리와 꽃: 기본욕구와의 연관성을 알기 위해 이 시점에서 새롭게 상상하게 된 가능성(잠재력)이 어떤 기본욕구에 속하는지 자문해 볼 수 있다.

예시의 주제는 '안전과 경계선'이다. 하지만 다른 기본욕구가 될 수도 있다. 여기서는 환자가 자신의 문제에 얼마나 많은 기본욕구가 그리고 얼마나 많은 뿌리와 꽃잎이 관련되어 있는지 결정해야 한다.

그러면 해당하는 뿌리를 두고 환자의 인생에 생긴 문제를 상담하게 된다.

환자가 적당한 꽃잎을 선택하면 어떤 성격적인 측면을 이 상황에서 발달시킬 수 있는지 환자에게 보여 줄 수 있다.

환자는 이를 통해 자신의 일상을 결정하는 한계와 조상의 과거 사이의 상관관계를 분명히 알게 된다. 그러면 자기 자신과 과거를 새롭게 평가하게 된다. 새로운 시각은 마음에 안정감을 주고 자신의 상황을 바꿀 수 있다는 가능성과 희망을 준다.

마지막으로 가계 나무의 사진이 이 치료 과정을 기억하게 해 준다. 어떤 순간에도 중요한 정보는 빠트리지 말고 기록해 두어야 한다. 가계도를 만드는 일 또한 의미 있다. 놀이 설명서의 부록에서 가계도를 만드는 데 사용할 수 있는 전통적인 상징들을 찾아볼 수 있다.[58]

17장

노년층의 깊은 트라우마

독일에서 오늘날 노년으로 구분되는 세대는 많은 경우 2차 세계대전과 연관된 어린 시절을 겪은 세대다. 이런 전쟁 세대가 어떤 연령대에 해당하는지 분명히 알 수 있다면 과거와 관련한 고통스러운 상처를 주는 트라우마가 된 모든 경험과 이 경험이 개인의 발달에 끼치는 영향을 이해할 수 있을 것이다. 고령화로 인해 등장하는 정신적 또는 심인성 질환 중 많은 것이 전쟁과 연관된 어린 시절의 경험에서 기인한 것이다.[59]

전쟁 세대의 트라우마와 기본 신뢰감

앞서 트라우마의 대물림에 관한 장에서 자세히 설명했듯이 트라우마는 기본 신뢰감 형성을 방해한다. 기본 신뢰감 형성에는 안정된 애착 관계가 반드시 필요하며 현재의 노년층이 2차 세계대전 기간에 생애 초기를 보냈다는 사실을 감안하면 많은 이들이 기본 신뢰감의 형성에 필요한 안정된 애착 관계를 충분히 형성하지 못했을 것이다. 이들의 기본욕구는 충분히 충족되는 대신 철저히 손상되었을 수도 있다. 1938년부터 1945년 사이에 태어난 세대는 어린 시절에 전쟁을 경험했고 특히 전쟁 막바지에는 반복되는 충격적인 영향으로 심각한 피해를 입었다. 이들은 이별과 상실에 시달렸고, 도피와 추방을 경험했으며 수많은 만행을 직접 목격했다. 폭력을 경험하고, 강간과 학대를 당했으며, 굶어 죽거나 생명의 위협을 느껴야 했다. 이 모든 일이 수년 동안 그리고 아이들의 가장 예민한 생애 초기에 벌어졌다.

1945년 이후에 태어난 세대 또한 전쟁의 여파가 계속해서 삶에 영향을 미쳤다. 독일의 정신병리학자 하르트무트 라데볼트Hartmut Radebold의 책『우리 과거의 어두운 그늘Die dunklen Schatten unserer Vergangenheit』에는 전쟁 세대의 일생에 대한 인상적인 사례들이 등장한다. 이런 아이들 대다수는 전쟁 동안 그 자신이 충격적이거나 힘든 경험을 오랫동안 하는 바람에 정신적 장애를 일으키고 아이들에게 충분히 예민하게 반응하는 애착 대상이 되어 줄 수 없었던 부모와 어린 시절을 보내야 했다. 게다가 이런 전쟁 세대 부모들 중 많은 이들이 1차 세계대전으로 어린 시절을 황폐하게 보내야 했다.

세상이 안전하고 편안한 곳이 아니라 자신의 욕구를 무시하고 상처 주는 무섭고 두려운 장소라는 것을 경험해야 했던 사람은 기본 신뢰감을 형성할 수 없고 신뢰를 물려주지도 못한다.

생애 초기 트라우마가 노년에 끼치는 결과

◇◇◇◇◇

아동과 청소년기에 형성된 트라우마 경험은 다양한 방식으로 노년기에 영향을 준다.

노인층은 대체로 자유로운 시간이 많다. 앞으로 많은 시간 동안 이제껏 극복하지 못한 것들을 내면으로 받아들여야 한다. 이를 극복하기를 원하는 경우도 있지만, 나이를 먹으면서 제약이 생기므로 많은 경우 눈앞의 의존성으로 인해 스스로 변화가 불가능하다고 느끼기도 한다. 무력감과 아무것도 할 수 없다는 느낌은 과거의 트라우마 경험을 되살린다.[60]

임신한 여성이 전쟁의 발발 소식과 함께 남편이 병사로 전장에 나가야 한다는 사실을 알게 된다. 게다가 충분한 의료적 처치가 없을 것이며 누가 적이고 누가 친구인지 알 수 없다는 이야기를 전해 듣는다. 이 시기에는 태어나지 않은 아이에게 세상이 좋고 안전한 장소라는 정보를 전달해 주지 못한다. 전쟁통에 태어난 아이는 충분한 음식이 없으므로 기본욕구가 충족이 안 되고 부모 역시 위기에 봉착해 있으므로 충분한 보호와 지원를 받을 수 없기 때문에 자신을 표현하거나 불평하지 않는다.

이 시기가 이르면 이를수록 공포와 두려움과 걱정은 더 깊이 자리한다. 왜냐하면 인생은 계속 이어지므로 생존하려는 의지가 모든 장애 요소와 발달을 방해하는 것들을 일단 치워 두기 때문이다. 하지만 이런 요소들은 과거의 어두운 그늘 속에 숨어 있다가 갑자기 튀어나와 이들에게 두려움이나 무력감과 같은 파괴적인 감정을 가지게 한다. 1941년에 폴란드 바르샤바에서 태어난 이르마 역시 그녀의 어머니, 오빠와 함께 전쟁의 혼란에 고통받았다. 이르마의 아버지는 독일 태생이라 독일군에 들어가 싸웠고 전쟁 포로가 되었다. 어머니는 두 자녀를 데리고 바이에른으로 도망쳤다가 전쟁이 끝나갈 무렵 부모를 다시 찾기 위해 폴란드로 길을 떠났다. 그러던 중 폴란드 병사에게 붙잡혀 2년간 구금 생활을 하게 되었고, 당시 네 살이던 당사자와 그녀의 오빠는 어머니와 떨어져 고아원에 맡겨졌다. 아이들은 독일어 사용을 금지당했고 다른 이름을 써야 했다. 심각한 정신적 외상을 입고 풀려난 어머니는 필사적으로 아이들을 찾았다. 그래서 적어도 아이들의 양육권은 되찾을 수 있었다. 이르마의 어머니는 직업을 구하고 집을 얻었으며 1년에 한 번은 자녀들을 방문했다.

이르마가 열네 살이 되던 해에 어머니는 자녀들을 집으로 데려갔다. 실종된 줄 알았던 아버지도 운 좋게 자기 가족과 만날 수 있었다. 이르마의 아버지는 가족을 독일로 데려가기 위해 수단과 방법을 동원했다. 마침내 열여섯 살의 나이에 어머니와 오빠와 함께 독일로 이주한 이르마는 처음으로 그녀의 아버지, '낯선 남자'와 함께 살게 되었다.

부모가 모두 정신적으로 심한 상처를 입고 있었기 때문에 소심한 어린 딸은 감히 자신의 걱정을 이야기하지 못했다. 또한 거의 독일어를 하지 못했기 때문에 의사소통에 문제가 있어 친구를 사귀지 못하고 내내 집에 머물러 있어야 했다. 하지만 그녀는 금세 진전을 보였다. 아주 어릴 때 잠시 사용했지만 고아원에서 금지당했던 언어를 다시 배워 교육을 받았다. 머지않아 이르마는 훗날의 남편을 만나게 되었다. 그리고 두 명의 딸을 낳아 몹시 사랑했다. 그녀에게 가족은 전부를 의미했고, 마침내 좋은 시간이 시작되었다. 하지만 딸 하나가 병에 걸려 5년 전에 뇌종양으로 세상을 떠났다.

이르마의 손자들은 이르마가 전쟁 도중 어머니(그리고 아버지)를 '잃었던' 때와 비슷한 나이였다. 그래서 외할머니로서 엄마 잃은 두 손자를 정성스럽게 보살폈다. 1년쯤 지나 사위의 새 배우자가 손자들의 의붓어머니 역할을 했는데, 이르마는 옛 기억에 깊이 빠지게 되었다. 이르마는 머리와 장에 심인성 압박을 느꼈으며, 그녀의 딸은 뇌종양으로 죽고 어머니는 대장암으로 죽었기 때문에 우리는 여기에 어떤 연관성이 있을 거라고 의심하게 되었다.

심각한 스트레스로 자살 충동을 보이는 환자의 경우는 병원에서 퇴원한 뒤 처음으로 편안함을 느낄 수 있도록 응급 처치가 실행된다. 단순히 신체적인, 그러니까 육체적 수준에만 문제가 있다고 철저하게 생각했기 때문에 이르마는 이미 여러 차례 전문의의 상담을 받았으며 몹시 높아서 내려가지 않는 혈압 외에는 아무런 다른 소견이 없다고 진단받았다. 하지만 그녀의 증상이 심리적인 원인에 기인하는 것 같다는 의사의 평가에 이르마는 마음이 불편해졌고 결국 극심한 공황장애를 일으켰다. 이 노부인은 자신의 괴로운 상황을 심리치료로 해결해 보기로 했다. 비록 처음 상담이 실패하여 회의감을 품었음에도 불구하고 처음으로 편안함을 느꼈고 자신의 괴로움이 진지하게 받아들여지는 경험을 하게 되었다.

이르마는 점차 자신의 증상을 설명해 주는 심인성 개념에 익숙해졌다. 그렇게 증상 뒤에 숨은 문제를 하나씩 깨달을 수 있었다. 머리와 장의 심한 압박감과 약 1년 전부터 시작된 공황장애를 통해 이제 그녀는 자신이 과거에 겪은 트라우마의 경험에 한 걸음씩 접근할 수 있게 되었다.

자신의 일생을 되돌아보며 이르마는 딸의 죽음과 이것이 '불러일으킨' 어린 시절의 트라우마 사이의 연관 관계를 이해하게 되었다. 그녀는 자신을 손자들과 '너무 깊이' 동일시했고 과거에 자신을 충분히 돌볼 수 없었던 어머니 때문에 때 이른 상실감과 보호의 결핍을 느꼈다. 이런 자신의 모습을 이른바 투사적 동일시Projective identification● 방식으로 다시 경험했다는 사실을 깨달았다. 두려움, 분노와 같은 감정을 받아들이는 것이 여전히 어렵지만, 이제 자신의 내면 경험을 더 신뢰할 수 있게 된 것이다.

하지만 상담 도중 고아원 시절의 기억이 떠올랐다. 당시 다섯 살이었던 그녀는 어머니와 오빠에게서 떨어져 보호받지 못하고 무척 엄격한 고아원 원장에게 맡겨졌다. "하지만 내가 모든 것을 잘했기 때문에 원장에게 아무런 해도 입지 않았어요"라고 노부인이 말했다. 다음 상

● 무의식 속의 자기 특징을 상대에게 투사하고 그 모습을 다시 자신과 동일시하는 현상

담에서 이르마는 어머니를 크게 부르는 꿈에 관해 이야기했다. '엄마'라는 단어가 무척 아프게 느껴졌고 다시금 어머니가 몹시 그리워졌다고 했다. 이르마의 어머니는 2년간 투옥된 후 자녀들을 감정적으로 돌볼 수 있는 상태가 아니었다. "어머니는 우리 엄마였지만 그게 다였어요." 가족 바로 세우기 과정에서 이르마는 전쟁 없는 폴란드, 히틀러가 없는 독일이라는 이상적인 보살핌을 받았다. 그녀는 상처받지 않은 어머니, 처음부터 친하게 지낸 아버지 그리고 함께 장난치는 오빠와 어린 시절을 보낼 수 있었다. 그녀가 어린아이일 수 있는 아주 정상적인 어린 시절을 말이다. 이르마는 이제 딸이 죽은 뒤에 손자들을 세심하게 돌보려고 정작 자신의 감정을 추스르지 못했다는 것, 그리고 자신의 상태가 무척 안 좋았다는 것을 깨달았다. 이제 슬픔을 깊이 느끼는 과정을 시작했으며 그 외에도 다섯 살의 옛 슬픔도 내려놓게 되었다. 그녀는 어린 이르마의 고통스러운 경험과 연결되지 않기 위해 딸의 죽음으로 생겨난 무력감에도 치열하게 저항해야 했다는 사실을 이해하게 되었다. 그렇게 그녀의 신체 증상이 점차 개선되었고, 그녀의 마음이 과거의 상처를 마침내 소화하기 시작하자 장의 압박감도 점점 줄어들었다. 또 머리의 통증이 훨씬 나아지면서 노부인은 드디어 균형감각도 되찾았다.

끔찍한 경험은 아무리 마음속 깊은 곳에 묻어 둔다고 해도 언제든지 옛 트라우마를 불러낼 수 있으며, 이렇게 유발된 감정은 새로이 저장되게 된다.

'경계를 침범하는' 의료적 개입(아이컨택, 입원, 수술) 역시 오래전에 묻어 둔 트라우마 기억을 촉발시킨다. 이럴 때는 전문의나 당사자의 가족도 상황을 그저 지켜볼 수밖에 없다.

노인을 위한 신중한 일생 치료

신중한 일생 치료는 당사자와 그 가족 그리고 간병인에게도 중요한 깨달음을 얻게 한다. 또한 이 깨달음은 노인의 행동을 더 잘 파악하고 이해하게 해 준다.

따라서 요양시설과 간병인, 가족들은 노인의 필요에 더 잘 대응하고 필요한 예방 조치를 취할 수 있다.

충분히 진행된 일생 치료는 트라우마의 재발을 막고 당사자에게 필요한 극복 과정에 도움을 준다.

노인의 내적 자원 활성화와 보존

기억 장애가 있거나 치매가 시작된 사람들은 대개 단기 기억력이 심하게 저하되어 있으면서도 과거에 일어난 일은 아주 똑똑히 기억하곤 한다.

세대 코드 기법을 놀이로 적용한 '강한 뿌리' 놀이판과 과거를 회상하는 대화를 이용하면 기억 과정을 인지적으로 또한 감정적으로 고정시켜 활성화할 수 있다. 이를 통해 뇌의 성능과 기능은 보존하면서 질환의 진행을 늦출 수 있다.

게다가 세대 코드 개념을 이용하면 과거의 숨은 상처, 트라우마 그리고 힘겨웠던 상황을 조심스럽게 언급하고 이야기하고 다루게 된다. 이 개념은 또한 어린 시절과 과거에 충족하지 못한 자신의 기본욕구는 물론 가족 구성원과 조상의 기본욕구를 가상의 보살핌으로 치유하는 과정을 포함한다. 그래서 가족은 다시 대화하고 서로에 대한 이해를 쌓는 기회를 얻게 된다. 이를 통해 (공동의) 치유가 가능하다.

'강한 뿌리' 놀이를 이용하면 당사자가 심각하게 진행된 치매를 앓고 있더라도 가족 구성원은 중요한 정보를 수집할 수 있고, 이에 따라 이해를 동반한 일상적인 보살핌 그리고 적절히 개선한 간병 조건을 제공하여 당사자의 삶의 질을 개선할 수 있다.

18장

배우자 선택에 끼치는 영향력

배우자 선택은 '도박'이 아니다. 사랑이 두 사람을 연결하고 서로를 찾게 해 주지만 사실 배우자 선택은 과거의 갈망과 경험에 밀접하게 연관되어 있다.

관계에서 인간은 항상 비슷한 방식으로 가족의 패턴을 따르며, 스스로의 갈망을 알고 있으면서도 무의식중에 이것이 충족되지 못하게 한다. 클라우스 그라베[61]는 자신의 일관성 이론에서 욕구의 불완전한 충족, 즉 실망이 새로운 욕구의 충족까지 방해하는 메커니즘을 발달시킨다는 것을 자세히 설명했다. 예를 들면 모두가 배우자와의 친밀감을 갈망하지만 실제로 친밀한 순간에 접근하면 배우자를 거부하게 된다는 것이다. 갈망을 충족시키지 않고 유지하는 이유는 새로운 상처를 입지 않기 위함이다. 사람들은 사랑에 빠지면 자신이 맺은 충성 계약을 사랑하는 사람에게도 적용한다. 충족되지 못한 자신의 소원과 갈망을 상대에게서 구하는 것은 물론, 상대를 통해 부모, 때로는 조부모까지 치유할 수 있을 것이라는 희망을 품는다. 열정적인 마음의 불을 품은 내면 아이는 더 이상 자신의 실제 배우자와 내면의 부모 이미지를 구분하지 못한다. 그렇게 아이는 자신의 긍정적이고 부정적인 경험을 애정 관계에 투사한다.

신경생리학계는 최근 뇌가 관계를 위한 기관이며 사회적인 환경과 끊임없이 소통하고 있다는 것을 발견했다. 심리학자이자 심리치료사인 로란트 카흘러Roland Kachler는 자신의 책『커플: 무의식의 치료Die Therapie des Paar-Unbewussten』에서 두 사람의 일생, 육체관계, 욕구의 충돌과 소멸, 즉 배우자가 서로 맞추기 위해 무의식적으로 벌이는 과정, 서로가 맺는 관계 형태 그리고 커플, 무의식의 창조성이 어떤 역할을 하는지 설명한다.[62]

성별이 다른 부모를 치유하기 위한 교육에서 우리는 첫 번째 명상 과정에 관계를 상상하는 작업을 추가했다. 하지만 그 관계가 배우자와의 관계인지 아니면 꿈의 배우자, 가장 친한 친구, 아버지와의 관계인지 상관없이 모든 가능성을 열어 둔다. 그래야 충족되고 자유로운 사랑을 향한 갈망에 대한 무의식적인 지식을 파악하여 이제 아버지에 대한 딸의 치료 혹은 어머니에 대한 아들의 치료에 적용할 수 있다.

참가자가 부모와 자신의 관계를 보여 주기 위해 선택하는 첫 번째 그림 카드는 관계 주제를 담은 그림 카드 세트 중에서 고르게 하는 것이 적절하다. 스페자노Spezzano의 애정 카드나 꿈상징 카드를 이용하는 것이 좋다. 그림을 통해 얼마나 많은 사실을 알아내고 인식할 수 있는지 매번 놀라울 따름이다. 안드레아스(4장 참조)는 어머니에 대한 카드로 가슴에 하트 모양의 구멍이 뚫린 남자 그림을 골랐다. 그림 하단에는 '상실'이라고 쓰여 있었다. 그는 처음에 '단지' 아버지의 상실을 생각했다. 아버지의 때 이른 죽음으로 그와 그의 어머니는 무척 괴로웠던 것이다. 하지만 치료 막바지에 이르러 상실이라는 주제가 전체 조상 계보에 흐른다는 사실이 분명해졌고 이 카드는 그에게 새로운 의미를 가져다주었다. 안드레아스는 다른 사람들의 슬픔이 너무 강했기 때문에 자신의 심장을 내주었다는 사실을 이해했다. 그에게 남은 구멍은 그가 느끼는 내면의 공허함과 잘 맞았으며 심장을 내준 뒤에 남에게 시선을 돌리느라 한 번도 스스로 그 빈자리를 돌아보지 않고 방치했던 것을 잘 설명해 주었다. 그의 아내 리케는 무의식적으로 그의 내면에서 처음에는 아버지보다 더 든든해 보이는 남자, 그녀의 아이들을 위해 실제로 곁에 있어 줄 수 있는 좋은 아버지를 찾았다. 리케의 그림 카드는 한 여성(그녀 자신)이 아버지가 깊은 낭떠러지 위에서 위험천만한 균형 잡기를 하는 모습을 보며 용기와 동기를 불어넣는 그림이었다. 리케의 아버지는 양극성 장애로 인해 자신을 과대평가하고 거창하게 생각하는 상태(병적 흥분 상태)와 자신을 가치 없게 여기는 감정 사이에서 끊임없이 균형을 잡아야 하는 상황에 처해 있었다.

어린 시절 내내 가정 분위기를 책임져야 한다고 느꼈던 안드레아스는 결혼 생활에서도 이런 조화(표면적인)를 조성하기 위해 부단히 노력했고, 자신의 감정을 감춤으로써 감정적인 충돌 위험이 생기지 않도록 조심했다. 두 사람은 모두 힘을 보태야 하는 아버지가 있었고 아버지에게 결코 부담을 안겨 주어서는 안 되었다. 이상적인 아버지를 향한 갈망은 이제 배우자에게 전가되었고, 두 사람은 충분히 '아버지를 누리지 못한' 내면 아이를 배우자의 무릎 위에 올려놓게 되었다. 또한 어머니를 조심스럽게 대해야 하며 어머니 앞에서는 자신의 생명 에너지를 감춰야 했던 두 사람은 각자의 경험을 통해 배우자에게서 이상적인 어머니의 모습을 찾았다. 리케는 인정받고 관심받고 싶었기 때문에 안드레아스에게 이것을 '기대하며' 항상 그를 인정하고 격려했다. 안드레아스 또한 자신의 욕구를 표현할 수 있기 위해 리케에게서 보이는 이상적인 어머니의 모습을 격려했다.

물론 두 사람은 진심이었지만 부모에 대한 충성이 두 사람의 사랑이 흐르는 것을 방해했다. 사랑에 목말라하지만 '심장이 없기 때문에' 실제로 사랑을 받아들일 수 없는 남자를 사랑하는 것은 어려운 일이다. 그래서 리케는 남편의 곁에서 자기 '자리'를 진정으로 받아들이고 인정하지 못했다. 사랑의 식탁이 푸짐하게 차려져 있는데도 두 사람은 사랑에 배고팠다. 그렇게 어린 시절의 비극이 반복되고 시간이 지남에 따라 사랑의 온기도 식게 되었다.

이제 두 사람이 세대 코드를 해독했기 때문에 옛 충성 계약을 파기하고, 상대를 새롭게 받아들여 성숙한 부부의 단계로 올라갈 수 있는 기회가 생겼다. 우리가 더 이상 조상의 삶을 대신 살지 않아도 된다면 우리는 현재 그리고 이 자리에서 진정한 사랑을 경험할 수 있다.

비슷한 과정을 카타리나와 막스도 경험했다. 약 2년 전부터 좌절을 겪어 온 두 사람이 부부 치료 교육에 찾아왔을 때, 서로에 대한 신뢰나 자존감, 함께하는 미래에 대한 희망은 심각하게 낮은 상태였다. 얼마 전 카타리나는 남편이 반년 전부터 그의 직장 동료와 바람을 피운 사실을 발견했다.

두 사람은 긴 결혼 생활에 한 번 더 기회를 주기로 하고 아이 때문에라도 새롭게 시작하기로 합의했지만, 이미 일어난 일을 완전히 극복하는 데 실패했다. 남편에게 집착하며 극도의 통제 욕심을 보이는 카타리나의 심한 질투가 두 사람을 괴롭히고 있었다.

이에 막스와 카타리나는 성별이 다른 부모와의 세대 코드를 해결하기로 했다. 두 사람은 부모를 향한 충성 계약이 본인들의 결혼 생활에 얼마나 커다란 영향을 미쳤는지 알고 몹시 놀랐다. 특히 두 사람의 원래 가족의 조상 계보에 나타난 유사성은 충격적이었다.

부부 치료의 첫 단계부터 막스는 카타리나를 배우자로 선택한 것이 자신의 어린 시절 경험에 따른 '타협안'이라는 사실을 깨달았다. 결혼 상대를 구하던 시기에 막스는 '얌전한' 부인을 원했다. 자신의 어머니가 아버지를 배신한 것처럼 자신을 배신할까 봐 두려워하지 않아도 되는 그런 여성이었다. 막스는 자기 어머니가 아들인 자신보다 그녀의 자유와 자기실현을 중요하게 생각하는 것처럼 보이자 깊이 상처받았다. 그렇게 막스는 어머니가 자신을 버리고 떠났을까 봐 괴로워하며 몇 시간 동안 자지 않고 어머니가 돌아오길 기다렸던 여러 밤을 기억했다. 막스의 어머니는 지배적인 여성이었던 반면 아버지는 약하고 상심해 있었다. 그는 절대 그렇게 되고 싶지 않았다. 하지만 결혼 생활의 흥분이 사라지자 막스는 카타리나가 너무 약하고 의존적이라고 느꼈다. 그래서 강해 보이고 독립적인 것처럼 보이는 직장 동료에게 마음을 빼앗기고 불륜을 저지르게 되었다.

카타리나는 아버지와 맺은 충성 계약을 풀었다. 그리고 자신의 어린 시절 경험과 남편 막스와의 연관성을 이해했다. 아버지를 위해 그녀는 의존적이고, 가능하면 아무런 성적 매력이 없는 존재, 결혼해서 아버지를 버리고 다른 남자에게 가지 않는 존재가 되어야 했다. 스스로 공허한 사람임을 자처했던 그녀의 아버지는 자신의 (어린) 딸을 통한 감탄과 인정을 필요로 했으며 딸에게 정말로 사랑받는 느낌을 받고 있었다. 그는 딸이 성인이 되는 것을 견딜 수 없었다.

카타리나는 힘든 사춘기를 보냈다. 저녁에 놀러 나갈 수 없었고 남성 친구를 만날 수 없었기 때문이다. 그게 무엇이 되었든 그녀는 모든 것을 아버지에게 숨겨야 했다. 조상 바로 세우기 과정은 두 사람 일생의 어떤 유사한 운명이 배우자 선택에 영향을 주었는지 또렷하게 보여 주었다.

카타리나의 가족에서도 강인한 여성들의 마음에 실제로 도달하지 못했던 것은 '약한' 남자들이었다. 모든 문제는 젊었을 때 약혼자가 전투기 추락으로 목숨을 잃어 깊은 상처와 슬픔을 얻은 할머니의 이야기에서 시작되었다. 그의 장례식장에 갑자기 두 번째 약혼녀가 나타났고 약혼자의 이별 편지가 등장했다. 그 남자는 두 명의 여성에게 결혼을 약속하고는 절망 때문에 자살을 선택했던 것이었다. 약혼자의 상실과 깊은 모욕감은 이미 약해진 할머니의 마음에 깊이 파고들었다. 그 후에 할머니는 카타리나의 할아버지와 결혼했고, 이 남자는 평생 아내의 첫 번째가 되지 못했지만 아내에게 충실했다. 이 결혼으로 탄생한 카타리나의 아버지는 평생 어머니를 행복하게 해 주려 애썼으나 보람을 얻지 못했다. 충실한 배우자의 아들이지만, 사랑하던 비행기 조종사의 아들은 아니었기 때문에 카타리나의 아버지도 자신이 어머니의 첫 번째가 아니라고 느꼈다. 그는 불행하게도 다른 남자를 사랑하던 카타리나의 어머니에게 몇 년간 구애를 했고 마침내 믿을 만한 결혼 상대에게로 마음을 정한 어머니와 결혼하는 데 성공했다. 카타리나는 중요하지 않다는 존재감을 알아채고 애정이 결핍된 아버지에게 관심과 존경을 쏟아부었다.

그녀의 이야기는 그 당시 불안해하며 자신에게 감탄을 보내고 안전함을 느끼게 해 줄 여성을 찾던 막스에게 꼭 맞았다. 막스와 카타리나는 그들 자신의 안정 외에도 성별이 다른 부모와 동성 부모와의 충성 계약을 여러 방면에서 지키기 위해 배우자를 선택했다.

아버지를 위한 보상으로 막스는 억눌리지 않는 남편의 삶을 사는 한편, 역시 실패한 결혼생활을 하고 관계가 깨질 위기를 겪으면서 아버지보다 앞서지 않음으로써 아버지에게 충성했다. 그는 어머니처럼 가해자가 되어 몇 달간 불륜 상대와 동거까지 하면서 자신의 와이프에게 모욕감과 상심을 안겨 주었다. 하지만 그러면서도 자신의 행동에 강한 죄책감을 느끼고는 자신의 세대 코드를 해결하고 어머니와의 충성 계약을 파기했다.

카타리나도 어머니보다 앞서지 않고, 약하고 순종적인 아내로 머물면서 자신의 주장을 내세우지 않았고 부모가 자신의 결정을 내려주도록 했다. 그녀는 어머니 같은 특징을 많이 개발했지만 성적 대상의 특징은 전혀 내비치지 않았다. 그녀의 아버지처럼 그녀도 자신은 중요하지 않다는 느낌을 가지고 살았고 자신을 뒷줄에 세웠다. 결혼의 위기로 첫 번째가 아닌 선택이라는 역할도 증명되는 듯했으나 카타리나가 용기를 내어 이를 막았고 아버지와 맺은 충성 계약을 파기했다. 또한 카타리나는 어머니와 맺은 충성 계약도 해결하고, 그녀 자신의 힘으로 서기 위해 자신의 의견을 말할 권리를 되찾았으며 자의식을 가진 강한 여성으로 발돋움하기 시작했다. 그녀는 자신의 관계를 위해 애썼고 남편과 대면했으며 자기 자신의 인생을 돌보았다. 막스가 아직 불륜 상대와 함께 사는 동안 카타리나는 새로운 인생을 시작했다. 그녀는 새로운 직업을 시작하고, 아이들만 데리고 휴가를 떠났으며 여자 친구들을 만나고 육아에 따른 갈등에도 자신의 입장을 견지했다. 하지만 막스가 다시 돌아오고 싶을 때를 위해 문은 열어 두었다. 카타리나는 점점 더 막스가 실제로 원하는 여성이 되었지만, 이제는 막스가 강한 여성을 대하는 법을 배워야 했다. 카타리나는 이제 더 이상 존재감 없는 존재가 아니었고 다른 남성들도 이를 알아챘다. 그녀는 막스에게 온전한 거절을 표현하고 자신의 길을 걸었다. 어머니와의 계약을 해지하고 나서 막스는 강하고 독립적인 여성에 대한 두려움을 버렸다. 현재 막스와 카타리나는 다시 함께 지내고 있다. 모든 상처가 치유되진 않았지만, 두 사람의 관계는 새로운 국면을 맞이했고 놀라운 성숙을 경험했다. 사랑이 이길 것이라는 희망을 품어 본다.

19장

세대 코드 방법이 효과가 있을까?

세대 코드를 이용한 그룹 치료의 효능 평가

◇◇◇◇◇

마라이케 디에츠와 브라운슈바이크 공대의 파일럿 연구

세대 코드 치료 기법의 효과를 주관적으로만 평가하고 싶지 않았던 우리는 마라이케 디에츠가 자신의 석사 논문을 위해 브라운슈바이크 공대와 공동으로 2014/2015 파일럿 연구를 진행하게 된 것에 무척 기뻤다. 우리 기법의 효과는 부조화의 감소(Grosse Holtforth, Grawe & Tamcan, 2004), 전반적인 증상학(Franke 2014), 그리고 삶의 질 증가(Fahrenberg, Myrtek, Schumacher & Brähler, 2000) 측면에서 평가되었다. 치료 집단(세대 코드 교육 참가자)과 대조 집단(표준 방식에 따른 일대일 상담치료 환자)은 치료 전후와 3개월 뒤에 앞서 언급한 측면들에 관한 설문에 답했다(사전 사후 및 추적 조사).

마라이케 디에츠는 이 방법에 효과가 있는지, 있다면 어떤 효과가 있는지, 그리고 치료 성공을 평가하는 것이 가능한지 알아보길 원했다. 정체성 형성을 방해하는 요소의 제거, 그리고 애착과 관계 능력의 강화와 관련한 치료 효과를 이론적으로 뒷받침하기 위해, 그녀는 그라베의 일관성 이론(2004)을 근거로 삼고 그라베가 설명한 부조화 개념을 연구의 핵심 기준으로 삼았다. 그라베는 자신의 목표와 현실 사이에 인식되는 모순을 부조화라고 정의했다. 일상적인 삶의 환경에서는 목표에 도달할 수 없고 기본욕구 또한 충족되지 않는다면 부조화가 발생한다.

나무와 상처 입은 뿌리를 은유적으로 이용하여 우리는 앞 세대가 했던 경험의 대물림이 '뿌리'의 흡수 능력을 제한할 수 있으며 후손에게는 그들의 욕구를 충족시키지 못하게 할 수 있다는 것을 나타냈다. 어쩌면 이런 삶이 훨씬 쉬울지 모르지만 자녀는 부모와 계약을 맺고 우선 부모의 치유에 도달하기 위해 자기 자신의 욕구는 뒤로 감춘다. 그러면 받아들일 줄 아는 능력이 축소되고 부조화가 발생한다. 다른 이론 모델(Deci & Ryan 1991, 2000) 역시 기본욕구와 정서 발달 사이를 연결하는 작용기전이 있다고 주장한다.

그로세 홀트포르트Grosse Holtforth와 그라베에 따른 일관성 이론 모델(2003)의 핵심 가설은 정신병리학적 증상을 만들고 이를 통해 삶에 불안정성을 가져다주는 원인이 부조화라는 것이다. 또한 부조화는 심리적 장애가 이어지고 추가적인 증상이 발병하는 데 기여하며, 심리적 장애는 다시 환자의 부조화를 만들어 낸다.

세대 코드 기법을 직접 개발한 당사자로서 우리는 무엇보다도 충성 계약의 파기가 '뿌리'의 흡수 능력을 다시 온전하게 만들고 환자가 자신이 현재 추구하는 자아상과 인생 목표 그리고 잠재력이 차단된 진정한 자아 사이의 모순이라는 부조화를 줄일 수 있는지에 가장 신경을 썼다. 사람들이 생각하는 삶의 만족이란 자신과 자신의 감정이 조화를 이루는 것이지, 쾌감이나 도취 상태가 계속되는 것과는 관련이 없다. 인간에게 행복은 오히려 자신의 인격의 모든 부분을 자기의 일부로 받아들이면서 자신의 감정을 방관하지 않고 어떤 깊이로든 감지하고 적절히 표현할 수 있는 능력이다.

우리는 치유 과정의 결과로 증상과 그에 따른 통증이 완화되는 것을 본다. 신체는 더 이상 적절히 표현하지 못하거나 의식적으로 인지될 수 없었던 감정을 품고 있지 않아도 된다. 현재까지 그랬듯이 신체가 심인성 표출구의 역할을 수행하는 대신 이제 '응고된' 감정이 녹아서 인식의 차원으로 들어 올려진다. 그러면 통합 과정이 시작된다.

마라이케 디에츠의 연구는 우리 기법의 효과를 최초로 보여 줄 수 있었다.

부조화 감소 측면에서의 치료 효과가 확인되었고, 증상 측면에서도 치료군이 대조군에 비해 더 강한 완화 경향을 보였다. 삶의 만족도의 유의한 상승은 양쪽 그룹 모두에서 나타나지 않았다.

우리는 참가자들의 피드백을 통해 삶의 만족도 상승이 실제로 더 긴 시간 이후(대략 여섯 달 후)에 나타난다는 사실을 알게 되었기 때문에,

치료 후 더 긴 간격을 두고 추적 조사를 시행한다면 긍정적인 결과를 확인할 수 있을 것이라고 생각한다. 왜냐하면 '정체성 형성의 장애물'을 치우고 난 뒤 진정한 잠재력이 펼쳐질 때까지는 더 오랜 시간이 걸리기 때문이다. 아이가 부모의 구원을 위해 헌신적으로 자신을 소모하고 이를 통해 에너지를 얻을 수 있었던 '마음의 불'이 꺼지게 되면 과도기적 의미 혼란의 위기가 일어날 수 있다. 연구의 마지막 설문 시점은 우리 생각에는 정확히 이 시기와 맞물린다.

총평을 쓰자면 우리는 무척 기뻤다. 이 연구로 세대 코드 해독을 통해 자기 자신이 되는 효과적인 과정이 시작될 수 있으며 가계 나무의 뿌리가 다시 좋은 '양분'을 흡수할 수 있게 되어 건강한 심리 발달에 기여할 수 있음을 확인했기 때문이다.

감사의 글

우리를 치유의 여정에 동참하게 해 주고 자신의 인생과 가족, 조상의 이야기로 우리에게 깊은 통찰력을 얻게 해 준 모든 분에게 감사의 인사를 보낸다. 이 값진 통찰력은 우리가 세대 코드 방법의 규칙과 작용 방식을 이해하고 여러 차례 공감할 수 있게 해 주었다. 나아가 고장난 관계 패턴이 대물림되고 충격적인 경험이 재현되는 현상을 치료하기 위해 우리가 깨달은 이 지식을 더 심화하고 개선할 수 있게 해 주었다.

자신들의 이야기와 치료 과정을 이 책에 사례로 사용할 수 있게 해 준 분들에게 특별한 감사를 보낸다.

우리에게 정보와 지혜를 공유해 준 선생님들에게 감사를 보내며 그분들의 아이디어와 우리의 통합적인 치료 개념이 만나서 이룬 발전이 그분들에게 즐거움이 되길 바란다. 특히 이중 세 분이 지금은 우리와 함께하지 않지만 마르틴 키르센바움, 신체 및 가족 치료사 힐다 빌리

온^{Hilda Billion}, 알프레드 듀코프^{Alfred Dürkopp}, 알버트 페소 박사님께 특별한 감사를 보낸다.

조상과 후손이 없다면 인간은 지금의 모습을 하고 있지 않을 것이다. 많은 사람이 조상과 맺은 계약을 풀었고 잠재력을 해방시켰다. 오늘날 우리와 조상을 하나로 엮어 주는 것은 사랑과 화해의 태도다. 책임 전가와 양면적 감정은 이해로 바뀌었고, 소속감과 존경심은 우리가 조상들의 운명을 우리 자신의 이야기 일부로 간주할 수 있게 했다. 조상의 재능, 강점, 잠재력과 인생 경험은 우리의 뿌리를 더 강하게 만들었다. 우리에게 생명을 주고 길러 준 어머니들과 아버지들에게 깊은 애정을 담아 감사를 보낸다.

이제 자녀와 후손에게 깊은 소속감을 느낀다. 그들에게 인생 주제와 상처를 물려주겠지만 우리의 깨달음을 활용할 충분한 기회 또한 남겼다고 생각하며, 그들도 언젠가 세대 코드를 해독하고 그들 자신의 인생을 위해 자유로워지길 소망한다.

Alberti, Bettina (2014): *Seelische Trümmer: Geboren in den 50er- und 60er-Jahren: Die Nachkriegsgeneration im Schatten des Kriegstraumas.* München: Kösel

Amarque, Tom, und Markert, Bernd (Hrsg.) (2010): *Was ist Liebe? Eine integrale Anthologie über die Facetten der Liebe.* Sencelles: Phänomen-Verlag

Baer, Udo, und Frick-Baer, Gabriele (2015): *Kriegserbe in der Seele. Was Kindern und Enkeln der Kriegsgeneration wirklich hilft.* Weinheim: Beltz

dies. (2010): *Wie Traumata in die nächste Generation wirken. Untersuchungen, Erfahrungen, therapeutische Hilfen.* Neukirchen-Vluyn: Affenkönig Verlag

Bandler, Richard, und Grinder, John (1968): *Reframing. Ein ökologischer Ansatz in der Psychotherapie (NLP).* Paderborn: Junfermann

Bauer, Joachim (2011): *Schmerzgrenze. Vom Ursprung alltäglicher und globaler Gewalt.* München: Blessing

ders. (2008): *Prinzip Menschlichkeit. Warum wir von Natur aus kooperieren.* München: Heyne

ders. (2005): *Warum ich fühle, was du fühlst. Intuitive Kommunikation und das Geheimnis der Spiegelneurone.* Hamburg: Hoffmann und Campe

ders. (2005): *Das Gedächtnis des Körpers. Wie Beziehungen und Lebensstile unsere Gene steuern.* München: Piper

Benedetti, Gaetano, und Rychner, Paul (1983): *Todeslandschaften der Seele. Psychopathologie, Psychodynamik und Psychotherapie der Schizophrenie.* Göttingen: Vandenhoeck & Ruprecht

Bergmann, Wolfgang (2013): *Kleine Jungs, große Not. Wie wir ihnen Halt geben.* Weinheim: Beltz

Bleckwedel, Jan (2011): *Systemische Therapie in Aktion. Kreative Methoden in der Arbeit mit Familien und Paaren.* Göttingen: Vandenhoeck & Ruprecht

Bode, Sabine (2004): *Die vergessene Generation. Die Kriegskinder brechen ihr Schweigen.* Stuttgart: Klett-Cotta

dies. (2009): *Kriegsenkel.* Stuttgart: Klett-Cotta

dies. (2011): *Nachkriegskinder: Die 1950er Jahrgänge und ihre Soldatenväter.* Stuttgart: Klett-Cotta

Böschemeyer, Uwe (2005): *Unsere Tiefe ist hell. Wertimagination – ein Schlüssel zur inneren Welt.* München: Kösel

Boszormenyi-Nagy, Ivan (2015[10]): *Unsichtbare Bindungen: Die Dynamik familiärer Systeme.* Stuttgart: Klett-Cotta

Boszormenyi-Nagy, Ivan, und Krasner, Barbara R. (1986): *Between Give And Take: A Clinical Guide To Contextual Therapy.* Brunner/Mazel

Bohleber, Werner, Leuzinger, Marianne, Zwiebel, Ralf (2003): *Trauma, Beziehungen und soziale Realität.* Tübingen: Edition Diskord

Bowlby, John (2014): *Bindung als sichere Basis. Grundlagen und Anwendung der Bindungstheorie.* München: Ernst Reinhardt

Boyesen, Gerda (1994): *Über den Körper die Seele heilen. Biodynamische Psychologie und Psychotherapie. Eine Einführung.* München: Kösel

Bradshaw, John (1999): *Familiengeheimnisse.* München: Goldmann

Brisch, Karl-Heinz: *Die Weitergabe von traumatischen Erfahrungen von Bindungspersonen an Kinder.* In Rauwald, Marianne (Hrsg.): *Vererbte Wunden,* a.a.O.

Brisch, Karl-Heinz; Grossman, David, u.a (2010): *Bindung und seelische Entwicklungswege. Beiträge von Karlen Lyons-Ruth u.a.* Stuttgart: Klett Cotta

Buchholz, Michael B. (1990): *Die unbewusste Familie – Psychoanalytische Studien der Familie in der Moderne.* Berlin-Heidelberg: Springer

Cleese, John, und Skynner, Robin (1998): *Familie sein dagegen sehr.* Paderborn: Junfermann

Dahlheim, Werner (2013): *Augustus: Aufrührer, Herrscher, Heiland.* München: C.H. Beck

Dawirs, Ralph (2008): *Endlich in der Pubertät.* Weinheim: Beltz

ders. (2012): *Riskante Jahre, Überlebenswichtige Anmerkungen zur Kindheit.* Weinheim: Beltz

Dawirs, Ralph, und Moll, Gunther (2011): *Die 10 größten Erziehungsirrtümer und wie wir es besser machen können.* Weinheim: Beltz

De Bellis MD, Keshavan MS, Clark DB, Casey BJ, Giedd JN, Boring AM, et al.: Developmental traumatology. Part II: Brain development. Biological psychiatry. 1999;45(10):1271–1284.

Deci, Edward L., und Ryan, Richard M. (1991): A Motival Approach to Self: Integration in Personality. In Dienstbier, E.A. (Hrsg). Perspectives on motivation, (S.227–228). Lincoln: University of Nebraska Press

dies. (2000): The »what« and »why« of goal pursuits: Human needs and the self-determination of behavior. Psycholgical Inquiry, 11 (4), 227-268.

Diegelmann, Christa (2009): *Trauma und Krise bewältigen. Psychotherapie mit TRUST.* Stuttgart: Klett-Cotta

Dietz, Mareike (2015): *Evaluation zur Wirksamkeit der Gruppentherapie Generation Code – eine Pilotstudie.*

Dorrmann, Wolfram (2002): *Suizid – Therapeutische Interventionen bei Selbsttötungsabsichten.* Stuttgart: Pfeiffer bei Klett-Cotta

Dozier, Manni, Gordon (2006) *Child Maltreat – Forster Children`s dirunal production of cortisol. An explorational study*

Ehlers, Anke (1999): *Posttraumatische Belastungsstörung.* Göttingen: Hogrefe

Eilert, Dirk W. (2013): *Mimikresonanz. Gefühle sehen. Menschen verstehen.* Paderborn: Junfermann

Eliachett, Caroline (1997): *Das Kind, das eine Katze sein wollte*. München: dtv

Elschenbroich, Donata (2001): *Das Weltwissen der Siebenjährigen: Wie Kinder die Welt entdecken können*. München: Verlag Antje Kunstmann

Erikson, Erik H. (1973): *Identität und Lebenszyklus. Drei Aufsätze*. Frankfurt: Suhrkamp

Ermann, Michael (1999): *Psychotherapeutische und psychosomatische Medizin*. Stuttgart: Kohlhammer

Fahrenberg, Jochen, Myrtek, Michael, Brähler, Elmar (2000): *Fragebogen zur Lebenszufriedenheit (FLZ)*. Göttingen: Hogrefe

Fallon, James (2015): *Der Psychopath in mir – Die Entdeckungsreise eines Neurowissenschaftlers zur dunklen Seite seiner Persönlichkeit*. München: Herbig

Firus, Christian, Schleier, Christian, Geigges, Werner, und Reddemann, Luise (2012): *Traumatherapie in der Gruppe*. Stuttgart: Klett-Cotta.

Frankl, Viktor E. (1986): *Theorie und Therapie der Neurosen. Einführung in die Logotherapie und Existenzanalyse*. UTB Reinhard

Freud, Sigmund (2015): *Die Wiederkehr des infantilen Totemismus*. The Perfekt Libary

Fröhlich-Gildhoff, Klaus, und Rönnau-Böse, Maike (2014): *Resilienz*. München: Reinhardt

Furth, Gregg M. (2008): *Heilen durch Malen. Die geheimnisvolle Welt der Bilder*. Norderstedt: Books on Demand

Gehrke Luthman, Shirley, und Kirschenbaum, Martin (1997): *Familiensysteme – Wachstum und Störungen. Einführung in die Familientherapie*. München: Pfeiffer

Giesecke, Hermann (1997): *Wenn Familien wieder heiraten. Neue Beziehungen für Eltern und Kinder*. Stuttgart: Klett-Cotta

Grawe, Klaus (2004): *Bedürfnisbefriedigung und psychische Gesundheit in Neuropsychotherapie*. Göttingen: Hogrefe

Green, Andre. (2011). *Die tote Mutter. Psychoanalytische Studien zu Lebensnarzissmus und Todesnarzissmus*. Gießen: Psychosozial-Verlag.

Grosse Holtforth, Martin, Grawe, Klaus, und Tamcan, Özgur (2004): *Inkongruenzfragebogen (INK)*. Zeitschrift für klinische Psychologie und Psychotherapie, 32(4),315-323

Grossmann, Klaus E., und Grossmann, Karin (Hrsg.) (2011): *Bindung und menschliche Entwicklung: John Bowlby, Mary Ainsworth und die Grundlagen der Bindungstheorie*. Stuttgart: Klett-Cotta

Gruen, Arno (1994): *Der Verrat am Selbst. Die Angst vor Autonomie bei Mann und Frau*. München: dtv

ders. (1992): *Der Wahnsinn der Normalität. Realismus als Krankheit: eine Theorie der menschlichen Destruktivität*. München: dtv

Gudjons, Herbert, Pieper, Marianne, Wagener, Birgit (1999): *Auf meinen Spuren. Das Entdecken der eigenen Lebensgeschichte. Vorschläge und Übungen für pädagogische Arbeit und Selbsterfahrung*. Hamburg: Bergmann und Helbig

Hähnlein Vera, und Rimpel, Jürgen (2008): *Systemische Psychosomatik*. Stuttgart: Klett Cotta

Hansen, Hartwig (2014): *A–Z der Interventionen in der Paar-und Familientherapie*. Stuttgart: Klett-Cotta

Hautzinger, Martin (1998): *Depression*. Göttingen: Hogrefe

Hay, Louise L.: *Meditationen für Körper und Seele*. Berlin: Allegria

Herman, Eva, und Steuer, Maria (2010): *Mama, Papa oder Krippe? Erziehungsexperten über die Risiken der Fremdbetreuung.* Holzgerlingen: SCM Hänssler

Hoffmann, Dagmar (Hrsg.) (1996): *Der Körper in der Psychotherapie.* Basel: Schwabe

Hoffmann, Nicolas, und Hoffmann, Birgit (2005): *Wenn Zwänge das Leben einengen.* Mannheim: PAL

Huber, Johannes (2011): *Liebe lässt sich vererben. Wie wir durch unseren Lebenswandel die Gene beeinflussen können.* München: Zabert Sandmann

Hüther, Gerald (2013): *Was wir sind und was wir sein könnten. Ein neurobiologischer Mutmacher.* Frankfurt am Main: Fischer

Hüther, Gerald, und Aarts, Maria (2011): *Beziehung wirkt Wunder. Was Kinder und Jugendliche zum Aufwachsen brauchen.* Müllheim/Baden: Auditorium Netzwerk

Jung, C.G. (1979): *Der Mensch und seine Symbole.* Sonderausgabe Walter-Verlag

Jureit, Ulrike (2006): *Generationenforschung.* Göttingen: Vandenhoeck & Ruprecht

Kachler, Roland (2015): *Die Therapie des Paar-Unbewussten. Ein tiefenpsychologisch-hypnosystemischer Ansatz.* Stuttgart: Klett-Cotta

Kaiser Rekkas, Agnes (Hrsg.) (2013)): *Wie man ein Krokodil fängt, ohne es zu verletzen.* Heidelberg: Carl Auer

Kaplan, Louise J. (1995): *Die zweite Geburt. Die ersten Lebensjahre des Kindes.* München: Piper

Kaplan-Williams, Strephon (2000): *Traum Symbol Karten.* Güllesheim: Silberschnur Verlag

Kast, Verena (2010): *Vater – Töchter. Mutter – Söhne. Wege zur eigenen Identität aus Vater- und Mutterkomplexen.* Freiburg: Kreuz Verlag

dies. (2009): *Paare. Wie Phantasien unsere Liebesbeziehungen prägen.* Freiburg: Kreuz Verlag

dies. (2014[15]) *Abschied von der Opferrolle.* Freiburg: Herder

Kharitidi, Olga (2005) *Samarkand. Eine Reise in die Tiefen der Seele.* Berlin: List

Kharitidi, Olga (2005): *Das weiße Land der Seele.* Berlin: List

Kinkele, Thomas (2000): *Spirituelles Räuchern.* Oberstorf: Windpferd

Kögler, Michael (2014): *Familie – Krieg – Trauma – Sucht. Warum die Vergangenheit nicht ruhen kann.* Saarbrücken: Akademiker Verlag

Kogan, Ilany und Chasseguet-Smirgel, Janine. (2009): *Der stumme Schrei der Kinder. Die zweite Generation der Holocaust-Opfer.* Gießen: Psychosozial Verlag

Kontext, Zeitschrift für Systemische Therapie und Familientherapie: Band 46 2/2015: Qualitäten in der Ausstellungsanleitung

Korittko, Alexander, und Pleyer, Karl Heinz (2011): *Traumatischer Stress in der Familie. Systemtherapeutische Lösungswege.* Göttingen: Vandenhoeck & Ruprecht

Krähenbühl, Verena, Jellouschek, Hans, Kohaus-Jellouschek, Margarete, und Weber, Roland (2011): *Stieffamilien: Struktur, Entwicklung, Therapie.* Freiburg: Lambertus

Krüll, Marianne (2009): *Die Geburt ist nicht der Anfang. Die ersten Kapitel unseres Lebens – neu erzählt.* Stuttgart: Klett-Cotta

Kumbier, Dagmar (2013) *Das Innere Team in der Psychotherapie.* Stuttgart: Klett-Cotta

Lerner, Isha und Lerner Mark (1997): *Tarot für das innere Kind. 78 Tarotkarten.* Güllesheim: Silberschnur Verlag

Levine, Peter A., und Kline, Maggie (2015): *Verwundete Kinderseelen heilen. Wie Kinder und Jugendliche traumatische Erlebnisse überwinden können.* München: Kösel

Liedloff, Jean (1991): *Auf der Suche nach dem verlorenen Glück. Gegen die Zerstörung der Glücksfähigkeit in der frühen Kindheit.* München: Beck

Limmer, Stefan (2015): *Versöhnung mit den Ahnen. Mit der 7-Generationen-Aufstellung zu ungeahnter Kraft.* München: Arkana

Lowen, Alexander (2008): *Bioenergetik – Therapie der Seele durch Arbeit mit dem Körper.* Rowolt rororo Sachbuch

Lück, Sabine (2013): *Starke Wurzeln - Das Generation-Code Spiel für Diagnostik und Familientherapie.* Wendeburg: Glückspiele-Verlag für therapeutische Spiele und Materialien

dies. (2014): Kleine Angsthäschen – Ein Lernspiel für den Umgang mit Angst und Mut. Wendeburg: Glückspiele-Verlag für therapeutische Spiele und Materialien

Maaß, Evelyne, und Ritschl, Karsten (1996): *Phantasiereisen leicht gemacht. Die Macht der Phantasie.* Paderborn: Junfermann

Maaz, Hans-Joachim (2015): *Der Lilith-Komplex.* München: dtv

Mahr, Albrecht (2003): *Konfliktfelder – Wissende Felder: Systemaufstellungen in der Friedens- und Versöhnungsarbeit.* Heidelberg: Carl Auer

ders. (2016): *Von der Illusion einer unbeschwerten Kindheit und dem Glück, erwachsen zu sein.* München: Scorpio

Maneros, Andreas (2013): *Irrsal, Wirrsal, Wahnsinn – Persönlichkeit, Psychose und psychische Konflikte in Tragödien und Mythen.* Stuttgart: Schattauer

Miller, Alice (2001): *Evas Erwachen. Über die Auflösung emotionaler Blindheit.* Frankfurt am Main: Suhrkamp

Milz, Ingeborg (1996): *Neuropsychologie für Pädagogen. Neuropsychologische Voraussetzungen für Lernen und Verhalten.* Dortmund: Borgmann

Minuchin, Salvador (2015): *Familie und Familientherapie: Theorie und Praxis struktureller Familientherapie.* Freiburg: Lambertus

Moser, Tilmann und Pesso, Albert (1998): *Strukturen des Unbewussten. Protokolle und Kommentare.* Frankfurt: Suhrkamp.

Müller-Münch, Ingrid (2015): *Die geprügelte Generation. Kochlöffel, Rohrstock und die Folgen.* München: Piper.

Ottomeyer, Klaus (2011): *Die Behandlung der Opfer. Über unseren Umgang mit dem Trauma der Flüchtlinge und Verfolgten.* Stuttgart: Klett-Cotta

Parnes, Ohad, Vedder, U. und Willer, S.: *Das Konzept der Generation. Eine Wissenschafts- und Kulturgeschichte.* Frankfurt am Main: Suhrkamp

Perls, Fritz (2002): *Grundlagen der Gestalttherapie.* Stuttgart: Klett-Cotta

Perry, Bruce D., und Szalavitz, Maia (2008): *Der Junge, der wie ein Hund gehalten wurde. Was traumatisierte Kinder uns über Leid, Liebe und Heilung lehren können.* München: Kösel

Pesso, Albert, und Perquin, Lowijs (2007): *Die Bühnen des Bewusstseins. Oder: Werden, wer wir wirklich sind.* München: CIP-Medien

Pesso, Albert (1999): *Dramaturgie des Unbewussten. Eine Einführung in die psychomotorische Therapie.* Stuttgart: Klett-Cotta

Pletzer, Marc A. (2007): *Emotionale Intelligenz. Das Trainingsbuch.* Freiburg: Haufe-Lexware

Radebold, Hartmut (2014): *Die dunklen Schatten unserer Vergangenheit. Hilfen für Kriegskinder im Alter.* Stuttgart: Klett-Cotta

Radebold, Hartmut, Bohleber, Werner, und Zinnecker, Jürgen (Hrsg.) (2009): *Transgenerationale Weitergabe kriegsbelasteter Kindheiten. Interdisziplinäre Studien zur Nachhaltigkeit historischer Erfahrungen über vier Generationen.* Weinheim: Juventa

Rauwald, Marianne (Hrsg.) (2013): *Vererbte Wunden. Transgenerationale Weitergabe traumatischer Erfahrungen.* Weinheim: Beltz

Rebillot, Paul (2008): *Die Heldenreise – Das Abenteuer der kreativen Selbsterfahrung.* Wasserburg: Eagle Books

Reddemann, Luise (2015): *Kriegskinder und Kriegsenkel in der Psychotherapie. Folgen der NS-Zeit und des Zweiten Weltkriegs erkennen und bearbeiten. Eine Annäherung.* Stuttgart: Klett-Cotta

Reiter, Leonhard (Hrsg.) (2014): *Symbole in Märchen, Mythen und Therapie.* Buchhaus.ch

Reitz, Michael (2014): *Helm Stierlin – Zeitzeuge und Pionier der systemischen Therapie.* Heidelberg: Carl Auer

Richter, Horst Eberhard (1969): *Eltern, Kind, Neurose.* Reinbek: rororo

Rogge, Jan-Uwe (1997): *Kinder haben Ängste. Von starken Gefühlen und schwachen Momenten.* Reinbek: Rowohlt

Rudolf, Gerd (2000): *Psychotherapeutische Medizin und Psychosomatik, ein einführendes Lehrbuch auf psychodynamischer Grundlage.* Stuttgart: Thieme

ders. (Hrsg.) (2002): *Leitlinien Psychosomatische Medizin und Psychotherapie, Persönlichkeitsstörungen.* Stuttgart: Schattauer

Ruhe, Hans G. (2014): *Praxishandbuch Biografiearbeit. Methoden, Themen und Felde.* Weinheim: Beltz Juventa

Satir, Virginia (1994): *Kommunikation, Selbstwert, Kongruenz. Konzepte und Perspektiven familientherapeutischer Praxis.* Paderborn: Junfermann

Scheck, Stefanie (2007) *Das Stufenmodell von Erik H. Erikson.* München: Grin Verlag

Schellenbaum, Peter (2000): *Träum dich wach. Lebensimpulse aus der Traumwelt.* München: dtv

ders. (1999): *Die Wunde der Ungeliebten. Blockierungen und Verlebendigung der Liebe.* München: dtv

ders. (1998): *Die Spur des verborgenen Kindes. Heilung aus dem Ursprung.* München: dtv

ders. (1991): *Das Nein in der Liebe. Abgrenzung und Hingabe in der erotischen Beziehung.* München: dtv

ders. (2000): *Im Einverständnis mit dem Wunderbaren.* München: Kösel

Schützenberger, Anne A. (2003): *Oh meine Ahnen, wie das Leben unserer Vorfahren in uns wiederkehrt.* Heidelberg: Carl Auer

von Schlippe, Arist, und Schweitzer, Jochen (2010): *Systemische Interventionen.* Göttingen: Vandenhoeck & Ruprecht

Schrenker, Leonhard (2008): *Pesso-Therapie: Das Wissen zur Heilung liegt in uns.* Stuttgart: Klett-Cotta

Schwegler, Christian (2014): *Der Hypnotherapeutische Werkzeugkasten. 50 Hypnotherapeutische Techniken für gelungene Induktionen und Interventionen.* Kaltenkirchen: Mad Mans Magic

Seltzer, Wencke J. (2005): *Sieben stumme Jahre. Geschichten aus der Familientherapie.* München: btb

Sheldrake, Rupert (2008): *Das schöpferische Universum: Die Theorie der morphogenetischen Felder und der morphischen Resonanz.* München: Nymphenburger

Sparrer, Insa (2006): *Systemische Strukturaufstellungen: Theorie und Praxis.* Heidelberg: Carl Auer

Spezzano, Chuck (2015): *Karten der Liebe. 84 farbige Karten mit Begleitbuch.* Petersberg: Via Nova

Spork, Peter (2012): *Der zweite Code. Epigenetik oder: Wie wir unser Erbgut steuern können.* Reinbek: Rowohlt

Stern, Daniel N. (2014): *Geburt einer Mutter. Die Erfahrung, die das Leben einer Frau für immer verändert.* Frankfurt: Brandes

Stierlin, Helm (1982): *Delegation und Familie.* Berlin: Suhrkamp

Szejer, Myriam (1998): *Platz für Anne.* München: Verlag Antje Kunstmann

Tesarz, Jonas, Seidler, Günter H. und Eich, Wolfgang (2015): *Schmerzen behandeln mit EMDR – das Praxishandbuch.* Stuttgart: Klett-Cotta

Tillmetz, Eva (2012): *Familienaufstellungen. Sich selbst verstehen – die eigenen Wurzeln entdecken.* Stuttgart: Klett-Cotta

Tinker, Robert H., und Wilson, Sandra A. (2006): *EMDR mit Kindern. Ein Handbuch.* Paderborn: Junfermann

Tsirigotis, Cornelia, von Schlippe, Arist, und Schweitzer, Jochen (Hrsg.) (2015): *Coaching für Eltern. Mütter, Väter und ihr »Job«.* Heidelberg: Carl-Auer

Ullmann, Harald, Wilke Eberhard (Hrsg.) (2012): *Handbuch Katathym Imaginative Psychotherapie.* Bern: Verlag Hans Huber

Ulsamer, Bertold (1999): *Ohne Wurzeln keine Flügel. Die systemische Therapie von Bert Hellinger.* München: Goldmann

Van der Kolk, Bessel (2016): *Verkörperter Schrecken: Traumaspuren in Gehirn, Geist und Körper und wie man sie heilen kann.* Lichtenau: G.P. Probst

Visher, Emily B., und Visher, John S. (1995): *Stieffeltern, Stiefkinder und ihre Familien. Probleme und Chancen.* Weinheim: Beltz

Weber, Gunthard (2010): *Zweierlei Glück. Das Familienstellen Bert Hellingers.* Heidelberg: Carl Auer

Weber, Gunthard, und Stierlein, H. (1989): *In Liebe entzweit. Die Heidelberger Familientherapie der Magersucht.* Reinbek: Rowohlt

Weber, Gunthard, Schmidt, Gunther, Simon, Fritz B. (2013): *Aufstellungsarbeit revisited.* Heidelberg: Carl Auer

Weinhold, Jan, Bornhäuser, Annette, Hunger, Christina, und Schweitzer, Jochen (2014): *Dreierlei Wirksamkeit. Die Heidelberger Studie zu Systemaufstellungen.* Heidelberg: Carl Auer

Whitaker, Carl (1991): *Das David & Goliath Syndrom. Manifeste eines Familientherapeuten.* Paderborn: Junfermann

Willemsen, Roger (2010): *Der Knacks.* Fischer Taschenbuch Verlag

Willi, Jürg (2002): *Psychologie der Liebe. Persönliche Entwicklung durch Partnerbeziehungen.* Stuttgart: Klett-Cotta

Wöller, Wolfgang, und Kruse, Johannes (2002): *Tiefenpsychologisch fundierte Psychotherapie. Basisbuch und Praxisleitfaden.* Stuttgart: Schattauer

Yalom, Irvin (2002): *Der Panamahut oder Was einen guten Therapeuten ausmacht.* München: Goldmann

ders. (2005): *Die Richtlinien der Gruppenpsychotherapie.* München: btb

주

5쪽 인용문의 출처는 헤르만 헤세, 〈짧은 읽을거리, 헤세의 소설과 편지에서 발췌한 글들Lektüre für Minuten. Gedanken aus seinen Büchern und Briefen〉이다. 볼커 미켈스Volker Michels가 선별하고 엮었다. ©Suhrkamp Verlag Frankfurt am Main 1971. 해당 인용문은 동의하에 게재했으며 모든 권리는 베를린 주어캄프 출판사에 있다.

1 Vgl. Pesso, Albert (1999).
2 Vgl. Green, Andre (2011).
3 Vgl. Rauwald, Marinanne (Hrsg.) (2013).
4 Siehe auch: Grawe, Klaus (2004).
5 Vgl. Bauer, Joachim (2011).
6 Siehe Brisch, Karl-Heinz; Grossmann u.a (2010).
7 Spork, Peter (2012).
8 a.a.O., Seite 21.
9 Vgl. Huber, J. (2011).
10 Kogan, Ilany (2009), S. 40.
11 Siehe Satir, Virgina (1994).
12 이것과 이어지는 단락 내용을 Schrenker, L. (2008)과 비교해 보라.
13 Siehe Stern, D. N. (2014).
14 Bowlby, John (2014).
15 Stern, a.a.O.
16 Vgl. Yalom, Irvin (2002).
17 이 개념은 존 클리스John Cleese와 로빈 스키너Robin Skynner가 고안했다: Cleese, John/ Skynner, Robin (1998):『그럼에도 불구하고 가족 되기Familie sein dagegen sehr』.
18 Vgl. Pesso, a.a.O.
19 Vgl. Fritz Perls.
20 Vgl. Yrvin Yalom.
21 Vgl. Dahlheim, Werner (2013).
22 프로이트가 설명한 소년의 거세 공포와 비교해 보라.
23 Maneros, Andreas (2013).

24 이에 관하여는 유전심리학과 후성유전학이 새롭게 발견한 내용들, 특히 트라우마 경험으로 변형된 뇌 형태가 유전되는 사례, 예를 들면 Fallon, James (2015)를 참조하라.

25 Vgl. Pesso, a.a.O.

26 Vgl. Fritz Pearls.

27 Vgl. Pesso und Schrenker, a.a.O.

28 Vgl. Schrenker, a.a.O., S. 19.

29 Vgl. Minuchin, Salvador (2015).

30 이 글은 찰리 채플린이 자신의 70번째 생일에 읽은 글로 알려져 있다. 다른 문헌(http://www.wolfgangzeitler.de/html/charlie_chaplin.html)은 미국인 킴 맥밀란Kim McMillan 이 이 글을 지었다고 쓰고 있다.

31 Vgl. Rauwald, Marianne (Hrsg.) (2013).

32 Vgl. hierzu Ken Wilber.

33 요한 볼프강 폰 괴테의 시 「오르피우스풍Urworte. Orphisch」, 6행과 8행; 본문은 http://freiburgeranthologie.ub.uni-freiburg.de/fa/fa.pl?cmd=gedichte&sub=show&noheader=1&add=&id=1104 페이지에 2016년 6월 20일에 가장 마지막으로 업데이트되었다. 바르트 헬링거(2001) 및 이반 보스조르메니 너지에 따른 개념 '빛 계좌'와 비교해 보라.

34 Vgl. Bert Hellinger (2001n und der Begriff »Schuldenkonten« nach Ivan Boszormenyi-Nagy.

35 Reddemann, Luise (2015).

36 a.a.O.

37 Müller-Münch, Ingrid (2015).

38 Marianne Rauwald, a.a.O.

39 이에 관하여는 산도르 페렌치Sándor Ferenczi의 작업과 비교해 보라.

40 빅터 프랑클의 발언 그리고 어빈 얄롬과 비교해 보라.

41 최근 주목받는 연구자들인 데이비드 보델라David Boadella, 알렉산더 로웬Alexander Lowen, 조지 다우닝George Downing, 젤다 보예슨Gerda Boyesen, 힐다 빌리온Hilda Billion과 비교해 보라.

42 Vgl. Böschemeyer, Uwe (2005).

43 Siehe Satir, Virgina (1994).

44 Ivan Boszormenyi-Nagy (2015).

45 a.a.O.

46 Vgl. Sparrer, Insa (2006).

47 Vgl. Weinhold, J., Bornhäuser, A., Hunger, C. und Schweitzer, J. (2014).

48 Siehe den Link zur Studie: https://www.youtube.com/watch?v=YBlr4yzXJXQ

49 Hier und im Folgenden siehe Sheldrake, Rupert (2008).

50 Mahr, Albrecht (2003). Siehe auch http://www.mahrsysteme.de/fileadmin/pdfs/literatur/Geistiges_heilen.pdf – letzter Zugriff am 20.6.2016.

51 Siehe Pesso, Albert (1999).

52 Nach Albert Pesso /Leonhard Schrenker,

53 Adaptiert nach Erikson, Identität und Lebenszyklus, 1959, siehe auch C. George Boeree.

54 Vgl. hierzu auch die Arbeiten von Hilarion Petzold.

55 Vgl. Caroline Eliacheff (1997).

56 De Bellis MD, Keshavan MS, Clark DB, Casey BJ, Giedd JN, Boring AM, et al.

57 Vgl. Dozier, Manni, Gordon et al. (2006).

58 놀이 치료 '강한 뿌리'는 본서의 저자 자비네 뤼크가 세대 코드 개념(Alexander/Lück/
    www.generation-code.de)과 아동을 위한 세대 코드를 기초로 하고 최신 신경생물학 및
    후성유전학 지식을 참고하여 심리치료와 교육 치료 분야에서 사용하기 위해 개발했다. 두
    가지 놀이 종류가 들어 있으며 무척 다양한 방식으로 활용될 수 있다. 독일 글뤽슈필 출판
    사(www.glückspiele.net)에서 구입할 수 있다.

59 Vgl. Radebold, Hartmut (2014).

60 a.a.O. S. 82.

61 Grawe, Klaus (2004).

62 Kachler, Roland (2015).